Sorrow and
Blood

현대 선교 현장의
박해와 순교 이야기

WEA 선교의 세계화 시리즈 ⑥

윌리엄 테일러 외 편집
김동화 외 옮김

박해와
순교

WEAMC omf

사단법인 한국해외선교회(Global Missionary Fellowship: 약칭 GMF)는 1987년에 설립된 초교파 복음주의 선교 공동체로 2012년 현재 720명의 파송선교사가 59개국에서 사역하고 있으며 산하에 다음과 같은 부서가 있습니다. GMF는 세계 복음화를 위한 한국 교회와 전 세계 교회의 파트너로 섬기는 일을 다하고자 합니다.

파송부서: GBT, GMP, HOPE
지원부서: KRIM(선교연구)
        GMTC, GPTI, GLFocus(훈련 및 리더십양성),
        MK-Nest(선교사 자녀)
        법인사역부(장기 정책, 대정부 업무)

WEA Globalization of Mission Series

SORROW & BLOOD I
Christian Mission in Contexts of Suffering,
Persecution and Martyrdom

Edited by
William D. Taylor, Antonia van der Meer, Reg Reimer

Translated by
Donghwa Kim, Insook Baek, Jinsuk Byun,
Hunbock Song, Jooyun Eum

Copyright © 2012 by World Evangelical Alliance Mission Commission
Originally published in English under the title as
*Sorrow & Blood: Christian Mission in Contexts of Suffering,
Persecution and Martyrdom*
by William Carey Library
Translated and used by the permission of William Carey Library
US Center for World Mission, Pasadena, CA, USA

Korean Edition
Copyright © 2016 by Global Missionary Fellowship
Seoul, Korea

SORROW & BLOOD
Christian Mission in Contexts of Suffering, Persecution and Martyrdom

목 차

한글판 서문 이태웅 선교학박사(한국글로벌리더십포커스 원장) 7
편집자 서문 박해와 순교에 관한 놀라운 이야기/
　윌리엄 테일러(William D. Taylor) **박사** 13
편집자 소개 및 개관
　윌리엄 테일러 박사, 안토니아 반 데르 미어 박사, 레그 레이머 선교사 16

머리말 고난의 신학 / 아지트 페르난도(Ajith Fernando) 29

제1부 박해와 순교에 대한 기초 지식

제1장 종교의 자유와 박해에 대한 범세계적 실태 조사 / 34
　　　크리스토프 사우어(Christof Sauer)
　　토마스 쉬르마허(Thomas Schirrmacher)

제2장 박해와 순교에 대한 기독교의 반응 / 50
　　　레그 레이머(Reg Reimer)

제3장 순교자 통계 / 토드 존슨(Todd M. Johnson) 66

제4장 순교자 통계에 대한 반응 / 79
　　　토마스 쉬르마허(Thomas Schirrmacher)

제5장 박해와 순교와 선교의 관계는 과연 필연적인가? / 92
　　　이태웅(David Tai Woong Lee) 선교학박사

제2부 역사로부터의 성찰

제6장 소아시아에서부터 근대 터키까지의 박해와 순교 / 108
　　　칼로스 마드리갈(Carlos Madrigal)

제7장 중동의 박해와 순교 / 134
　　　A Pasto from Egypt

제8장 일본의 첫 순교자들 /   144
        하우추앙 추아(How Chuang Chua)

제9장 공산주의 이후 페레스트로이카 러시아 /   160
        유진 바흐무스키(Eugene Bajhmustsky)

제10장 앙골라에서의 경험 /   174
        안토니아 반 데르 미어(Antonia van der Meer)

제11장 전쟁과 가난 그리고 브라질 선교사들 /   183
        안토니아 반 데르 미어(Antonia van der Meer)

제12장 나이지리아 선교사의 죽음 대비 훈련 /   194
        루벤 E. 에제마두(Reuben E. Ezemadu)

제13장 르완다 종족 이념의 순교자 /   205
        앙투안 루타이사레(Antoine Rutayisire)

제14장 중국 교회와 국가의 관계 /   217
        "밥" 푸(Xiqiu "Bob" Fu)

제15장 스리랑카의 박해와 순교 이야기 /   231
        갓프리 요가라쟈(Godfrey Yogarajah)
        로시니 위크레메신히(Roshini Wickremesinhe)

제16장 인도 교회의 새로운 카이로스 /   240
        리차드 하웰(Richard Howell)

제17장 인도의 순교자가 된 선교사 그레함 스테인즈 /   252
        아비지뜨 나야크(Abhijit Nayak)

제18장 베트남에서의 사역 /   261
        레그 레이머(Reg Reimer)

제19장 이란의 에빈수용소에서 살아남기 /   277
        샘 예그나자르(Sam Yeghnazar)

제20장 인도 빈민 선교와 고난 /   286
        아이리스 폴(Iris Paul)

부록 1 박해와 순교에 대한 교회의 이해를 촉구하는 바트 우라흐 성명서   295
부록 2 박해와 순교를 다룬 추천 참고 문헌   303

한글판 서문

이태웅 선교학박사
(한국글로벌리더십포커스 원장)

    기독교 선교 역사는 언제나 박해와 순교가 함께 엮여 이루어졌다고 해도 과언이 아닐 정도로 선교와 박해는 밀접한 관계에 있다. 세계복음주의연맹 "선교위원회"(World Evangelical Alliance, Mission Commission)에서 본서를 집필하기로 결정한 것도 현재 선교 활동이 이뤄지고 있는 세계 각처에서 박해와 순교가 앞으로도 늘어나면 늘어났지 줄어들지는 않을 것이라고 인식했기 때문이다. 글로벌 교회를 대표할 수 있는 선교 지도자들이 힘을 합하여 본서를 출판한 지가 불과 4-5년밖에 지나지 않았는데 그 동안에도 세계는 그 어느 때보다 위험해졌고 선교를 하는 데 있어서 박해와 순교는 일상사처럼 되어버렸다.

    전 세계적으로 볼 때 1년간 생명을 잃는 순교자 수가 평균 9만 명이라는 2015년 통계가 이런 현상을 뒷받침해주고 있다(『세계 선교 현황』[*International Bulletin for Missionary Research, IBMR*], 2015년 1월 Vol 39, No.1, p. 28. 이 숫자는 10년간의 순교자를 평균한 것임). 동일한 통계에 의

하면 2025년에는 1년 평균 순교자의 수가 계속 증가해 10만 명으로 늘어날 것이라고 추정한다. 이는 아마도 쓰나미 같은 대규모 자연재해나, 메르스나 에볼라같이 급속도로 확산되는 치명적인 전염병을 포함해 IS(Islamic States) 같은 극단주의 종파들로 인해 박해와 순교가 가속화될 것이라는 점을 감안한 숫자라 할 수 있다.

이와 같은 상황에서 본서의 의미는 매우 크다. 박해와 순교에 대한 신학적 및 선교학적 의미를 정립하고 이로 인한 글로벌 교회의 피해의 규모와 사례들을 파악해 다음과 같은 준비를 하는 데 그 유익이 있다고 본다.

첫째, 보다 더 현실적인 선교와 교회의 세계복음화 전략을 수립케 한다. 한 예로 위험한 상황 가운데 노출되어 평생을 보내야 하는 선교사와 현지 교회를 위한 훈련의 방향을 재조정할 수 있다.

둘째, 박해와 순교에 대한 막연한 두려움을 갖기보다는 현실적으로 다가올 수 있는 위험에 대해 선교사들과 취약한 곳에 있는 교인들이 더 깊은 제자도(integral discipleship)의 수련을 통해 믿음으로 악한 자들의 세력과 대결할 수 있게 한다.

셋째, 고난과 순교 상황에 항시 노출된 가운데 사는 선교사와 교회를 위해 세계 교회가 기도할 수 있게 한다.

한국도 안심만 해서는 안 된다. 무슬림들만 해도 외국인과 내국인을 포함해 20만 명을 헤아릴 정도로 많아졌다(2014년 문화관광부 통계, 박관규 기자 기사 인용). 언제 종교적인 갈등이 현실로 다가올지 모른다. 최근 연구에 의하면 이미 한국은 세계 여러 나라 중에 종교적으로 다양성이 가장 큰 나라로 선정되었다. 그 다음은 중국이 따르고 있다. 1을 종교적 다양성이 가장 큰 나라로 보았을 때, 한국과 중국은 각각 0.82와 0.81로 나타났다. 세계 평균은 0.45로 나타났다(*IBMR*, 2015년

1월, Vol 39, No.1, p. 28).

 본서의 대표 편집인이며 전 세계복음주의연맹(WEA) "선교위원회" 대표로 오랜 기간 역임하고 필자의 30년 지기인 윌리암 테일러(William Taylor) 박사가 한글 번역판을 출판하도록 기꺼이 허락해주었다. 그뿐만 아니라 한국 독자에게 적합한 내용 중심으로 재편집해 두 권으로 분리해 출판하게 했으며 직역했을 때의 어색함도 최소화할 수 있도록 편집의 자유도 허용해주었다. 이에 감사와 더불어 현 세계복음주의연맹 "선교위원회" 대표인 버틸 액스트럼(Bertil Extrom) 박사에게도 깊은 사의를 표한다.

 필자는 고(故) 김인수 박사와 함께 수년간 한국 OMF 이사로 섬길 수 있는 은혜를 누렸었다. 이런 관계가 계기가 되어서 한국 OMF 독서 회원들에게 본서를 배부하게 되었다. 이를 수락해준 한국 OMF 리더십에 사의를 표하는 바이다. 끝으로 여러 가지로 바쁜 중에도 본서의 번역에 동참한 번역진(아래 명기)과 본서를 출판해주신 기독교문서선교회 박영호 사장님에게 진심으로 감사를 전한다.

2016년 3월 봄의 길목에서

* 번역에 참여한 분들 *
김동화 목사(한국해외선교회 대표)
백인숙 교수(전 한국해외선교회 MK-Nest 대표)
변진석 교수(한국선교훈련원 원장)
송헌복 교수(한국선교훈련원 명예교수)
엄주연 교수(한국선교훈련원 교수 및 원목)

편집자 서문
박해와 순교에 관한 놀라운 이야기

월리엄 테일러

(전 WEA 선교위원회 대표)

이 책은 '선교의 세계화'(Globalization of Mission) 시리즈의 하나로 발행되었다. 이 의미 있는 책을 만드는 데 있어 세계복음주의연맹(WEA) "신학위원회" 및 "종교자유위원회"의 협조에 감사한다. '선교의 세계화' 시리즈 간행의 장기 프로젝트를 마무리하면서 그동안 빚진 분들에 대한 깊은 사의를 표하고자 한다.

먼저 그분의 선교에 우리를 초청해주시고 능력을 부어주신 살아계신 삼위 하나님께 감사드린다. 성경을 통해서 우리는 그 영원한 삼위 하나님의 공동체가 자신의 백성이 전 역사의 과정과 현재까지, 그리고 마지막 그날까지 지불해야 할 고난의 댓가를 알고 계셨다는 사실을 확인할 수 있다. 우리는 선교에 참여하는 하나님의 백성으로서 수천 년간 박해와 순교를 당한 수많은 형제, 자매들에게 이루 말할 수 없는 빚을 지고 있다. 이 보배로운 존재들의 이야기는 끝이 없고 또한 경이롭다. 우리가 박해와 순교에 대해 연구하면 할수록 이것이 얼마나 크고 심각하며 오늘날에도 얼마나 현실적인 문제인지를 깨닫게 된다.

우리는 이과수에서 개최된 "이과수선교신학회의"(Iguassu Missiological Consultation) 참석자들에게 감사를 표하고 싶다. 세계복음주의연맹 "선교위원회"가 주관했던 그 회의는 1999년 말, 한 세기의 종료와 더불어 새로운 천 년을 맞이하는 시점에서 선교의 핵심적인 이슈들을 다루기 위한 모임이었다. 이 모임의 참석자들은 "선교위원회" 지도자들에게 많은 간행물에서 다루고 있는 다양한 주제들을 탐구할 것을 위임했다.

나는 개인적으로 두 분의 공동 편집인들에게 감사하고 싶다. 안토니아(토니카) 반 데르 미르(Antonia van der Meer)는 화란 계 브라질 사람으로 브라질과 앙골라에서 많은 사역 경험을 가진 살아있는 하나님의 종이다. 그녀는 브라질의 "복음주의선교센터"(Evangelical Missions Center)의 개발 책임자이며 교사와 멘토로 섬기고 있다.

레그 레이머(Reg Reimer)는 베트남 전쟁 중에 그의 사역을 시작한 캐나다 선교회의 지도자이다. 그는 베트남에서 공산주의가 득세한 후에도 그곳의 교회와 긴밀한 관계를 유지해왔고 베트남 개신교와 종교 자유에 대한 탁월한 권위자 중 한 사람으로 인정받고 있다. 그는 십여 년간 캐나다 구호 단체를 이끌었고 최근에는 동남아시아 대륙에서 기독교 선교를 확장시키기 위해 열심히 일하고 있다.

안토니아와 레이머가 이 책의 주제에 열정을 갖고 있다고 느꼈기에 나는 그들을 편집팀에 초청했다. 그들은 박해를 경험했고 신앙을 위해 순교한 사람들을 개인적으로 알고 있었기 때문에 적절한 사람들이었다.

우리는 22개국 출신의 68명이라는 이 책의 많은 기고자들에게 깊이 감사한다. 그들 중 상당수가 영어가 외국어인데도 불구하고 이 프로젝트에 헌신해주어 감사할 따름이다. 그들은 자신들의 경험과 열정으로 글을 썼고 자신들의 모국어 성경을 인용하고 있다. 그들은 모두 진정한 "성찰하는 실천가"들이다. 그들은 사역하면서 성찰하는 사람들이며 사역의 소용돌이 속에서도 진지하게 자신을 돌아보는 질문을 하는 사람들이다. 그리고 검증된 선교학적 전제들을 갖고 섬기는 가운데 진실성을 갖고 일하는 사람들이다. 그들이 없었다면 이 책은 존재하지 않았을 것이다.

민속음악학 박사 과정 공부를 하는 중에도 이 책이 예술적 요소를 담도록 다듬어준 로빈 해리스(Robin Harris)에게도 크게 감사한다. 그의 가족은 시베리아 지역에서 수년간 그리스도를 섬겼다. 그녀는 현재 "민속예배학국제평의회"(International Council of Ethnodoxology)를 이끌고 있다. 그리고 매트 프라이스(Matt Fries)는 책 전체에서 사용된 성경 본문을 검토하는 것을 도왔다.

우리는 교열 책임자이며 미술가인 코 팔카(Koe Phlka) 여사에게 심심한 감사를 드린다. 그녀는 "선교위원회"의 다른 발간물에도 탁월한 예술성과 전문성을 발휘했다. 그녀는 전업주부로서 남편을 내조하며 여덟 명의 자녀들을 키우는 것은 물론 30에이커의 땅에서 세 마리의 누비안 염소, 토끼 열 마리, 닭 열아홉 마리, 돼지 두 마리, 개 한 마리와 그리고 고양이 세 마리를 돌보면서 이 작업을 했다! 한편 캘런 라우(Kalun Lau)는 홍콩에 사역 기반을 두고 일하는데, 또 한 번 솜씨를 발휘하여 감방과 고문실을 연상시키는 강력한 표지를 만들어 주었다.

1. 독자들에게

나는 이 책의 원고들을 수집하고 편집하는 동안 『본회퍼: 목사, 순교자, 예언자, 스파이』(*Bonhoeffer: Pastor, Martyr, Prophet, Spy*, 2010)라는 책을 읽고 있었다. 저자 엘릭 메타악스(Eric Metaxas)는 20세에 일어났던 극적인 이야기를 훌륭하게 풀어냈다. 우리들 중 많은 이들은 본회퍼의 제자도와 공동체에 관한 저술들을 통해 영향을 받아왔다. 이 전기는 여러분들이 읽게 될 책의 편집 과정에서 일종의 모퉁이돌 역할을 해 주었다. 이 책을 읽어볼 것을 제안한다. 요한계시록 6:11은 본회퍼와 다른 수많은 순교자들에 관하여 예언하였다. 순교자들의 숫자는 아직 채워지지 않았다. 깊은 감동을 받을 준비를 하라.

신실하고 사려 깊은 독자들이여, 이제 이 책을 읽어가는 동안 능력을 주시는 성령으로 말미암아 그리스도의 고난을 여러분에게 주실 것을 살아계신 하나님께 간구하고, 우리의 풍성한 역사를 심사숙고하는 가운데 진리의 증언자들로서 오늘날 우리가 어떻게 응답해야 할지를 생각해보라.

이 책을 어떻게 읽어야 효과적일까?

우선 책의 구조를 파악하기 위해 목차를 자세히 읽는 것부터 시작하라. 그 다음에 몰입해서 처음부터 끝까지 읽거나 아니면 개인적 관심에 따라 선택해 읽어도 좋다. 이 풍성한 식탁이 제공하는 다양함 속에서 여러분의 식사가 균형 있게 되도록 노력하라.

이 책을 읽은 후에는 미래의 그리스도의 교회를 위해 어떻게 여러분이 최선을 다해 기도하고 지원하고 헌신할 수 있을지를 하나님의 성령께 간구하라. 심오한 의미로 가득 찬 예수님의 이 예언적인 말씀을 기억하라.

"화평하게 하는 자는 복이 있나니 그들이 하나님의 아들이라 일컬음을 받을 것임이요, 의를 위하여 박해를 받은 자는 복이 있나니 천국이 그들의 것임이라. 나로 말미암아 너희를 욕하고 박해하고 거짓으로 너희를 거슬러 모든 악한 말을 할 때에는 너희에게 복이 있나니, 기뻐하고 즐거워하라. 하늘에서 너희의 상이 큼이라. 너희 전에 있던 선지자들도 이같이 박해하였느니라"(마 5:9-12).

- 예수님의 산상수훈 중에서

2. 글쓴이

윌리엄 테일러(William Taylor)는 제3 문화에 속한 사람으로서 코스타리카에서 태어나 고등학교 마지막 학년에 이를 때까지 중앙아메리카에서 자랐다. 1967년 이본느와 결혼했고 과테말라에서 태어나 이미 결혼한 세 명의 자녀와 일곱 명의 손주들이 있다. 라틴아메리카에서 삼십 년을 살았는데, 그중 십칠 년은 이본느와 함께 과테말라에서 살면서 국제 CAM에 속해 있는 중앙아메리카 신학교에 근거를 두고 사역했다. 그는 달라스신학교에서 신학석사(Th.M.) 학위와 텍사스 오스틴대학에서 라틴아메리카 지역연구로 박사(Ph.D.) 학위를 취득했다. 1986-2006년 세계복음주의연맹 "선교위원회" 대표를 역임했고 현재는 시니어 멘토, 출판 코디네이터 및 "국제선교위원회"의 지도자로 일하고 있다.

편집한 책들로는 *Too Valuable to Lose: Exploring the Causes and Cures of Missionary Attrition* (William Carey Library, 1997: 한국판 『잃어버리기에는 너무나 소중한 사람들』)과 *Global Missiology for the Twenty-first*

Century: The Iguassu Dialogue (Baker, 2000: 한국판 『21세기 글로벌 선교학』, CLC, 2004) 등이 있다.

테일러는 세계복음주의연맹 "선교위원회" 저널인 『커넥션스』(*Connections*)의 편집인으로 12년간 섬겼다. 그는 스티브 호크와 공동으로 『세계선교 핸드북: 타문화 사역 지침』(*Global Mission Handbook: A Guide for Crosscultural Service,* InterVarsity Press, 2009)을 저술했다. 또한 멘토링과 도제 양육, 컨설팅과 저술, 그리고 강연과 강의 사역을 위해 만든 "TaylorGlobalConsult"의 회장으로 섬기고 있다(http://taylorglobalconsult.org). 테일러 가족은 텍사스 오스틴에 살면서 성공회 그리스도교회에서 신앙생활을 하고 있다.

편집자 소개 및 개관

윌리엄 테일러
(전 WEA 선교위원회 대표)

레그 레이머
(WEA 선교위원회 위원)

안토니아 반 데르 미어
(브라질복음주의선교센터 개발 코디네이터)

오늘날 "기독교인에 대한 박해"라고 구글 검색을 하면 0.24초 안에 8,570,000여 개 기사(2011. 10. 25)를 볼 수 있다. 그러한 엄청난 정보를 갖고 우리가 할 수 있는 것은 무엇일까?

우리가 언급하는 몇 가지 자료들은 서로 다른 관점에서 우리에게 중요한 정보를 제공해준다.

첫 번째 자료는 "종교와 공적 삶에 관한 퓨포럼"(The Pew Forum on Religion and Public Life)에서 최근 "종교의 자유에 대한 제약 증가"라는 제목으로 발표한 국제 보고서이다.[1] 이 보고서는 세계 인구의 삼분의 일이 종교적 제약에 직면하고 있다고 주장하는데, 그러한 종교 박해 중 75%는 기독교인들을 향한 것이다.

두 번째 자료는 "종교자유국제연구소"(the International Institute for

---

1 http://pewforum.org/government/rising-restrictions-on-religion(2).aspx.

Religious Freedom)에서 발행한 것이다. 우리는 "바트 우라흐의 요청" (Bad Urach Call)이라는 성명서의 요약을 여러분에게 제시할 것이다.² "바트 우라흐 성명서"는 우리가 다루려는 주제들에 대해 고도의 발전된 신학적 평가를 담고 있다.

세 번째 자료는 미국 "오픈도어즈선교회"(Open Doors)의 자료다.³ 그 중 한 보고서가 "세계기독교감시목록"(World Watch List)으로서 여기에는 압제의 정도에 박해 국가들의 순위가 나타나 있다. 상위 50개 국가들은 심각한 박해, 압제, 혹독한 제한 또는 그 외의 문제를 갖고 있는데, 그들 중 38개는 이슬람 국가, 8개는 세속 혹은 마르크스주의 국가, 1개 힌두 국가(인디아), 그리고 1개 불교 국가(스리랑카)이다.

"세계기독교감시목록"은 종교적 자유의 다양한 측면들을 포함한 50개 질문들로 구성된 설문 조사를 통해 밝혀진 것이다. 각 질문에 어떻게 답변되는가에 따라 1점씩 할당된다. 각 국가의 전체 점수가 기독교인을 가장 심하게 박해하는 "세계기독교감시목록"의 국가의 순위를 결정한다. 우리의 임무는 이러한 광범위한 자료들을 사용해 전 세계의 박해의 정도와 심각성에 대한 각성을 확산시키는 것이다.

또 다른 자료는 이 분야에 관련된 중요한 기독교 기관 중 탁월한 협력 네트워크를 형성한 "종교자유파트너십"(Religious Liberty Partnership: RLP)의 자료이다.⁴ WEA의 "종교자유위원회"의 연구 및 분석 팀은 RLP의 회원이며 그들은 정기적으로 사려 깊은 뉴스 리포트를 발표함으로써 이 문제에 대한 이해와 기도 그리고 행동을 촉구하고 있다. 더 많은 정보는 owner-wea-religiousliberty@hub.xc.org에

---

2 http://www.iirf.eu/fileadmin/user_upload/pdfs/the_bad_urach_call.pdf, appendix A.
3 http://www.opendoorsus.org/persecution/world-watch-list.
4 http://www.rlpartnership.org.

서 얻을 수 있다. 매일 기도 요청 자료는 스마트폰에서 "순교자들의 목소리"(Voice of the Martyrs)라는 무료 앱에서 다운로드 할 수 있다.

우리가 이 책을 편집하는 중에 가장 최근 발행된 뛰어난 단행본 자료로는 패트릭 존스턴(Patrick Johnstone)의 『글로벌 교회의 미래: 역사, 경향 그리고 가능성』(The Future of the Global Church: History, Trends and Possibilities, Biblica/InterVarsity Press, 2011)이다. 비록 우리가 현대에 이르기까지 확실한 통계적 자료는 거의 갖지 못했지만 이 책만큼 교회 역사를 통해 흐르는 "박해의 물결"에 대해 탁월하게 묘사한 책은 없다. 패트릭의 도표, 그림, 그리고 이야기들은 그 책의 가치를 더해 주었고 그의 예언적인 말과 예측은 모든 나라의 그리스도인들로 하여금 이 문제의 심각성을 깨닫게 할 것이다.

이 책의 말미에 각 책에 대한 간단한 설명을 첨가한 엄선된 도서 목록(부록 2)을 담았다. 이러한 자료들이 여러분들에게 현황을 파악하게 하고, 중보기도의 제목을 제공해 주고, 이 문제를 극복하기 위한 활동에 참여하도록 도와주는 중요한 동반자가 될 것이다.

1. 위험의 감수, 그리고 성경 다시 읽기

의심할 여지없이 세계 여러 지역에서 오늘날 기독교인이 된다는 것은 매우 높은 위험을 감수해야 하는 헌신이다.

그러나 이것이 새로운 사실인가?

역사적으로 볼 때 언제나 그래왔다. 기독교인들이 평화, 번영, 영향력, 그리고 자신들의 신앙을 마음껏 표현하는 자유를 누리는 상황에서 살았던 적은 역사상 별로 없었다. 이런 '자유'는 기독교 역사에서 예외에 속한다. 오늘날 예수를 따르는 20억 명 이상의 사람들이 여러 형태의 괴롭힘과 온갖 박해와 순교의 가능성을 직면하는 상황에서 사는 것으로 추정된다.

성경 자체를 생각해 보라! 진정으로 우리는 성경의 어떤 책들이 불확실성, 폭력, 추방, 압제, 기근, 그리고 해고와 같은 현실이 아닌 평화로운 상황에서 기록된 것이 있는지를 찾아보라고 여러분에게 말하고 싶다. 솔로몬의 아가(雅歌)서가 그 예외일 가능성이 있다.

구약과 신약 중 첫 번째 책들을 보라. 모세오경은 이제 막 사백 년간의 노예 생활을 끝낸 사람들에 대한 기록이다. 그들은 광야를 통과해 이동하는 가운데 하나의 민족으로 부상했는데 거기서 하나님은 그들에게 참된 우주론, 삶의 가치들, 시민법, 자기 정체성, 그리고 예배에 대해 가르치셨다. 복음서들은 기독교 시대 첫 세기 동안의 군사 독재, 황제 숭배, 무력함, 추방, 피난, 박해의 물결, 그리고 로마의 통치(Pax Romana)라는 혹독한 상황에서 기록되었다. 사도행전은 예루살렘에서 시작되어 로마에서 마치는데 이는 당시 제국 권력의 심장부인 로마를 향한 반항적 지방에서 기독교 운동이 시작되었음을 말한다.

성경이 기록될 당시의 상황과 현실을 살펴보라. 성경을 그 원래 상황들 속에서 보고 그 다음에 우리 시대에 그 의미를 적용하는 것이 당연하지 않겠는가?

더구나 만일 불안, 괴롭힘, 박해의 상황을 겪어보지 않았거나, 그 시대를 함께 살고 있는 사람이 아니라면 오늘날 누가 우리에게 변혁적 제자도의 삶을 어떻게 살 것인지에 대해 가르칠 수 있겠는가?

이 세상의 모든 교회가 하나님과 그의 말씀, 그리고 그의 백성들로부터 배워야 할 것이 너무 많다.

2. 편집자들의 개인적인 생각들

　나는(안토니아 반 데르 미어) 앙골라에서 마르크스주의 시대에 전쟁을 치르던 십 년간 사역했기 때문에 박해와 선교라는 주제에 대한 특별한 부담을 느껴왔다. 나는 박해와 순교의 현장을 보았다. 이것은 나에게 앙골라 형제, 자매들에게 지혜롭지 않은 행동으로 말미암은 더 이상의 고통을 초래하지 않도록 많은 관심과 사랑, 그리고 지혜로 섬기는 계기가 되었다.

　나는 학생사역의 발전에 헌신했는데 이것이 어떤 면에서 특별히 어려움을 주었다. 학생들은 그들의 신앙 때문에 강력한 반대에 직면했다. 나는 다른 선교사들과 함께 그들의 고통에 대해 염려했는데 왜냐하면 그들이 사역하는 어려운 상황과 적절한 준비와 목회적 돌봄이 부족했기 때문이었다. 이것이 나로 하여금 "고통의 상황에서 사역하는 선교사들을 위한 적극적인 돌봄"이라는 주제로 박사 학위 연구를 하도록 이끌었다. 이러한 개인적 경험은 다른 사람들의 고통에 대해 더욱 민감하도록 만들었는데 그로 인해 내가 이 소중한 책의 일부를 감당할 수 있는 특권을 누리게 된 것에 대해 하나님께 감사한다. 나는 하나님께서 그의 교회로 하여금 이 책에 나타난 필요들에 대해 은혜와 지혜로 대응할 수 있도록 도우실 것을 믿는다.

　나는(레그 레이머) 이러한 대화에 기여할 수 있는 것을 큰 특권이라고 생각한다. 아마도 이것이 우연은 아닐 것이다. 나는 러시아에서 첫 번째 공산주의 혁명이 일어났을 때 피난해야 했던 부모에게서 태어났다. 나는 베트남을 섬기는 선교사로 부름 받았는데 거기서 순교한 동료들의 장례를 치러야 했다. 베트남이 공산주의자들에게 함락당한 후에는 그곳에 있는 교회 지도자들로부터 박해받는 기독교인들을 지원하는 임무를 부여받았고, 심지어 해외로 탈출한 많은 피난민들을 섬겨야 했다.

나의 지원 사역은 기독교 박해, 특별히 공산주의에 의한 박해 현장에 대해 연구하는 계기가 되었다. 이것은 또한 성경 및 역사적 연구를 통해 길고도 광범위한 기독교인 박해에 대한 심도 있는 연구를 하게 했다. 나는 세계 교회에 대한 우리의 폭넓은 조사와 이 책에 대한 나 자신의 작은 기여가 점점 더 위험해져 가고 있는 세상에서 선교를 위해 부름 받은 사람들을 돕는 도구가 되리라고 믿는다.

내가(윌리엄 테일러) 우리 집안 내력에서 매우 중요한 조상 한 분을 발견한 것은 불과 년 전이었다. 나는 1510년에 태어나 1555년에 사망한 영국 성공회 목사로 농촌 교회를 목회하던 로우랜드 테일러(Rowland Taylor) 박사의 직계 자손 중 한 명이다. 그는 케임브리지대학을 졸업했고 유명한 토마스 크랜머(Thomas Cranmer)의 원목(chaplain)이었다. 그는 성경 번역가로 잘 알려진 윌리엄 틴데일의 조카딸인 마가렛과 결혼했다. 그의 개혁적 신앙으로 인해 여러 번 투옥당했고 수많은 무죄한 피를 그 손에 묻혔던 메리 여왕에 의해 영국 서퍼크에 있는 해들리에서 화형당했다. 존 폭스는 그에 대해 다음과 같이 썼다.

"그는 감옥이 복음을 위한 매우 풍성한 열매를 맺을 수 있는 장소라는 사실을 발견했다. 메리 여왕은 그리스도를 믿는 사람들을 얼마나 많이 투옥시켰던지 '영국의 거의 대부분의 감옥들이 기독교 학교와 교회들로 변했는데 감옥들은 교회로 변화된 반면 교회들은 강도의 소굴로 전락했다.'"[5]

---

5 영국 서퍼크 감옥에서의 로우랜드 테일러의 경험에 대해서는 http://rowlandtaylor.wordpress.com/2006/11/19/the-legacy-of-rowland-talor를 참고하라.

3. 이 책의 다른 저자들

우리 모두는 성경과 복음, 선교와 정의, 선포와 화해, 창조와 새 창조에 헌신된 복음주의자로서 집필했다. 우리는 다양한 배경, 문화, 국적, 인종, 사역, 나이, 그리고 지도자 역할을 한 이들이다. 우리는 신뢰할 만한 이야기들을 열정을 갖고 기록했다. 개인적 경험을 바탕으로 진술한 글도 있고 다른 것들은 삶의 현실에 대한 사례 연구도 있다. 어떤 글들은 보다 분석적이거나 역사적이고 일부는 보다 학문적이고 많은 참고 자료를 사용했다. 공통적인 것은 그중 일부는 모두가 진정성을 갖고 있다는 것이다.

우리는 전 세계의 다양한 지역의 교회들의 경험이 실제적으로 균형을 맞출 수 있도록 노력했다. 이것은 언제나 쉽지 않은 작업이고 많은 경우 그곳에 존재하는 폭력과 고통의 소용돌이 속에서 한 걸음 물러나 성찰하고 집필할 수 있는 한가로운 시간이 거의 없다. 이런 상황 가운데서도 위험을 무릅쓰고 기꺼이 글을 써 준 사람들은 개인적으로 커다란 댓가를 지불한 것이기에 우리는 그들의 목소리를 듣는 것을 영광으로 생각한다.

이 책에 기고한 저자들 중 다수가 자신들의 모국어로 글을 썼고 그 후에 영어로 번역되었다는 것을 기억할 필요가 있다. 이 책에 사용된 성경 구절들이 다소 어색하게 느껴질 수 있는 것은 저자들 중 다수가 원래 다른 언어로 쓴 것이기 때문이다. 우리가 문서로 작업 지침을 주었음에도 결과는 고르지 못하게 보일 것이다. 이 책의 원고들이 서구식 학문 기준에 언제나 들어맞지는 않는다. 우리가 그것에 대해 사과하지는 않을 것이다. 문서의 형식보다는 진정성이 여러분을 설득할 것이기 때문이다.

4. 이야기들 그리고 예술

이 책의 모든 장들이 개인이나 소그룹들이 답변하도록 사려 깊은 질문들을 담고 있다. 여러분은 다양한 특색을 가진 요점 정리한 것들을 보게 될 터인데, 그것들은 여러분들로 하여금 내용을 보다 더 생생하게 느끼도록 도울 것이다. 그것들은 시편에 있어 일종의 "셀라" 역할을 한다. 여러분은 우리 주제와 관련된 엄선된 많은 성경 구절들을 볼 것이다.

여러분은 토니카의 브라질 학생 6명이 한 짧은 성경적 묵상과 마주하게 될 것이다. 미리암 애드니(Miriam Adeney)는 그녀의 놀라운 책, 『국경 없는 왕국: 전 세계 기독교의 밝혀지지 않은 이야기』(*Kingdom without Borders*, 2009)로부터 13개의 이야기를 제공했는데 우리는 이 책의 여러 곳에 넣었다. 또한 히틀러에 의해 39세의 나이에 처형당한 디트리히 본회퍼(Dietrich Bonhoeffer)의 책에서 중요한 내용을 인용했다. 그리고 2010년 남아프리카공화국 "로잔케이프타운대회"의 산물인 "로잔케이프타운서약"으로부터 나온 선언들을 적절하게 삽입했다. 우리의 핵심 주제들을 창의적으로 전달하기 위해 다양한 예술 형태들을 이 책의 삽화로 사용했다.

5. 이 책의 제목

『박해와 순교: 현대 선교 현장의 박해와 순교 이야기』(*Sorrow and Blood: Christian Mission in Contexts of Suffering, Persecution, and Martyrdom*)라는 원제는 고통이 만들어내는 슬픔과 지난 2,000여 년 동안 교회를 태동

하게 했던 순교자들의 피를 말하고자 하는 것이다. 그것은 요한계시록 7:9-17에 나타나 있는 우리 주님 자신의 피를 말하기도 한다. 그것은 또한 요한계시록 6:10에 있는 순교자들의 다음과 같은 울부짖음에서 나온다.

> "거룩하고 참되신 대주재여, 땅에 거하는 자들을 심판하여 우리 피를 갚아 주지 아니하시기를 어느 때까지 하시려 하나이까?"(계 6:10)

부제는 우리의 토론을 고난, 박해, 그리고 순교의 특별한 상황 속에서의 기독교 선교라는 틀 안에 다루고자 했다. 고난, 박해, 그리고 순교라는 이 세 가지 용어는 책 전체를 통해 상호작용하고 있다. 그래서 제목이 『박해와 순교: 현대 선교 현장의 박해와 순교 이야기』이다. 제목과 내용이 무겁고 강렬하며 진지하고 참되고 성경적이며 또한 역사적이고 오늘날 우리에게 매우 당면한 것이다.

6. 독자들에게

사려 깊은 독자들은 긴장감을 갖고 눈물 흘릴 준비를 해야 할 것이다. 여러분의 세계를 확장시키고 여러분과 가정, 그리고 사역을 앞으로 우리가 헌신해야 할 미래를 위해 준비해야 한다. 그 미래에서 확실한 것이란 오로지 하나님이 살아 계시고 그가 우리와 함께하실 것이라는 사실뿐이다.

참고 문헌 [6]

- Adeney, Miriam. 2009. *Kingdom without borders: The Untold Story of Global Christianity*. Downers Grove, IL: InterVarsity Press.
- Bonhoeffer, Dietrich. 1976. *The Cost of Discipleship*, rev. ed. New York: Macmillan.
- _____. 1986. Jugend und studium 1918-1928. In *Dietrich Bonhoeffer Werke*, vol. 9, eds., Hans Pfeifer with Clifford Green and Carl-Jürgen Kaltenborn. Munich:Chr. Kaiser.
- _____. 1992. Barcelona, Berlin, Amerika 1928-1931. In *Dietrich Bonhoeffer Werke*, vol. 10, eds., Reinhard Staats and Hans Christoph von Hase with Holger Roggelin and Matthias Wünsche. Munich: Chr. Kaiser Verlag.
- _____. 1996a. Illegale Theologenausbildung: Finkenwalde 1935-1937. In *Dietrich Bonhoeffer Werke*, vol. 14, eds., Otto Dudzus und Jurgen Henkys with Sabine Bobert-Stützel, Dirk Schulz, and Ilse Tödt. Gütersloh: Chr. Kaiser/Gutesloner Verlagshaus.
- _____. 1996b. Konspiration und haft 1940-1945. In *Dietrich Bonhoeffer Werke*, vol. 16, eds., Jørgen Glenthøj, Ulrich Kabitz, and Wolf Krötke. Gütersloh: Chr. Kaiser/Gütesloner Verlagshaus.
- _____. 1998. Illegale theologenausbildung: Sammelvikariate 1937-1940. In *Dietrich Bonhoeffer Werke*, vol. 15, ed., Dirk Schulz. Gütersloh: Chr. Kaiser/ Gutesloner Verlagshaus.

---

6 본회퍼 인용 출처 중 독일어로 된 것들로부터 온 것들은 더글라스 백스에 의해 영어로 번역되었다.

'고난 가운데서 예배하는 사람'–박해와 순교에 대한 찬송가들

박해와 순교가 일상화되어 있는 나라에서 살고 있는 찬송 작가들은 믿음의 찬송들을 통해 자주 그것을 표현한다. 이 책에서는 러시아 찬송 "나는 그리스도를 따를 것이다," 중국 시아민의 찬송 "시련의 한 가운데서," 그리고 에티오피아 테스파예 가볍소의 찬송 "나는 잠잠하기를 거절하네" 등의 찬송들을 볼 수 있다. 그에 비해 박해와 순교라는 주제는 미국과 영국의 찬송 작가들에게 관심을 많이 받지 못했다. 그래도 순교자의 신앙을 바라보고 그들을 본받기를 도전하는 많은 감동적인 찬양이 교회 찬송가들에 포함되어 있다.

이러한 주제들을 다루는 오래된 영어 찬송들이 많이 있다. 1827년, 레기날드 히버는 후일에 "하나님의 아들이 전쟁터로 나가신다"고 알려진 시를 기록했는데 박해자를 용서하라고 도전하는 내용이다.

> "순교자는 무엇보다 독수리의 눈을 가졌다.
> 무덤 그 너머를 볼 수 있다.
> 하늘에 계신 그 분의 주인을 본다.
> 그 분께 구원을 부르짖는다.
> 그 분처럼 입술에 용서를 머금는다.
> 죽음의 고통 속에서
> 그 분은 잘못을 범하는 사람들을 위해 기도하셨다.
> 누가 그 무리에 합류할 것인가?"

우리는 176년에서 미래로 재빠르게 오늘날 우리의 세계로 이동하자. 2003년 2월 28일에 그래함 켄드릭은 런던에 있는 중국 대사관 밖에서 구금자 석방 국제기독교연대와 합류해 "언제까지입니까?"라는 찬송을 불렀다.[7] 그 사건[8]의 현장은 무엇보다 그것이 촬영된 상황 때문에 감동적이다. 노래의 첫 부분은 우리의 생애가 신앙을 위해 고난받는 사람들의 모범을 통해 얼마나 영향을 받는가를 말하는데, 그들의 고통은 그들이 사랑하는 분께 드리는 예배이다.

"주님, 우리가 자신들의 생명보다 당신을 더 사랑하는
우리 형제자매들이 부끄럽지 않게 살게 하소서.
그들은 고난 받음으로 예배합니다.
십자가의 거리낌을 감수하고
당신의 이야기를 말하는 것을 부끄러워하지 않습니다.
당신을 알고 그 영광을 위하여 세상의 모든 자랑을 해로 여깁니다."[9]

2005년, 케이스와 크리스틴 케티는 "시련이 올 때"라는 현대 찬송을 썼는데[10] 이 찬송은 우리로 하여금 고난이 우리의 신앙을 단련하는 불과 같고 하나님의 신실함을 이 세상에 드러내는 역할을 한다는 것을 일깨워준다.

"시련이 올 때 더 이상 두렵지 않네.
왜냐하면 고통 속에 하나님은 우리에게 가까이 오시고
금보다 더 값진 신앙으로 연단하며
하나님의 신실하심을 이야기하도록 한다네."[11]

---

7   전체 노래 가사는 다음을 찾아보라. http://www.grahamkendrick.co.uk/songs/lyrics/how_long.php.
8   http://www.youtube.com/user/presscreative#p/u/21/zMGlwAgvySc.
9   Graham Kendirck, ⓒ2002 Make Way Music, www.grahamkendrick.co.uk.
10 Keith and Kristyn Getty, ⓒ 2005 Thankyou Music.

아주 최근의 뮤직 비디오는 박해의 현장을 영국 출신 래퍼들[12]이 세계 모든 박해받는 교회들의 고난에 위로를 보내는 노래와 결합했다. 조지 룩[13]은 다음과 같이 썼다.

> "'나에게 오라'는 강력하고 매우 흥미롭다. 그것은 랩 음악이 매우 심각한 이슈에 대한 인식을 불러일으키는 데 사용될 수 있음을 보여주는 훌륭한 사례이다."

이러한 것들은 영어로 된 찬송의 단지 몇가지 예로서 우리의 고난을 신앙의 눈으로 보도록 하고 세계 여러 곳의 박해받는 교회와 연대할 것을 도전한다. 나는 이 책에 대한 응답으로 가까운 장래에 이런 형태의 예술적 표현을 통한 박해받는 교회와의 연관이 더욱 많아지기를 기대한다.

로빈 P. 해리스

머리말
고난의 신학

아지트 페르난도
(스리랑카 Youth for Christ 대표)

선교의 세계화는 현대 교회에 있어 흥미로운 발전 중 하나이다. 그러나 주류 세계(the Majority World)에 살고 있는 우리들에게 세계화는 종종 서구 세계의 관심사를 비서구 세계에 강요하는 것이라고 느껴진다. 우리는 교회가 그러한 올무에 빠지지 않도록 분명히 해야만 한다. 범 세계의 교회 공동체들은 그리스도의 몸의 일부로서 서로에게 기여해야 한다. 교회가 성장하고 있는 주류 세계의 기여에 대해 나에게 먼저 떠오르는 생각은 고난의 신학이다. 왜냐하면 성장은 고난 중에 이루어지기 때문이다.

성경에서 고난은 그리스도인의 삶, 특별히 기독교 사역의 본질적 요소들 가운데 하나로 제시되고 있다. 우리 모두는 단일 그리스도에게 충성하고자 한다면 어떤 형태로든 고난에 직면하게 될 것이다. 나는 이 책에서 그리스도인들의 헌신에서 비롯되는 사역의 긴장과 어려움에 초점을 두기 원하고 그 다음에는 우리의 문화적 환경에서 매우 받아들이기 어려운 부분들을 어떻게 수용할 것인가를 살펴보려 한다.

- "우리의 겉 사람은 낡아지나 우리의 속사람은 날로 새로워지도다" (고후 4:16).
- "그런즉 사망은 우리 안에서 역사하고 생명은 너희 안에서 역사하느니라"(고후 4:12).
- "오직 모든 일에 하나님의 일꾼으로 자천하여 많이 견디는 것과 환난과 궁핍과 고난과 … 수고로움과 자지 못함과 먹지 못한 가운데서도" (고후 6:4-5).
- "이 외의 일은 고사하고 아직도 날마다 내 속에 눌리는 일이 있으니 곧 모든 교회를 위하여 염려하는 것이라. 누가 약하면 내가 약하지 아니하며 누가 실족하게 되면 내가 애타지 아니하더냐?"(고후 11:28-29).

이러한 성경의 본문들이 바울의 고난을 잘 보여주고 있지만, 우리와는 상관없는 것이라고 생각하게 만드는 현대의 문화적 장벽에 둘러싸여 있는 것 같다. 그 이유 중 하나는 동서양을 막론하고 현대사회는 오직 생산성과 이익 추구에 사로잡혀 있기 때문이다. 고린도후서의 바울처럼 말하는 사람들은 그들 스스로 채찍질하여 건강하지 못한 삶을 살면서 가족과 동료들의 필요에 대해 무책임함으로 말미암아 고통스런 삶으로 몰아넣고 그들 스스로는 탈진할 가능성이 높은 사람으로 간주되기도 한다.

슬프게도 우리는 이런 사람들의 삶에서 실제로 비극적인 결말을 너무나도 자주 보게 되지만 하나님의 사랑(고후 5:14)이 동기가 된 그들의 헌신적인 삶과 사역은 오직 날마다 하나님과 교제하는 가운데서만 새로워질 수 있고, 탈진을 극복할 수 있는 새 힘을 공급받을 수 있다. 이런 헌신이야말로 거룩한 헌신이다.

하나님께 영광 돌리기 위해 우리는 하나님의 모든 명령들을 순종해야만 한다. 따라서 하나님의 영광을 위해 헌신한 사람은 좋은 부모, 사랑스런 배우자, 동료들의 격려자, 그리고 하나님 왕국을 위한 비전을 실현하는 사람이 되기를 힘쓸 것이다. 여러분이 그러한 모든 일들을 시도할 때 바울이 말하고 있는 엄청난 신체적, 감정적 긴장과 어려움을 경험하게 될 것이다. 그러나 만일 그것이 거룩하게 이루어진 것이라면 여러분은 탈진하지 않을 것이다. 또한 여러분의 가족과 동료들은 당신이 자신들을 방치했다고 비난하지 않을 것이다.

그러나 문제가 있다! 비서구 세계에 살고 있는 사람들이 읽고 있는 대부분의 성경 공부 교재들은 부요한 서구에서 왔으며 이 영향을 받은 많은 사람들은 아마도 내가 여기에서 제안하는 행동들을 건강하지 못한 헌신이라고 볼 것이다. 자신의 소명을 위해 댓가를 지불하는 사람들은 하나님께 불순종하고 있다는 말을 듣게 될 것이고 그들의 삶의 방식을 바꾸라고 도전받게 될 것이다. 만일 여러분이 고통을 당하고 있다면 아마도 무엇인가 잘못 행하고 있는 것처럼 보일 것이다.

이 문제는 오늘날 부요한 사람들의 이동성이 잦아짐에 따라 더욱 강화되고 있다. 사람들이 자주 직업을 바꾸고 이웃을 바꾸고 교회를 바꾸면서 장기적인 헌신은 문화적으로 드문 형상이 되어가고 있다. 여러분이 아무리 어렵더라도 여러분의 소명을 고수하고자 할 때 고난에 직면하게 될 것이다. 그러나 사람들은 고난과의 불편한 관계에서 벗어나 편리를 따라 혹은 더 생산성을 높일 수 있는 기회를 찾아 이곳저곳으로 옮겨 다니는 데 익숙해져 있다.

따라서 그들은 고난에 직면할 때 회피해 버릴 것이다. 그러나 불편한 가운데 인내하고 수많은 난관 속에서도 열매를 맺기 위해 노력하고 고난을 떠맡고 마음에 들지 않는 관계들을 견뎌낸다면 위대한 사명을 이룰 것이다.

  그러므로 우리는 '선교의 세계화'가, 주류 세계가 세계 교회에 기여할 수 있는 풍부한 공헌을 무디게 하지 않도록 주의할 필요가 있다. 자신들의 헌신 때문에 사람들이 고난을 받아들일 수 있도록 가르치자. 내가 지금 경고한 추세들을 역전시키는 데 있어 여러분이 지금 손에 든 것과 같은 책들은 하나님께 쓰임을 받을 것이다.

제 1 부

박해와 순교에 대한 기초 지식

제1장 종교의 자유와 박해에 대한 범세계적 실태 조사
제2장 박해와 순교에 대한 기독교의 반응
제3장 순교자 통계
제4장 순교와 통계에 대한 반응
제5장 박해와 순교와 선교의 관계는 과연 필연적인가?

제1장
종교의 자유와 박해에 대한 범세계적 실태 조사

크리스토프 사우어
(스텔렌보쉬대학교 선교학 교수)

토마스 쉬르마허
(WEA 선교위원회 대표)

1. 종교 자유의 현실

2009년 말에 워싱턴D.C. 소재의 "퓨리서치센터"(Pew Research Center)에서 종교 자유와 관련해 그동안 진행되어 왔던 거의 모든 통계 조사 자료들을 통합한 바 있다. 놀랍게도 이 통계 자료와 결론들은 "허드슨연구소"(Hudson Institute) 산하의 "종교자유센터"(Center for Religious Freedom)와 "종교자유국제연구소"(International Institute for Religious Freedom)에서 발표한 통계와 매우 유사했다.

전 세계 국가의 3분의 1에 해당하는 64개 국가에서 종교의 자유가 보장되지 않거나 극히 제한적이었다. 불행하게도 64개 국가의 인구는 세계 인구의 약 3분의 2를 상회하며, 정확하게는 70%에 해당한다. 종교 문제로 인한 무력 충돌로 최소한 1천 명 이상 사망한 국가가 24개

국에 달하고, 여기서 약 1천 8백만 명의 난민들이 발생했다(Pew, 2009).¹

　세계에서 가장 큰 두 종교인 기독교와 이슬람이 주요 종교인 64개 국가들을 좀 더 자세히 살펴보자. 종교적 자유가 제한된 비이슬람 국가이면서 무슬림들이 다수 거주하는 국가는 인도가 거의 유일하다. 마찬가지로 기독교가 주요 종교이지만 종교적 자유가 제한된 유일한 국가는 러시아이다. 이 두 국가들을 제외하면 기독교와 이슬람 사이에서 발생하는 상황은 극명하다. 약 7억 명의 무슬림들이 종교의 자유가 없거나 제한된 무슬림이 다수인 국가에서 살고 있고, 약 2억 명의 기독교 신자들이 종교의 자유가 없거나 제한된 "비기독교 국가들"(기독교가 소수 종교의 하나인 국가) 가운데서 살고 있다. 그들 대다수는 주로 공산주의 국가나 이슬람 국가에 (그리고 인도) 흩어져 있다.

　이것은 대체로 무슬림들이 기독교 신자들보다 종교의 자유를 누리지 못한다는 것을 의미한다. 그러나 이 무슬림들은 이슬람이 통치하는 국가에 살면서 이슬람을 포기하거나 국가에서 인정하지 않는 전통이나 분파를 따를 때에만 비로소 종교의 자유가 제한되어 있다는 사실을 인식하게 될 뿐이다.

2. 종교적 박해의 다양성

　종교적 박해가 발생하는 상황들은 매우 다양하다. 이런 상황 가운데서 박해 혹은 차별을 어떻게 한마디로 규명할 수 있겠는가?
　언제가 심각한 박해와 순교를 우려할 만한 시점인가?

1　이에 대한 보다 자세한 정보는 쉬르마허(Schirrmacher)의 2008년 발표 자료를 참고하라.

당신이 예배드리는 중에 교회에 불이 붙은 시점인가 아니면 교회가 불타는 시점인가?

종교가 유일한 원인일 때만 "박해"라고 말할 수 있는가?

아니면 종교가 다른 많은 원인들 가운데 하나일 때도 박해라고 할 수 있는가?

기독교에 대한 박해는 인도 수녀들의 피살에서부터 인도네시아 교회의 방화에 이르기까지, 이집트 가톨릭 신부의 태형에서부터 베트남의 저항하는 목사에 대한 화형에 이르기까지, 터키 혹은 스리랑카에서 자녀가 교회 예배에 참석했다는 이유로 가족으로부터 배척을 당하는 등에 이르기까지 그 형태가 매우 다양하다. 인도의 경우에는 교회들을 지속적으로 방화하는 사태가 발생하기 때문에 예배에 참석하는 사람들이라면 누구나 갖게 되는 두려움이 있는데 이 문제로 인해 모든 기독교 신자들이 박해를 받고 있다고 간주해야 하는가?

아니면 오리사(Orissa) 주(state) 혹은 카르나타카(Karnataka) 주 등을 비롯하여 참혹한 사건들이 끊이지 않는 특정한 지역의 기독교 신자들로만 한정해야 하는가?

중국의 경우를 살펴보면, 모든 기독교 신자들이 어떤 형태로든 박해의 영향을 받고 있지만 매 주일마다 수많은 교회들이 예배를 드리는 반면 감옥에 갇혀 있는 목회자는 소수에 불과하다.

3. 기독교 신자에 대한 유례없는 박해

전 세계적으로 발생하고 있는 기독교 신자들에 대한 박해의 빈도와 범위를 고려할 때 우리는 이 문제에 관심을 갖지 않을 수 없다. 종교의 자유에 대해 논의할 때 기독교 소수 공동체에 대한 박해가 전 세계적으로 많은 비중을 차지하고 있는 현실을 고려하면 이 문제가 주요 의제로 부각되는 것은 당연한 것이 아닌가!

힌두교 근본주의자들이 무슬림들에게도 박해를 가했다. 그러나 2008년과 2009년 사이에 오리사 주에서 5만 명의 기독교 신자들이 쫓겨났고 5백여 명이 살해당했던 사건 등과 비교할 수 있는 대상이 아니다.

인도네시아의 말루쿠(Maluku)섬에서도 2000년부터 2001년까지 10만 명 이상의 기독교 신자들이 군사력에 의해 강압적으로 쫓겨났고 수천 명이 목숨을 잃었던 사건도 타 종교에서는 그 유래를 찾아보기 어렵다.

기독교와 이슬람으로 나뉜 수단과 나이지리아의 복잡한 상황 가운데서 수없이 많은 죽임을 당한 기독교 신자들이 전체 희생자의 절대 다수를 차지하고 있다. 2007년부터 2011년 사이에 이라크에서 수십만 명의 기독교 신자들이 강제로 축출을 당한 사례도 전 세계의 어떤 다른 종교에서도 그 유례를 찾아볼 수 없다.

21세기에 발생하고 있는 이와 같은 사건들과 비교될 수 있는 더 극적인 사건들은 아마도 히틀러 치하의 독일 나치 정권 시절에 일어났던 유대인들에 대한 박해나 인도와 파키스탄의 창건 시기에 발생했던 힌두교도와 무슬림들의 유혈 사태 정도가 될 것이다. 기독교에 대한 박해는 스탈린(Stalin)과 마오쩌둥(Mao Zedong)에 의한 대량 학살도 여기에 포함될 것이다.

기독교 신자들이 박해를 당하는 대표적인 사례 가운데 하나는 이슬람으로부터 회심한 신자들에 대한 박해이다. 이슬람을 포기하는 것은 그들이 무신론자가 되거나 바하이(Baha'i) 혹은 이슬람의 한 분파에 합류하든 많은 국가에서 매우 위험한 일이지만 그들이 기독교 신자가 될 때 가장 많은 박해를 받는 것이 사실이다.

4. 악화되고 있는 추세

세계의 종교적 자유에 대한 억압이 악화되고 있는 현재의 추세에는 다음 세 가지의 이유가 있다.

첫째, 구소련의 계승 국가들, 특히 이슬람 국가들뿐만 아니라 정교회 국가들에서도 민주주의, 자유, 그리고 종교적 자유에 대한 국민들의 열망은 점점 더 엄격해져가는 종교법들에 의해 억압당할 수밖에 없었다. 불과 몇 년간 자유를 누린 다음에, 공산주의 시대에 구소련 국가들이 자행했던 종교적 박해 혹은 기독교 신자들에 대한 박해가 다시 시작된 것이다. 기독교 신자들은 그 국가의 주요 종교 혹은 정부의 종교 정책에 의해 박해를 받고 있다.

둘째, 지난 수십 년간 비교적 조용했던 인도와 인도네시아가 박해하는 국가가 되기 시작했다. 이 두 나라에서 종교의 자유가 완벽하게 보장되었던 시대는 없었지만 다양한 종교들이 비교적 평화롭게 공존해 왔었다. 그런데 이 두 국가 모두 21세기에 접어들면서 상황이 급격하게 악화되기 시작했다. 이 두 국가의 거대한 인구(11억 명의 인도, 2억 3천만 명의 인도네시아)로 인해 전 세계의 종교 자유에 대한 통제는 더 악화되고 있다.

셋째, 이슬람 국가들의 종교의 자유에 대한 진전이 거의 일어나지 않았다. 이슬람 국가 내에서 1400년 이상 공존해 온 비무슬림 소수 공동체들에 대한 강제 추방과 이주가 계속해서 증가하고 있다. "이슬람 국가회의기구"(Organization of the Islamic Conference)는 "세계인권선언"

(Univeral Delaration of Human Right)에서 다른 종교를 선택할 수 있는 자유를 배제하려는 시도를 해 왔다. 파키스탄을 비롯한 일부 국가들은 계속해서 이와 같은 주장을 펼치고 있다. 최근에는 "국제연합인권이사회"(Human Rights Council of the United Nations)가 매년 인권을 침해하는 종교의 명예 훼손 행위에 대해 조사해 왔다. 이슬람은 이 이사회의 논의에서 언제나 언급되는 유일한 종교이다. 이슬람에 대한 어떠한 비판도 허용하지 않게 하려는 이슬람권 국가들의 압력이 실질적으로는 종교의 자유를 제한하는 결과를 초래하는 것이다.

5. 박해의 유형과 단계

박해와 인권 침해의 유형은 그 경계가 없을 정도로 다양하다. 조롱, 소외, 직장에서의 집단 괴롭힘, 기독교 신자로서의 신분이나 대중매체에 의한 종교적 상징들 혹은 교리에 대한 의도적인 노출 등과 같이 물리적으로 드러나지 않는 박해도 만연해 있다.

폴 마샬(Paul Marshall)은 기독교 신자들이 겪는 종교적 박해의 일반적인 단계들을 다음과 같이 소개하고 있다.[2]

- 1단계: 허위 정보
- 2단계: 차별
- 3단계: 폭력적

---

2 허위 정보, 차별, 폭력적 박해 등의 용어들에 대한 보다 자세한 내용은 고드프리 요가라자(Godfrey Yogarajah)의 책(2008, 85-94)을 참고하라.

일반 대중들에게 기독교 신자들에 대한 반감을 갖게 하는 허위 정보는 주로 대중매체, 여론, 혹은 입소문에 의해 퍼져 나간다. 기독교 신자들이 이러한 여론을 바로잡을 수 있는 기회를 갖지 못할 때 허위 정보는 점차적으로 진실로 취급받게 된다. 하나의 충격적인 예로 터키의 일반 대중들은 그 국가의 개신교 신자들이 미국중앙정보부(CIA)를 위해 일하고 결국 터키를 전복할 것이라는 확신을 갖고 있다는 것이다.

1단계가 지나면 기독교 신자들에게 국가나 관공서, 혹은 공동체가 사회적 약자로 차별을 가한다. 예를 들면 중국에서 기독교 신자의 자녀 교육 기회 차단을 들 수 있다. 이슬람 국가에서 기독교 신자들은 하류 계층으로 취급받고 인도에서는 최하층민인 달리트(Dalit) 계층 가운데 기독교 신자들은 각종 사회적 지원의 대상이 될 수 없다. 이 두 번째 단계를 거쳐 무차별적인 공격, 투옥, 사형, 혹은 살해 등을 포함하는 폭력적인 박해가 일어난다.

6. 박해의 원인

많은 국가에서 기독교가 직면하는 박해의 주요 원인은 무엇인가?

수없이 많은 박해의 원인들을 몇 가지로 축약하려고 시도할 때 많은 문제가 발생할 수 있다. 그럼에도 불구하고 우리는 다음과 같은 주요 박해 원인들을 제시하는 바이다.

① 기독교는 세계 종교에서 가장 많은 신자들을 보유하고 있다. 따라서 종교와 관련한 인권 침해가 타종교보다 상대적으로 더 많이 발생하고 있다.

② 현재의 기독교의 성장이 주로 종교의 자유를 부정하는 등 인권이 취약한 국가에서 일어나고 있다. 중국에서 개신교 복음주의 가정교회와 가톨릭교회의 폭발적인 성장이 이와 같은 놀라운 현상을 잘 보여주고 있다.
③ 선교 지향적인 종교인 기독교의 전 세계적인 성장 현상이 주로 비기독교 국가들 가운데서 활발하게 일어나고 있다. 이 같은 현상은 해당 국가의 주요 종교와 사상을 위협하는 것으로 간주될 수 있기 때문이다.

통계를 간략하게 살펴보면 오직 3개의 주요 종교들만 세계 인구 성장률(〉1.19%)보다 높은 증가 속도를 보이고 있다. 힌두교는 1.33%의 성장률을 보이지만 대다수가 출생에 의한 자연 발생적인 증가이다. 1.78%의 성장률을 기록하는 이슬람은 높은 출산율과 경제와 정치의 개입, 그리고 선교적 활동 등을 통해 빠르게 증가하고 있다.

모든 교파들을 포함한 기독교의 평균 성장률은 매년 1.3%를 나타낸다. 그 가운데 복음주의와 오순절은 선교사들의 활발한 사역에 힘입어 연 평균 2.9%의 경이로운 성장을 기록하고 있다. 이는 서구 기독교 세계의 지속적인 침체와 매우 대조되는 결과이다. 지리적으로 볼 때 1970년대 이후 아프리카와 라틴아메리카는 두 배 이상 성장했고 아시아는 세 배의 폭발적인 증가를 보였다. 중국, 인도, 그리고 인도네시아 등 이른 바 "비기독교" 국가들 가운데에서 주일 교회 예배에 참석하는 기독교 신자의 숫자는 모든 서구 유럽인들의 예배 참석 숫자를 합한 것보다 더 많다. 비서구 세계에서의 이러한 놀라운 성장은 그 사회의 전통적인 가치관과 갈등을 일으키는 요소로 작용하고 있다.

④ 과거에 식민지였던 일부 국가들은 오랫동안 전해 내려 온 전통적 종교 관습을 활성화하여 그들의 고유한 정체성을 강화해 가고 있다. 그들은 소위 "외국" 종교를 법적으로나 폭력적으로 배격하는 추세를 보이고 있다. 예를 들면 인도는 이슬람에 대한 저항을 바탕으로 힌두교의 르네상스 시대를 맞이하고 있다.

⑤ 많은 국가들이 민족주의와 종교의 연계성을 강화하여 그들이 원하지 않는 타종교들을 탄압하고 있다. 이러한 사례를 찾아볼 수 있는 인도, 인도네시아, 방글라데시, 그리고 파키스탄 등의 국가들의 인구를 합하면 전 세계 인구의 3분의 1을 차지한다. 터키를 비롯한 일부 국가들도 기독교가 민족주의를 강화하는 데 방해 요소가 된다고 간주하고 있다. 그러나 많은 이슬람 국가에서 이 문제에 대해 이슬람주의자들과 세속주의자들 사이에 다른 견해를 보이고 있다. 왜냐하면 기독교가 다수인 일부 국가들에서도 이러한 종교적 민족주의 때문에 완전한 자유와 평등이 보장되지 않기 때문이다.

⑥ 기독교가 전체 혹은 각종 단체들 차원에서 인권과 민주주의를 위해 목소리를 내고 있다. 사회의 약자들과 소외 계층을 돌보는 것은 기독교의 핵심적인 과업이다. 기독교는 언제 어디서나 이 과업을 매우 중요한 주제로 다루어 왔기 때문에 마치 기독교의 대표적인 상징처럼 인식되어 있다. 결과적으로 기독교 신자들은 독재자들이나 인권을 억압하는 지도자들의 탄압의 대상이 된 것이다. 전형적인 사례로는 라틴아메리카와 북한 등에서 흔히 찾아볼 수 있다. 더 나아가 기독교 신자들은 인권 탄압에 저항하는 전 세계적인 네트워크를 구축하고 언론의 반응을 이끌어내고 있다.

⑦ 기독교는 부패하고 타락한 경제 범죄자들에게 위협적인 존재가

되고 있다. 라틴아메리카의 가톨릭 사제들과 침례교 목회자들을 살해하는 데 관여한 마약 밀매자들은 그들의 적대자들의 종교에 관용을 베풀지 않는다. 오히려 교회 지도자들이 농부들과 토착민들의 인권을 보호하기 위해 노력하기 때문에 마피아 두목들에게는 눈엣가시가 아닐 수 없다.

⑧ 기독교는 복음을 전파하고 평화로운 선교를 추구하기 위해 폭력과 사회 정치적 압력을 포기하는 중대한 전환점을 맞고 있다. 교회가 평화를 추구할 때 폭력을 불러일으키는 부작용을 초래하기도 한다. 무슬림들은 전 세계적으로 미국의 보복을 두려워하지만, 지역사회의 무슬림들은 기독교 공동체들의 대응에 대해 전혀 두려워하지 않는다. 만약 정부가 기독교 신자들을 보호하지 않는다면 폭력을 가해도 되는 만만한 대상이 되어버리는 것이다. 인도네시아의 기독교 신자들이 각종 무기들로 무장한 이슬람 테러 집단에 대항하여 어떻게 그들의 주택과 가족들을 보호할 수 있겠는가?

그 지역의 기독교 신자들은 각자 그들의 가족을 보호하기 위해 물리적인 방어 수단에 의존하지 않을 수 없는 상황이다. 안전한 지역에 살고 있는 사람들 가운데 누가 이들을 비판할 수 있겠는가? 인도네시아의 교회들은 엄청난 댓가를 지불을 할 수밖에 없는 비폭력에 동의했다.

⑨ 비서구 세계는 서구에 대한 반감을 갖고 있고 기독교는 종종 서구와 동일시되고 있다. 오늘날의 서구는 더 이상 기독교 국가가 아니고 기독교가 패스트푸드 문화(Mcworld)나 외설물과 직접적인 관련이 없을 뿐만 아니라 비서구 국가들의 교회 지도자들은 거의 예외 없이 해당 국가 지도력의 영향을 받고 있다. 그러나 이러

한 문제에 있어서 그들의 편견과 오해는 진실보다 여론에 더 큰 영향을 받고 있다. 중국의 기독교 신자들은 서구의 전형적인 상징이 되어버린 미국 혹은 교황의 하수인 취급을 받고 있고 팔레스타인에서 '기독교 신자'는 서구의 재정적인 지원을 받고 있는 시온주의의 첩자로 오해 받기도 한다.

⑩ 기독교의 국제적인 특성과 기독교 신자들의 국제적인 관계가 많은 국가에 위협적인 존재로 간주되고 있다.

"또 너희가 열심으로 선을 행하면 누가 너희를 해하리요 그러나 의를 위하여 고난을 받으면 복 있는 자니 그들이 두려워하는 것을 두려워하지 말며 근심하지 말고 너희 마음에 그리스도를 주로 삼아 거룩하게 하고 너희 속에 있는 소망에 관한 이유를 묻는 자에게는 대답할 것을 항상 준비하되 온유와 두려움으로 하고 선한 양심을 가지라 이는 그리스도 안에 있는 너희의 선행을 욕하는 자들로 그 비방하는 일에 부끄러움을 당하게 하려 함이라 선을 행함으로 고난 받는 것이 하나님의 뜻일진대 악을 행함으로 고난 받는 것보다 나으니라"(벧전 3:13-17).

기독교 신자들은 모두 어느 나라의 국민이든지 상관없이 바울이 말한 것처럼 궁극적으로 "하늘나라의 시민권"을 가진 사람들이다(빌 3:20). 예수 그리스도의 발자취를 따르는 교회는 다문화적이며 초국가적인 특성을 갖고 있다(마 28:18). 이것이 바로 인력과 사상 그리고 재정을 바탕으로 한 엄청난 전 세계적 네트워크를 가진 것과 다를 바 없는 위협적인 존재로 보이게 하는 것이다. 기독교 신자들은 이 성경적 진리를 보편적 진리라고 생각하고 있지만 비기독교 신자들은 이 진리를 심각한 위험 요소와 거대 권력이라고 보는 것이다.

7. 결론

이 통계 조사가 보여 준 바와 같이 종교 자유의 제한과 종교적 박해의 확산은 전 세계의 절대 다수의 인구에 영향을 끼치는 세계적인 현상이 되고 있다. 종교적 박해는 올바른 이해와 신중한 용어 사용을 필요로 하는 매우 복잡하고 다양한 현상들을 포함하고 있다. 오늘날 기독교 신자들이 겪는 박해 사건들은 다른 종교가 경험하는 고난과는 비교할 수 없을 정도로 광범위하고 자주 발생하고 있다. 반세기 전을 되돌아 볼 때도 거의 동일한 규모의 사건들이 발생한 것을 볼 수 있다.

전체적으로 볼 때 범세계적인 종교의 자유는 점점 더 요원해지고 있다. 폭력적이고 조직적인 박해가 시작되기 전에 허위 정보의 유포와 편견이 일어나는 초기 단계에서 대처하는 것이 매우 중요하다. 우리는 박해의 다양한 원인들을 올바로 이해하고 기독교 신자로서 현명하고 단호하게 행동해야 한다.

토의 질문

1. 박해와 차별의 의미가 무엇인가?
2. 당신이 처한 상황은 어떠한가?
   종교의 자유가 보장되어 있는가 아니면 침해받고 있는가?
3. 당신이 처한 상황 가운데서 폭력적인 박해로 확대될 수 있는 기독교 신자들에 대한 허위 정보나 차별을 인식하고 있는가?
4. 만약 당신이 박해를 당하고 있다면 그 원인이 무엇이라고 생각하는가?

참고 문헌

- Pew Research Center. 2009. *Global Restrictions on Religion*. Washington, D.C.: Pew Forum on Religion and Public Life. http://pewforum.org/?DocID=491.
- Schirrmacher, T. 2008. *Christenverfolgung: Die Vergessnen Märtyrer*. Holzgetlingen: Hänssler.
- Yogarajah, G. 2008. Disinformation, discrimination, destruction and growth: A case study on persecution of Christians in Sri Lanka. *International Journal for Religious Freedom* 1:85-94.

글쓴이

크리스토프 사우어(Christof Sauer)는 독일 출신으로 "종교자유국제연구소"(International Institute for Religious Freedom)의 공동 대표이다. 그는 남아프리카공화국의 케이프타운 소재의 남아프리카대학교(University of South Africa)에서 선교학과 종교의 자유에 대해 가르치고 있다. 또한 스텔렌보쉬대학교(Stellenbosch University)의 신학부에서 실천신학과 선교학을 가르치는 부교수로 재직하고 있다.

토마스 쉬르마허(Thomas Schirrmacher)는 독일 출신으로 "종교자유국제연구소"의 대표이며 세계복음주의연맹 산하의 "신학위원회" 대표이다. 또한 독일을 중심으로 유럽과 인도 북동부의 실롱(Shillong)에서 종교사회학, 신학, 윤리학, 그리고 국제 개발 등을 가르치고 있다.

어느 여성의 간청

"나를 데려가 주세요."

머리를 가로저었고 눈썹을 치켜세웠다. 얼굴은 일그러졌고 당혹감을 감추지 못했다.

"당신 남편은 리(Li)족 마을에서 불과 일주일 전에 순교를 당했습니다. 그런데도 그 마을로 다시 되돌아가는 이 위험한 여행길에 합류하겠다는 것입니까?"

"제가 그럴 자격이 없나요?"

남자들은 서로 얼굴을 쳐다보았다.

첫째, 리앙(Liang)은 여자였다.

둘째, 그녀는 아직 나이가 어렸다.

셋째, 그녀는 이미 남편을 잃는 큰 슬픔을 겪었다.

넷째, 그녀는 성경에 대한 지식이 많지 않았다.

이런 그녀가 도움이 되기보다는 방해가 되지 않겠는가?

그런데도, 선교팀이 출발할 때 그녀도 합류했다.

그 부족 사람들이 왜 그녀의 남편을 살해했는가?

그들은 리족을 지배했던 지난 수백 년의 세월과 중국 선교사들을 연관시켜 생각했다. 선교사들이 마을에 도착하자 마을 주민들이 괭이와 갈퀴 그리고 온갖 종류의 농기구들을 휘두르며 달려 나와 소리 질렀다.

"이 땅은 산신령이 지배하고 있다. 당신들 같은 중국의 개들이 이 땅을 지배한 것은 오백 년밖에 되지 않았다. 우리 땅을 훔쳐간 네 놈들이 이제 우리의 신도 훔쳐가려느냐? 그 댓가를 치러야 할 것이야!"

리앙의 남편은 구타를 당해 목숨을 잃었다.

몇 주가 지난 지금, 교회는 두 번째 팀을 파견했다.

그들이 무슨 일을 당했겠는가?

마을 사람들과 선교사 팀이 마주쳤다. 서로 입을 떼기 전에 리앙이 몇 발자국 앞에 나와 "나는 몇 주 전에 당신들이 죽인 남자의 아내이다"라고 말했다.

마을 사람들이 충격에 빠졌다.

"그렇지만, 내 남편은 죽지 않았다."

리앙은 계속해서 "하나님이 그에게 영생을 주셨다. 그는 지금 하나님과 함께 영원히 살고 있다. 남편이 이 마을에 온 것은 어떻게 하면 여러분들도 그 영원한 삶을 살 수 있는지 알려주기 위해서였다. 만약 남편이 지금 여기에 있다면 당신들이 저지른 잘못을 용서했을 것이다. 남편을 대신해서 내가 당신들을 용서한다. 내가 이렇게 할 수 있는 것은 하나님이 나를 용서하셨기 때문이다. 당신들이 하나님에 대해 좀 더 알기를 원하면 오늘 저녁에 마을 밖에 있는 큰 나무 아래로 와서 우리를 만나라"고 말했다.

마을 사람들은 조용히 듣고 있었다. 아무도 선교사들에게 위협을 가하지 않았다.

선교팀이 서로 머리를 맞대고 의논했다. 하나님께서 리앙족의 마음의 문을 열고 계시는 것이 분명했다. 그녀가 계속해서 그리스도의 증인이 되어야 한다고 확신했다.

그녀는 "나는 아는 게 없어요. 나는 선생이 아니에요. 저는 단지 증인일 뿐입니다"라고 외쳤다.

리앙의 시아버지가 "우리가 너에게 가르쳐 줄게. 네가 무엇을 말해야 할지 우리가 날마다 가르쳐 줄게"라고 말했다.

마을 주민들이 나무 아래에 모인 저녁 시간에는 리앙이 그 날 오후에 배웠던 내용들을 가르쳤다. 열흘이 지난 후에 많은 마을 주민들이 예수님을 영접했다. 선교팀이 떠났을 때 리앙의 시아버지가 그들에게 세례를 주고 교회에 대해 가르치기 위해 남아 있었다.

두 달 후에 리앙의 시아버지는 새로운 리족 교회의 세 명의 신자들을 데리고 이들에게 선교사를 보내 주었던 가정교회를 방문했다. 예배를 드리던 중에 세 명의 신자들이 인사를 했다.

그들 가운데 한 사람이 "내가 왕(Wang)을 살해했던 사람입니다"라고 고백했다. 놀라는 사람들이 있었지만, 청중들은 하나님께서 어떻게 리족 사람들을 용서하셨는가에 대한 그의 간증에 귀를 기울였다. 그는 하나님의 사람들에게 진 영원한 빚에 대해 용서를 구했다. 그리고 그들에게 복음을 전해 준 교회에 고마움을 전하기 위해 리족의 이 새로운 교회가 헌금을 가져왔다.

미리암 애드니(Miriam Adeney), 『국경 없는 왕국: 전 세계 기독교의 밝혀지지 않은 이야기』(*Kingdom without Borders*, 2009, 41-43)

제2장
박해와 순교에 대한 기독교의 반응

레그 레이머
(WEA 선교위원회 위원)

이 장은 박해와 순교에 대한 기독교 신자의 반응을 성경적, 역사적, 그리고 현대적 관점에서 살펴본 것이다. 본고에는 교회의 일반적인 반응과 함께 고난을 당하고 있는 기독교 신자들이 어떻게 그 고난에 반응하는가를 담고 있다.

1. 교회의 반응

세계의 교회들은 가중되는 박해의 문제에 대해 개념적으로 반응하고 있다. 세계복음주의연맹, 로마가톨릭교회, 세계교회협의회(WCC), 국제로잔운동 등은 정기적으로 박해에 대한 성명서를 발표하고 있다. 2009년 9월에 독일 바트 우라흐(Bad Urach)에서 "범세계 교회의 선교를 위한 박해와 순교에 대한 복음주의 신학 개발"이라는 주제로 개최된 국제 지도자 회의에서 포괄적인 성명서를 채택한 바 있다. "바트 우라흐 성명서"의 일부 내용을 '부록 1'로 첨부했다.[1]

복음주의 진영의 국제로잔운동은 앞서 언급한 다른 공동체들보다 더 폭넓고 포괄적인 개념을 갖고 있다. "로잔위원회"는 "로잔언약"(1974), "마닐라선언"(1989), 그리고 "로잔케이프타운서약"(2010) 등을 통해 교회를 위한 지침들을 제시한바 있다(이 자료들은 www.lausanne.org에서 찾아 볼 수 있다).

"바트 우라흐 성명서"(2009)는 "로잔케이프타운서약"에서 "그리스도의 사랑은 우리가 복음을 위해 고난을 받으며 때로는 죽음도 감수할 것을 요구한다"는 제목의 선교신학적 선언에 고난, 박해, 그리고 순교 등의 용어들을 명시적으로 포함하는 등의 기여를 한바 있다. 이 세 가지의 로잔 선언문들 모두가 기독교 선교의 한 부분으로서 종교의 자유에 대한 전략적 지지를 포함하고 있다.

한 가지 주목할 사실은 "로잔케이프타운서약"의 "사랑은 모든 사람들을 위한 종교의 자유에 영향을 미친다"라는 항목에서 "그리스도를 위하여 기꺼이 고난을 당하거나 우리 자신의 권리를 상실하는 것과 인권침해 상황 가운데 침묵을 강요당하는 사람들을 옹호하고 목소리를 내는 데 헌신하는 것 사이에는 모순이 없다"라는 진술이 포함된 것이다. 이 조직들이 발표한 선언문들은 교회들이 겪는 고난과 박해에 대한 현재의 개념적 응답을 내포하고 있다.

---

[1] 이 성명서의 전문은 사우어(Sauer)와 하웰(Howell)(2010, 21-106)을 참고하라.

2. 실제적 반응

구소련의 공산주의 치하에서 기독교가 고난을 받던 시기에 박해로 고통당하던 기독교 신자들을 보호하고 지지하기 위해 많은 기독교 단체들이 조직되었다. 이들 가운데 상당수의 단체들이 그들의 뿌리를 탁월한 루마니아 복음주의 지도자인 리처드 뭠브란트(Richard Wurmbrand)에 두고 있다. 그는 사면을 받은 후 1964년에 루마니아를 떠났다. 고난 받는 기독교 신자들을 위한 탁월한 지지자로서 『순교자의 목소리』(The Voice of Martyrs)를 창간했던 그를 통해 많은 단체들이 설립되었다.

네덜란드 선교사로서 우리에게 브라더 앤드류(Brother Andrew)로 알려져 있는 앤드류 반 더 비즐(Andrew von der Bijl)은 1960년대에 "오픈도어선교회"를 창립했다. 이 선교회는 많은 국가에 지부를 두고 있다.

3. 최근의 학문적 연구

최근에 기독교 신자의 고난, 박해, 폭력, 그리고 순교 등이 매우 중요한 주제들로 대두되면서 복음주의자들이 많은 책들을 발간하고 있다.[2]

글렌 페너(Glenn Penner, 2004)는 박해와 제자도에 대한 광범위한 성경신학적 연구에 대한 책을 썼다. 찰스 티에스젠(Charles Tieszen, 2008)은 종교적 박해가 어떻게 이해되는가에 대한 재평가를 시도했다.

2006년에는 헤롤드 헌터(Harold Hunter)와 세실 로벡(Cecil Robeck)

---

2 이 책들의 목록은 이 장의 참고문헌 목록을 보라.

에 의해, 2008년에는 케이스 아이텔(Keith E. Eitel)에 의해, 그리고 2010년에는 크리스토퍼 사우어(Christof Sauer)와 리처드 하웰(Richard Howell)에 의해 편집된 세 권의 책들을 통해 모두 44명의 비서구 세계의 중요한 목소리들을 담아냈다. 2008년에는 "종교자유국제연구소"에서 『종교자유국제저널』(International Journal for Religious Freedom, IJRF)을 출간했다. 론 보이드-맥밀란(Ron Boyd-MacMillan)이 2006년에 펴낸 『인내하는 믿음』(Faith that Endures, 2006)은 이 책의 부제가 의미하는 바대로 일반 대중들을 위해 박해받는 교회에 대해 소개하고 있다.

이 모든 저술들은 특히 박해와 관련해 기독교 신자들이 어떻게 탄압에 대응해야 하는가에 대해 광범위한 연구를 시도한 것이다. 현재는 마치 봇물이 터진 것처럼 관련 연구가 활발해지고 있다.

4. 박해받는 사람들의 대응

다음은 기독교 신자들이 탄압과 박해에 대해 대응하는 방식들을 분류한 것이다. 이 분류는 현재 박해받는 사람들이 과거의 다른 신자들은 어떻게 대응해 왔는가를 이해할 수 있도록 도와주고 교회들이 박해받는 사람들을 어떻게 지혜롭게 도울 수 있는가에 대해 알게 하는 데 그 목적이 있다.

박해에 대한 기독교 신자들의 가장 일반적인 대응 방식은 세 가지이다.

① 도피와 탈출
② 끈기 있는 인내
③ 억압에 맞서는 저항

이러한 대응 방식들은 탈출, 인내, 그리고 저항 등으로도 표현할 수 있을 것이다. 이 세 가지의 일반적인 대응 방식들을 보다 자세히 살펴보자.

기독교 신자에 대한 박해는 결코 종교 그 자체만의 이유로 발생하지는 않는다는 사실을 이해해야 한다. 글렌 페너는 『하나님의 나라가 이 세상의 나라를 침략할 때』(2004, 162)에서 기독교 신자들은 정치적, 문화적, 경제적, 사회적, 그리고 심리적 이유들로도 박해를 받게 되는 것이라고 지적한 바 있다. 박해의 원인은 매우 복잡하고 서로 얽혀 있다고 지적했다. 불행하게도 박해 원인의 복잡성 때문에 종교의 중심성에 대한 이해가 부족한 일부 세속적인 사람들과 정치 지도자들이 박해의 근거가 되는 종교적 원인을 간과하는 것이다.

탄압과 박해에 대한 기독교 신자들의 대응 방식들은 박해의 가해자들에 의해 결정되기도 한다. 오늘날에는 급진적 이슬람, 공산주의, 종교적 민족주의, 그리고 세속적 인본주의 등이 여기에 속한다(MacMillan, 2006, 123-42).

박해받는 기독교 신자들이 교회에 속해 있다는 사실을 반드시 고려해야 할 필요가 있다. 기독교 신자들은 교회 차원에서 서로 협력하는 가운데 박해에 대해 어떻게 대응해야 할지에 대해 결정하고자 하지만 박해를 받는 많은 기독교 신자들이 주로 개인적으로 대처하고 있는 것이 현실이다.

5. 박해에 대한 가장 일반적인 대응 방식

1) 도피 혹은 탈출

기독교 신자들이 박해를 통해 박탈, 고통, 혹은 죽임을 당하는 것을 원하지 않는 것은 당연한 것이다. 기독교 신앙을 포기하도록 강요하는 문제를 별도로 다루어도 되겠지만 나는 여기서 이 문제를 언급하고자 한다. 박해자들은 종종 기독교 신자들이 믿음을 포기하도록 설득하거나 협박해 도피할 수 있는 길을 열어주기도 한다.

예를 들면 베트남의 공산주의 치하에서 정부의 지원을 받는 조직들이 기독교 소수 집단으로 하여금 전통적인 정령숭배적 신앙으로 돌아갈 것에 동의하는 서명을 강요하기도 했다. 때로는 기독교 신자들에게 신앙을 포기하는 것을 뜻하는 상징적인 의미로 제사 의식에 사용된 닭의 피를 마시게 하는 등의 정령숭배 의식에 참여하도록 강요하기도 한다.

이슬람으로부터 회심한 사람들은 지속적으로 이슬람으로 다시 돌아가도록 압력을 받고 있고, 일부 이슬람 공동체에서는 죽임을 당하기도 한다. 인도의 최하층민에 해당하는 달리트(Dalits) 가운데 많은 사람들이 주님께 나아오지만 적대적인 힌두 지도자들이 대중 집회에 이들을 강제로 끌어내어 힌두교로 재회심할 것을 강요한 것도 사실이다.

베트남에서는 17세기부터 시작하여 19세기에 이르기까지 반가톨릭적 대량 학살이 자행되었다. 이 기간에 상상을 초월하는 탄압에 굴복한 사람들과 기독교 신앙을 포기한 사람들의 이마에 '이교도'(*ta dao*)라는 낙인을 찍기도 했다. 그들은 죽음을 피할 수 있었지만 기독교 신자라는 사실에 대한 대중적인 맹비난에서 벗어날 수는 없었던 것이다.

강제적으로 개종을 강요당할 때 심각한 신학적, 목회적 문제가 발생한다. 과거의 종교로 재개종한다고 진술하는 문서에 서명해야 하거나 심각한 탄압을 받는 사람들은 표면적으로는 굴복한 상태에서 그들의 마음속 깊은 곳에 기독교 신앙을 간직하고 있을 때 그들의 믿음을 공개적으로 밝히지 못한 것에 대해 깊은 죄책감에 사로잡히기도 한다.

기독교 가정에서 완벽하게 비밀 신자로 살아야 하는 사람들을 위한 공간이 있겠는가?

불가피하게 이런 선택을 한 사람들을 위해 목회하는 사람들은 많은 지혜와 분별력을 필요로 한다. 그리고 그들을 멀리서 바라보는 사람들은 단순한 논리로 정죄하지 않도록 유의해야 한다. 그리고 극단적인 경우에는 박해받는 기독교 신자들이 실제로 믿음을 포기하기도 한다는 사실을 인정해야 한다. 그들은 댓가가 너무 가혹하다고 생각한다. 그들은 자신의 믿음을 실천하는 것을 포기하고 항복하는 것이다.

어떤 사람들은 박해로부터 탈출을 시도하기도 한다. 성경 시대로 되돌아가보면 극심한 박해를 받던 기독교 신자들이 안전을 위해 혹은 박해를 덜 받기 위해 자신이 처한 상황에서 탈출을 시도하기도 했다. 이러한 현상은 기독교의 전 역사에 걸쳐 무수히 발생했었고 지금도 계속되고 있다.

하나님의 사람들에 대한 박해는 구약성경에서도 찾아볼 수 있을 만큼 오래된 일이다(Schirrmacher, 2008, 37-39). 그러나 가장 잘 알려져 있는 박해는 사도행전과 예루살렘교회 신자들이 흩어진 사건이다. 사도들에 대한 박해와 예수 그리스도를 따르던 무리들이 흩어진 것은 복음을 다른 지역에 전파해 새로운 기독교 신자들이 나오고 교회를 배가하는 결과를 낳기도 했다.

제자들이 흩어졌을 때 그들은 지하로 숨지 않고 계속해서 담대히 복음을 전했다. 그들은 현재의 고난이 교회를 성장하게 하고 하나님의 나라를 확장하는 거대한 하나님의 계획의 일부라는 사실을 굳게 믿었다(Penner, 2004, 155-67). 기독교 신자들로 하여금 흩어져 복음을 전하고 교회를 세우게 했던 박해에 대한 대응이 더 큰 박해와 더 많은 기독교 신자들이 흩어지게 하는 결과를 낳은 것은 기독교의 전 역사에 걸쳐 되풀이되어 왔다. 사도들은 그들이 당한 가혹한 고난으로 인해 자기 연민에 빠지기보다는 교회를 격려하는 기회로 삼았다. 바울은 죽음에 이를 만큼 돌에 맞은 후에도 그 마을에 다시 돌아와 제자들의 믿음을 굳건하게 하고 믿음에 머물도록 권면했다.

> "제자들의 마음을 굳게 하여 이 믿음에 머물러 있으라 권하고 또 우리가 하나님의 나라에 들어가려면 많은 환난을 겪어야 할 것이라 하고"
>
> (행 14:22).

구약시대의 선지자들, 예수 그리스도, 그리고 신약의 사도들 모두 마찬가지로 하나님의 보호 가운데 박해와 위험으로부터 벗어나기도 했다. 그들은 후일 다시 싸울 수 있을 때까지 혹은 예수 그리스도의 경우에는 그의 '때가 올 때까지' 피난처에 머물러 있었다.

박해가 어떻게 기독교 신자들의 전도와 흩어짐을 통해 복음이 전파되었는가를 가장 잘 보여주는 책은 아마도 1937년부터 1945년까지 케네쓰 스코트 라토렛(Kenneth Scott Latourette)가 펴낸 일곱 권의 전집으로 된 기념비적 저술인 『기독교 확장의 역사』(*A History of the Expansion of Christianity*)일 것이다.

최근에 중동 이슬람 국가들과 북아프리카에서 기독교 신자들에게 가하는 극심한 박해는 그들로 하여금 다른 지역으로 흩어지게 하고 교회를 위축되게 한다. 이러한 강제적인 압박이 낳은 전형적인 결과는 "처음에는 토요일의 사람이었지만, 이제는 주일의 사람이 되었다"라는 리비아의 한 벽에 쓰인 낙서에서도 찾아 볼 수 있다. 만약 현재의 상황이 지속된다면 이 지역의 일부 국가에서 불과 한 세대 안에 기독교 신자가 전혀 없는 지역이 발생할 수도 있다는 두려움이 있다.

베트남에서는 북서 산악 지역에 살던 약 35,000명의 몽족 기독교 신자들이 박해를 피해 지난 10여 년 사이에 약 1,300km나 떨어진 중부 산악 지대로 이주했다. 이주한 후에도 일부 기독교 신자들에게 끔찍한 박해가 가해졌지만 전체적으로는 새로 정착한 지역이 비교적 안전한 것으로 알려졌다. 같은 시기에 중부 산악 지역에 살던 기독교 신자들로 구성된 소수민족은 박해를 피해 인근 국가인 캄보디아로 떠났다. 이 사례는 기독교 신자들이 그들의 믿음에 대한 탄압을 피하기 위해 자국 내는 물론이고 국경을 넘어 피신하기도 하는 것을 보여 준다.

로마 가톨릭의 지원을 받아 영국에서 설립된 단체인 "교회지원구호"(Aid to the Church in Need)가 발행한 "박해를 받고 있는 기독교인에 대한 보고서"(*Persecuted and Forgotten?*, 2011)에 의하면 전 세계에서 발생하는 모든 종교적 박해의 4분의 3이 기독교 신자들에 대한 박해라고 밝힌바 있다. "유엔난민기구"(UNHCR)가 승인한 4천5백만 명의 난민들에게 광범위하게 발생한 박해에 대해 연구한 것은 매우 큰 의미를 갖고 있다. 기독교 신자들이 박해를 피해 이주한 것이 가장 큰 비중을 차지하고 그 숫자는 계속 증가하고 있다.

교회는 박해를 피해 탈출해야 할 필요가 있는 기독교 신자들에 대해 어떻게 반응해야 하는가?

한 가지 사례는 관련 단체들이 서구 국가들에서 재정착하는 난민들을 위한 후원자들을 발굴하는 것이다.

"우리는 기회 있는 대로 모든 이에게 착한 일을 하되 더욱 믿음의 가정들에게 할지니라"(갈 6:10).

이 원리에 따라 기독교 신자들이 고향을 떠나 온 형제와 자매들이 재정착하고 새로운 삶을 살 수 있도록 도와주어야 한다. 믿음과 관계없이 모든 사람들을 도와야 하고 그 자체만으로도 지원해야 할 가치가 있지만 박해를 피해 삶의 터전을 떠나 온 기독교 신자들에게 특별한 도움을 베푸는 것도 필요하다.[3]

2) 끈기 있는 인내

기독교의 전 역사에 걸쳐 오직 하나님의 영광을 위해 기꺼이 박해를 견뎌 온 대다수의 기독교 신자들이 이 유형에 해당한다. 신약성경은 박해를 피해 떠나거나 박해받는 자들을 지원하는 것보다 박해로 고난당하는 신자들에 대해 훨씬 더 많이 언급하고 있다. 요약하면 성경은 그리스도로 인해 고난을 받고 인내할 것을 요청하고 있다. 요한복음 15:20에서 예수님은 말씀하셨다.

"내가 너희에게 종이 주인보다 더 크지 못하다 한 말을 기억하라 사람들이 나를 박해하였은즉 너희도 박해할 것이요 내 말을 지켰은즉 너희 말도 지킬 것이라"(요 15:20).

그리고 바울은 디모데후서 3:12에서 "무릇 그리스도 예수 안에서

---

3 제3부의 제41장을 참고하라.

경건하게 살고자 하는 자는 박해를 받으리라"고 기록했다. 이 말씀들은 그리스도를 따르는 모든 사람들에게 있어서 박해는 불가피하고 정상적인 것이라는 사실을 상기시켜주고 있다.

더 나아가 서신서들은 고난과 박해에 어떻게 직면해야 하는가에 대해 많은 교훈을 주고 있다. 바울은 빌립보서 3:10에서 "내가 그리스도와 그 부활의 권능과 그 고난에 참여함을 알고자 하여 그의 죽으심을 본받아"라고 말했고 베드로는 "선을 행함으로 고난 받는 것이 하나님의 뜻"(벧전 3:17)이라고 증거 했다. 야고보는 "고난 가운데서 오래 참을 것"(약 5:10)에 대해 말했다.[4]

내가 다른 책에서 언급한 바와 같이 "신비롭게도 때로는 박해, 고난, 그리고 순교를 통해 하나님은 자신의 영광과 이름이 널리 퍼지게 하시고 기독교 신자로서의 영성과 선교를 실천하게 하신다"(Sauer and Howell, 2010, 330). 히브리서 13:3은 우리에게 "너희도 함께 갇힌 것같이 갇힌 자를 생각하고 너희도 몸을 가졌은즉 학대받는 자를 생각하라"고 가르치고 있다. 고난 받는 자들을 기억한다는 것은 단순한 인지적인 이해가 아니라 그들을 위해 기꺼이 위험을 감수할 것을 요구하고 있다.

앞서 언급한 바와 같이 지난 50여 년간 박해받는 교회들을 돕기 위해 수많은 단체들이 설립되었다.[5] 이 사역은 계속 진행돼야 한다. 그러나 마음에 깊은 상처를 입는 지체들과 그들을 돕는 기독교 신자들의 관계는 일방적이지 않아야 하고 박해받는 교회들을 위해 사역하는 모든 사람들이 이 원칙을 지켜야 한다.

---

4 그리스도를 위해 고난당하는 것에 대한 보다 더 자세한 내용은 제3부의 첫 몇 장을 참고하라.
5 로잔의 비정기 간행물 32번의 "박해받는 교회"는 박해받는 교회들을 위한 다양한 사역들을 소개하고 있다(44-59).

우리는 박해받는 교회들이 주는 교훈들을 잊지 않아야 한다. 신약성경과 초대 교회의 상황에서 박해받던 교회들이 지극히 이성적이고 때로는 무기력하기까지 한 서구 교회들에게 주는 값진 교훈들을 겸손하게 배워야 한다. 보이드 맥밀란(Boyd-MacMillan, 2006, 303-49)은 박해받는 교회들이 축적한 경험은 오늘날의 모든 교회들에게 위험을 감수하는 믿음과 거룩한 삶의 습관에 대한 모범을 보여주는 거대하고 아직 개발되지 않은 자원이라고 주장한 바 있다.

3) 억압에 맞선 저항

로마 감옥의 간수를 구원에 이르게 한 사도행전 16장에 기록되어 있는 바울과 실라의 기적적인 사건 이후에 사도들이 석방되었다. 그러나 바울은 단순히 자유에 도취되지 않았다. 그는 그들을 풀어준 간수에게 "로마 사람인 우리를 죄도 정하지 아니하고 공중 앞에서 때리고 옥에 가두었다가 이제는 가만히 내보내고자 하느냐 아니라 그들이 친히 와서 우리를 데리고 나가야 하리라"고 당당하게 문제를 제기했다. 사도행전 21장에서부터 23장까지는 박해를 받고 있던 바울이 로마인으로서 자신의 법적인 권리를 어떻게 주장했는가를 잘 보여주고 있다.

오늘날에도 많은 국가들이 자국의 법과 그 국가의 정부가 서명한 국제법을 위반하면서까지 기독교 신자들에게 박해를 가하고 있다. 하나님은 모든 국가의 통치자들에게 평화, 정의, 그리고 질서유지를 위임하셨다. 법적인 권리를 침해당한 모든 사람들은 항의하고 정의를 주장할 수 있는 정당한 권리를 갖는 것이다. 만약 아무도 저항하지 않는다면 박해자들은 그들의 권력을 남용해 더 대담하게 박해를 가할 수도 있다.

저항은 다양한 차원에서 이루어질 수 있다.

첫째, 우리는 가장 높은 권위를 갖고 계시는 하나님께 기도할 수 있다.

둘째, 비록 성공하기는 어렵지만 박해받는 자들 혹은 그들과 가장 가까운 관계에 있는 사람들이 인도주의와 법적 근거를 주장할 수 있다. 박해받는 기독교 신자들이 살고 있는 지역의 전문가들이나 변호사들은 위험을 감수하고 박해받는 자들의 권리를 대변할 수 있다.

국제법에 정통한 전문가들은 특정한 박해 국가의 법률을 잘 알고 있기 때문에 박해와 관련된 법적 문제들을 공식적으로 제기할 때 효력이 발생할 수도 있다. 이 경우에는 정보가 정확하고 풍부할 뿐만 아니라 관련된 기관들과 긴밀한 국제적인 네트워크를 유지할 때 가장 효과적으로 이의를 제기할 수 있을 것이다. 박해받는 교회들은 변론을 펼칠 수 있는 전문가들과 그들의 활동을 정책적으로 지원할 수 있는 사람들로 구성된 전문가 집단을 필요로 하고 있다.

이보다 더 다루기가 어려운 또 다른 유형의 저항이 있다. 기독교 신자들과 무슬림들이 오랫동안 평화롭게 공존해 왔던 일부 지역에서 급진적 무슬림들이 기독교 신자들에게 불필요한 선동적인 갈등을 일으킬 수 있다. 행정 당국이 박해받는 사람들을 보호할 수 없거나 보호할 의도가 없는 나이지리아와 인도네시아의 일부 지역에서 기독교 신자들은 자신을 스스로 보호해야 하고 흔하지는 않지만 보복을 하기도 한다.

타당한 이유도 없이 교회를 불태우고 개인의 재산을 약탈하고 부인들과 딸들을 납치해 강간하고 공동체 전체를 몰살하는 박해에 직면했을 때 그들은 더 이상 선택의 여지가 없다는 결론에 도달할 수밖에 없을 것이다. 나는 이러한 탄압에서 살아남은 어느 기독교 지도자로부터 무척 어렵고 고통스러운 질문을 받은 적이 있다.

"그들이 한 밤에 이렇게 우리를 공격할 때 우리는 무엇을 해야 할까요?"

이 질문은 심각한 신학적, 윤리적 논의와 신중한 대답을 요청하고 있다. 박해받는 사람들을 보호한다고 박해가 끝나는 것은 아닐 것이다. 그러나 그리스도를 위해 불의와 맞서 싸우는 것은 복음의 전파에 있어서 중요한 부분을 차지한다. 그들의 권리를 위해 싸우는 것과 그리스도를 위해 고난을 당하는 것 사이에서 박해받는 기독교 신자들은 선택할 수도 있겠지만 때로는 선택의 여지가 없을 때도 있다. 그들의 대응이 어떤 것이든지 상관없이 다른 모든 그리스도의 지체들로부터 이해와 지지를 받을 권리를 갖고 있다.

토의 질문

1. 국제로잔운동의 선언문 등을 비롯한 전 세계 교회들의 입장을 어떻게 하면 지역교회가 올바로 이해할 수 있게 하겠는가?
2. 이 장의 저자들이 언급한 박해 관련 책들 가운데 이미 알고 있는 책들이 있는가?
   이 목록에 추가해야 할 책들이 있다면 열거해 보라.
3. 이 글에서 언급한 박해에 대한 세 가지 주요 대응 방식들이 주로 과거에 시행되었던 방식들에 불과한가 아니면 현재 혹은 미래에도 적용될 규범적인 대응 방식들인가?
4. 이 글에서 언급되지 않았지만 박해에 대한 또 다른 적절한 대응 방식들이 있다면 설명해 보라.

참고 문헌

- Boyd-MacMillan, R. 2006. *Faith that Endures: The Essential Euide to the Persecuted Church*. Lancaster, UK: Soverign World.
- Eitel, K. E. ed. 2008. *Missions in Contexts of Violence*. Pasadena, CA: William Carey Library.
- Hunter, H. D., and C. M. Robeck, eds. 2006. *The Suffering Body: Responding to the Persecution of Christians*. Sparkford, UK: Paternoster.
- Latourette, K. S. 1976. *A History of the Expansion of Christianity*, 7 vols. Grand Rapids, MI: Zondervan.
- Penner, G. M. 2004. *In the Shadow of the Cross: A Biblical Theology of Persecution and Discipleship*. Bartlesville, OK: Living Sacrifice Books.
- Pontifex, J., and J. Newton, eds. 2011. *Persecuted and Forgotten? A Report on Christians Oppressed for the Faith*. Sutton, Surrey: Aid to the Church in Need.
- Sauer, C., and R. Howell, eds. 2010. *Suffering Persecution and martyrdom: Theological Reflections*. Religious Freedom Series, 2. Johannesburg: AcadSA Publishing.
- Schirrmacher, T. 2008. *The Persecution of Christians Concerns us All: Towards a Theology of Martydom*. Bonn: Culture and Science Publishers.
- Sookheo, P., ed. 2005. *The Persecuted Church*. Lausanne Occasional Paper No. 32. The Lausanne Committee for World

Evangelization.
- Tieszen, C. L. 2008. *Re-examining Religious Persecution: Constructing a Framework for Understanding Persecution*. Religious Freedom Series, 1. Kempton Park, South Africa: AcadSA Publishing.

글쓴이

레그 레이머(Reg Reimer)는 캐나다 출신 선교사로 국제적으로 전도, 구제, 개발, 화해, 연합 활동 등을 펼쳐 왔다. 그는 1966년부터 베트남 주재 선교사로 사역해 왔고 지금도 깊이 관여하고 있다. 그는 베트남에서 개신교 선교운동을 이끌고 있고 2011년에는 『베트남 기독교: 역경 속에서의 100년 성장의 역사』(*Vietnam's Christians: A Century of Growth in Adversity*)를 펴냈다. 레이머는 1984년부터 1994년까지 "캐나다국제구호기구"(World Relief Canada)의 대표로 재직한바 있다. 그 후 세계복음주의연맹의 지도자로 활동했다.

레이머는 현재 "캐나다복음주의연합회"(Evangelical Fellowship of Canada)의 "국제협력자문위원," 그리고 "국제협력협의회"(International Partnering Associates)의 동남아시아 책임자로 사역하고 있다. 그는 정기적으로 베트남의 종교적 자유를 위해 기여하고 있다. 레이머는 오랫동안 세계복음주의연맹 "선교위원회"를 섬겨왔다. 그는 사회사업가인 라도나(LaDonna)와 결혼했다. 그의 가족은 현재 캐나다의 애버츠포드(Abbotsford)에 살고 있으며 슬하에 두 자녀가 있다. 두 자녀는 각각 캄보디아와 한국에서 사역하고 있다.

제3장
순교자 통계

토드 존슨
(고든콘웰신학교 세계기독교연구센터 대표)

기독교의 전 역사에 걸쳐 교파를 초월해 전 세계에서 믿음으로 인해 죽임을 당한 그리스도인들이 7천만 명에 달한다. 우리는 그들을 순교자라고 부른다.

1. '순교자'라는 용어의 유래

영어 단어 'martyr'(순교자)는 영어로 'witness'(증인)라는 의미의 헬라어 *martys*에서 파생된 것이다. 신약성경에서 이 용어는 '그리스도의 부활의 증인'이라는 의미를 갖고 있다. 1세기의 많은 증인들이 죽임을 당했기 때문에 헬라어 *martys*는 "죽음으로 그리스도를 증거 하는 그리스도인"이라는 의미로 사용되기 시작했다. 이렇게 확대된 의미가 교회의 전 역사에 걸쳐 일반적으로 통용되고 있다.

2. 용어의 정의

순교에 대한 양적 조사에서 기독교 순교자는 "그리스도의 복음에 대한 증인의 삶을 사는 가운데 인간의 적대감의 결과로 불의하게 목숨을 잃은 그리스도를 믿는 신자들"을 의미하는 것으로 정의했다. 이 정의에는 다음과 같은 다섯 가지의 핵심 요소들이 포함되어 있다.

① 그리스도를 믿는 신자들: 이 신자들은 로마가톨릭, 정교회, 개신교, 성공회, 소수 교파, 그리고 독립 교회 등을 포함한 모든 기독교 공동체들을 포함한다. 2010년에는 기독교 신자들의 숫자가 22억 명으로 집계된 바 있고 신약성경 시대 이후부터 지금까지 약 85억 명이 그리스도에 대한 믿음을 고백했다.
② 목숨을 잃은: 순교자는 사실상 그의 믿음의 결과로 목숨을 잃은 사람을 의미한다.
③ 불의하게: 순교는 자연적인 사망이 아닌 갑작스럽고 예기치 않은, 그리고 원하지 않은 죽음을 뜻한다.
④ 그리스도의 복음에 대한 증인의 삶: '증인'은 단순히 부활하신 그리스도에 대한 공개적인 증거나 선포하는 신자들만을 뜻하는 것은 아니다. 이것은 신자가 죽임을 당하는 순간에 적극적으로 복음을 증거 했는가의 여부와는 상관없이 전반적인 기독교 신자의 삶의 방식을 포함하는 것이다.
⑤ 인간의 적대감의 결과로: 순교에는 사고, 천재지변, 그리고 질병이나 다른 여러 가지 원인들로 인한 죽음은 포함되지 않는다.

이 정의에는 많은 교회들의 '순교론'의 핵심이라고 할 수 있는 '영웅적 성자'로서의 신성한 삶과 불굴의 집념 등의 기준은 포함되지 않았다. 박해 가운데 고통당하는 교회의 신자들에게 특히 새 신자들에게 교육적이고 영감을 불어넣어 준다면 이러한 순교론도 중요한 것은 분명한 사실이다. 그러나 영웅적 성자는 통계학적인 정의에는 포함되지 않는다. 왜냐하면 많은 신자들이 그리스도에 대한 믿음을 갖게 된 직후에 신자로서의 품성이나 거룩함 혹은 용기를 갖기도 전에 죽임을 당하고 있기 때문이다.

3. 보다 자세한 정의

1) 순교에 대한 보다 정교하고 복잡한 정의

순교는 그리스도를 증거하고 그에게 충성을 다하는 사람(그리스도의 부활의 진리를 증거 하고 그리고 또한 세상에 대항해 하나님의 우주적 법칙에 따라 그리스도를 위한 합법적 증인으로서 그리고 그의 변론자로서)이 직접적으로 혹은 간접적으로 적대적인 반대자들(비신자들 혹은 다른 교파의 기독교 신자들)과 대결 혹은 충돌한 결과로 나타난다.

① 신자가 되거나
② 그리스도의 공동체의 일부가 되거나
③ 기독교 사역자가 되거나
④ 기독교의 진리에 대한 증언자가 되거나
⑤ 기독교의 교의, 원칙, 혹은 행위 등을 고수하거나
⑥ 그들의 반대자들이 아닌 다른 기독교 교파들을 지지하거나

⑦ 그리스도를 증거하거나
⑧ 그리스도의 변절자가 되기를 거부하는 사람이 되는 것이다.

그 결과로 피를 흘리고 죽임을 당하고, 사형을 당하고, 암살을 당하고, 살해를 당하고, 돌에 맞고, 몽둥이로 맞고, 참수를 당하고, 단두대에서 처형을 당하고, 교수형을 당하고, 교살(목 졸림)을 당하고, 칼에 찔리고, 산 채로 먹히고, 가스 질식을 당하고, 독주사를 맞고, 전기 처형을 당하고, 질식사 당하고, 끓는 기름에 던져지고, 산 채로 불타고, 익사당하고, 화형을 당하고, 대량 학살을 당하고, 십자가에서 죽임을 당하고, 잔인한 집단 폭력으로 죽임을 당하고, 목을 매달고, 총살을 당하고, 참살을 당한다.

달리는 차에 던져지고, 갇혀 죽고, 산 채로 묻히고, 압사당하고, 독살당하고, 아사당하고, 약물을 주입당하고, 화학적 죽임을 당하고, 적법한 재판 없이 사형당하고, 고문당하고, 매질당하고, 구금 중에 혹은 감옥에서 사망하고, 출옥 직후에 사망하고, 죽도록 방치하거나 묵인하는 등의 폭력이 발생해 자발적으로나 비자발적으로 목숨을 잃게 되는 것이다. 이런 일들이 사전의 동의 여부와 상관없이 혹은 믿음을 철회할 기회도 주어지지 않은 채 발생하기도 한다.

앞서 언급한 ⑥번 항목은 죽임을 당한 대다수의 신자들은 아무 근거도 없이 '이교도'로 취급을 받았었기에 이들도 순교자로서의 통계학적 목록에 포함해야 함을 뜻한다. ③번 항목은 사역하는 도중에 혹은 심지어 예기치 않은 폭력에 휩쓸려 강도, 군인, 혹은 경찰에 의해 죽임을 당한 일반 신자들도 포함된다. 순교자인 부모나 어른들과 함께 죽임을 당한 어린이나 유아들도 순교에 대한 통계학적 정의에서 예외가 될 수 없다.

4. 순교자 집계

　기독교 역사에서 순교자의 숫자를 확인하는 기본적인 방법은 특정한 시점과 장소에서의 '순교 상황'을 열거하는 것이다. 순교 상황은 "특정한 시점의 기독교 역사에서 대량 혹은 다수의 순교자가 발생했던 상황"이라고 정의할 수 있다. 그 다음에는 앞서 언급한 순교의 정의에 따라 각각의 순교 상황 가운데에서 얼마나 많은 사람들이 죽임을 당했는가를 결정한다(이 부분에 대해서는 『세계기독교동향』[World Christian Trends]에서 보다 자세히 설명하고 있다).

　기독교 신자에 대한 대량 학살 혹은 죽음이 모두 자동적으로 혹은 불가피하게 순교가 되는 것은 아니며, 개인이든 집단이든 일정한 형태의 신뢰할 만한 증언이나 증거가 뒷받침되는 죽음으로 제한한다. 예를 들면, '십자군'과 '순교자'를 동일시할 수 없지만 십자군전쟁 기간에 사망한 상당수의 열정적인 혹은 지나치게 열정적인 기독교 신자들의 일부는 앞서 언급한 순교의 정의 범주에 속하기도 한다.

　동일하게 1980년대에 라틴아메리카에서 발생한 정치적 살인으로 희생된 모든 기독교 신자들이 자동적으로 순교자가 될 수는 없으며 오직 기독교 신앙의 증거와 관련된 상황에 속했던 신자들만 순교자에 포함될 수 있다. 후자의 전형적 사례는 교회 회중 전체가 문을 걸어 잠근 채 영적 군사로서의 찬송을 부르는 가운데 교회 예배당과 함께 불에 타서 단 한명의 생존자도 남지 않은 수많은 사건들이 여기에 해당한다.

　순교자 집계에 있어서 고려해야 할 또 다른 사례는 극소수 혹은 개인적 상황에서의 순교이다. 여기에는 조직화된 기독교와 직접적으로 전혀 상관이 없지만, 인간적인 적개심의 결과로 희생된 신자들도 포함된다.

5. 순교는 초대 교회의 현상만은 아니다

　순교는 박해의 결과로 발생하는 것으로 죽음 그 자체가 그리스도를 증거 하는 것이었다. 초대 교회는 성도라고 불리는 것만으로는 충분하지 않고 자신의 믿음을 증명해야 한다는 확신을 갖고 있었다. 그 증명은 주로 그리스도에 대한 자신의 믿음을 구두로 진술하는 것으로 그 내용은 "예수님은 주님이시다"라는 것이었다. 바우마이스터(Baumeister)는 "기독교 신자이기 때문에 죽는 것은 예수 그리스도의 고난의 모범을 실천함으로써 자신의 믿음을 증거 하는 제자의 숭고한 행동이었고, 이는 곧 다른 사람들에게 그리스도에 대한 능력 있는 증거가 되었다"고 기록한 바 있다(1972). 그 후 점차적으로 신앙을 고백하는 것은 순교와 구분되기 시작했다.

　대다수의 신자들이 '순교자'라는 말을 들을 때 로마의 박해를 받았던 초대 교회 신자들을 떠올리곤 한다. 순교자의 교회(*Ecclesia Martyrum*)는 주로 기독교 역사의 가장 초기에 발생했던 열 차례의 로마 황제들의 박해를 받았던 교회들이라고 간주하기도 한다. 그러나 실제로는 그렇지 않다. 순교는 기독교 역사의 지속적인 현상이었고 모든 교파와 신자 공동체들 가운데서 발생해 왔다. 〈표1〉에서 보는 바와 같이 기독교 역사 상 가장 많은 순교자가 나온 열 번의 상황이 모두 A.D.1000년 이후에 발생했다는 사실을 확인할 수 있다. 기독교 역사의 모든 시대에 걸쳐 전 세계에서 발생한 순교의 비율은 모든 신자의 0.8%에 해당한다. 이는 120명의 신자들 중에 한 명이 순교를 당했고 앞으로도 이 비율은 지속될 것으로 예측하고 있다.

6. 왜 순교가 발생하는가?

라틴아메리카 신학자인 레오나르도 보프(Leonardo Boff)는 순교자가 발생하는 두 가지 원인을 제시한다.

① 기독교 신자들은 믿음을 부정하기보다는 그들의 삶을 희생하는 것이 당연하다고 생각한다.
② 이들의 믿음을 거부한 사람들이 박해, 고문, 그리고 살해하기 때문이라고 지적한 바 있다(Metz, 1983). 악이 만연한 이 세상이 바로 순교의 원인이다.

모든 시대의 순교자들을 검토해 보았을 때 놀라운 사실을 발견하게 된다.

〈표1〉은 기독교 역사상 가장 큰 순교 상황을 보여주고 있다. 구소련의 포로수용소에서 2천만 명 이상이 순교를 당했고 기독교 역사의 전체 순교자 7천만 명 가운데 절반 이상이 20세기에 죽임을 당했다. 대다수 순교에 대한 책임이 일반적으로 해당 국가의 통치자들에게 있지만 순교 상황을 면밀하게 분석해 보면 기독교 신자들 자신이 5천5백만 명의 다른 신자들의 순교에 대한 책임을 져야 하는 박해자들이기도 하다.

〈표2〉는 순교자의 절반 이상이 정교회 신자들인 것을 보여주고 있다. 그 원인 가운데 하나는 역사적으로 볼 때 동부 유럽과 중앙아시아에 반기독교 제국들이 밀집해 있었기 때문이었다. 그럼에도 불구하고 모든 기독교 교파들이 순교의 고난을 겪어왔다.

〈표1〉 기독교 역사상 가장 큰 10대 순교 상황

순교 상황	순교자 수
1. 1921-50, 구소련 포로수용소에서의 기독교 신자 사망	15,000,000
2. 1950-80, 구소련 포로수용소에서의 기독교 신자 사망	5,000,000
3. 1214, 칭기즈칸의 기독교 신자 대량 학살	4,000,000
4. 1358, 티무르의 네스토리아교회 파괴	4,000,000
5. 1929-37, 스탈린에 의한 정교회 신자 학살	2,700,000
6. 1560, 정복자(스페인)들에 의한 아메리카 원주민 학살	2,000,000
7. 1925, 구소련의 로마 가톨릭에 대한 종교 청소 시도	1,200,000
8. 1258, 훌라구 칸(Hulagu Khan)의 바그다드 대학살	1,100,000
9. 1214, 칭기즈칸의 헤라트 교구 약탈	1,000,000
10. 1939, 나치의 죽음의 수용소에서의 집단 처형	1,000,000

〈표2〉 AD33-2000의 순교자의 교파

교파	순교자
정교회	43,000,000
러시아 정교회	25,000,000
동방 시리아 정교회(네스토리안)	12,800,000
우크라이나 정교회	4,000,000
그레고리(아르메니아 교회)	1,200,000
로마 가톨릭	12,200,000
AD1000년 이전의 가톨릭	900,000
독립교회	3,500,000
개신교	3,200,000
성공회	1,100,000
소수 기독교 분파	7,000
기타 (소수의 순교자 교파 포함)	7,000,000
총 순교자	70,000,000

7. 순교의 잠재적 영향

일부 국가에서 순교 이후에 교회가 성장했던 것을 볼 수 있다. 중국 교회가 그 사례 가운데 하나이다. 1949년까지만 해도 중국의 기독교 신자는 100만 명에 불과했다. 50년의 반기독교 공산주의 치하에서 약 120만 명의 신자들이 순교를 당했다. 그 결과로 지금은 약 1억 명의 신자들이 존재하는 폭발적인 교회 성장을 경험하고 있다. 오늘날의 순교 상황은 콩고민주공화국, 수단, 인도네시아, 나이지리아 등을 비롯해 전 세계의 많은 분쟁 지역에서 발생하고 있다.

8. 순교자 통계의 한계

가능한 한 포괄적인 의미에서 순교를 정의하고 순교자의 통계를 작성하는 것은 다른 방법에 비해 장점과 한계를 모두 갖고 있다.

첫째, 이 방식은 경건한 삶이나 순교자의 신학적 관점과 같은 질적인 질문을 고려하지 않는 한계를 갖고 있다.

둘째, 순수하게 통계학적으로 접근할 때 우리의 마음을 사로잡는 수많은 이야기들과 일화들을 포함하지 않는 한계에 직면할 수밖에 없다. 감사하게도 이러한 이야기들은 다른 연구와 문헌들을 통해 전해지고 있다.

두 가지의 장점을 언급하면 다음과 같다.

첫째, 순교 상황에 대한 광범위한 부호화 작업으로 인해('세계 기독교 동향' 등) 필요한 통계 자료를 손쉽게 활용할 수 있다. 그 결과로 "얼마나 많은 로마 가톨릭 신자들이 19세기에 라틴아메리카에서 순교했는가?" 등과 같은 질문에 대답할 수 있게 되었다.

둘째, 동일한 세계적 현상으로 발생하는 모든 기독교 순교 상황을 한눈에 볼 수 있게 함으로써 분열을 막아줄 수 있다.

9. 순교에 대한 앞으로의 전망

일부에서는 미래에는 점차적으로 인간의 폭력적 본성이 줄어들어 100년 후에는 어떤 이유로든지 더 이상 사람을 죽이는 일이 없어질 것이라고 전망하기도 한다. 그러나 이렇게 될 가능성은 거의 없다. 미래에는 더 많은 순교 상황에 직면하게 되고 수많은 순교자들이 계속해서 그 이름을 추가하게 될 것이다.

참고: 이 글은 바렛(Barrett)과 존슨(Johnson)이 쓴 『세계기독교동향』 (*World Christian Trends*, WCT) 제4부의 '순교론'을 요약한 것이다. 2000여 년의 기독교 역사 가운데서 세계 국가에서 발생한 기독교 선교에 대한 종합적인 통계는 *WCT*의 두 개의 커다란 표에 잘 나타나 있다.

첫 번째 표는 AD33-2000년의 기간에 150개 국에서 발생한 600개의 주요 순교 상황을 보여준다.

두 번째 표는 동일한 기간에 목숨을 잃은 2,500명의 순교자들의 이름을 알파벳 순서대로 나열했다. 순교자의 국가별 통계는 www.worldchristiandata.org에서 찾아볼 수 있다.

토의 질문

1. 이 책의 편집자들은 이 책에서 소개한 글들이 대다수의 독자들에게 매우 의미 있고 충격적인 자료가 될 것이라고 믿고 있다. 이 글에서 제시하는 정보들이 현대 선교운동에 있어서 어떤 의미가 있겠는가?
2. 이 글에서 언급한 순교의 정의에 대해 토의해 보라.
3. 중국에서 기독교 신자들에 대한 심각한 박해의 '결과'로 교회가 폭발적으로 성장했다는 이 글의 논지에 대해 어떻게 생각하는가? 그 이유는 무엇인가?
4. 오늘날에도 이 글에서 언급한 '영웅적 성자'에 해당하는 순교자를 찾아볼 수 있겠는가?

참고 문헌

- Baumeister, T. 1972. *Martyr Invictus*. Münster: Regensberg.
- Chenu, B., C. Prud'homme, F. Quere, J. Thomas. 1988. *Livre des Martyrs Chrétiens*.
- Paris: Éditions du Centurion. English ed: 1990. *The Book of Christian Martyrs*. New York: Crossroad.
- Metz, J., and E. Schillebeeckx, eds. 1983. *Martydom Today*. Edinburgh: T. & T. Clark.
- Wood, D., ed. 1993. *Martyrs and Martyrologies*. Oxford: Blackwell.

- Marshall, P., and L. Gilbert. 1997. *Their Blood Cries Out : The Untold Story of Persecution against Christians in the Modern World*. Dallas: Word.
- Barrett, D., and T. Johnson. 2001. *World Christian Trends*. Pasadena, CA: William Carey Library.

글쓴이

토드 존슨(Todd M. Johnson)은 매사추세츠 주의 남헤밀톤(South Hamilton) 소재의 고든콘웰신학교 부설 "세계기독교연구센터"(Center for the Study of Global Christianity)의 대표이다. 그는 옥스퍼드대학교출판부가 2001년도에 발행한 『세계 기독교 백과사전』(*World Christian Encyclopedia*) 제2판의 공동 저자이고, 에딘버러대학교출판부가 2009년에 펴낸 『세계 기독교 총람』(*Atlas of Global Christianity*)의 공동 저자이다.

고난

"내가 궁핍하므로 말하는 것이 아니니라 어떠한 형편에든지 나는 자족하기를 배웠노라 나는 비천에 처할 줄도 알고 풍부에 처할 줄도 알아 모든 일 곧 배부름과 배고픔과 풍부와 궁핍에도 처할 줄 아는 일체의 비결을 배웠노라 내게 능력 주시는 자 안에서 내가 모든 것을 할 수 있느니라"(빌 4:11-13).

"바울은 우리와 다를 바 없는 사람이었지만 주님께 철저하게 복종하는 믿음의 삶을 살았다. 그는 수고를 넘치도록 하고 옥에 갇히기도 하고, 매도 수없이 맞고 여러 번 죽을 뻔하였다(고후 11:23-28). 그러나 그는 예수 그리스도의 이름을 위하여 고난 받았다는 것을 배웠다"(행 9:16).

우리가 주님을 섬길 때 우리도 이러한 고난을 당할 수 있다. 그러나 우리는 바울을 통해 "어떤 상황 가운데서도 족한 줄을 알고," "우리에게 능력을 주시는 자 안에서 모든 것을 할 수 있다"는 것을 배워야 한다. 바울처럼 우리도 고난을 하나님을 알고 신뢰하는 기회로 삼아야 할 것이다.

지젤 클레츠코프스키(Gissele Kleczkowski, 브라질)

제4장
순교자 통계에 대한 반응

토마스 쉬르마허

(종교자유국제연구소 대표)

『세계선교현황』이라는 정기간행물은 해마다 기독교 순교자들의 통계를 발표해 왔다. 이 통계는 여러 단체들의 것을 인용하고 있지만 단지 한 기관에서 그것을 발표하는 실정이다. 현재는 교황청 선교 기관인 "교회지원구호"(Aid to the Church in Need)에서 이 통계를 가장 자주 인용하고 있다. 매년 순교자의 숫자를 13만 명에서 17만 명으로 보고하고 있으나 이것은 그들의 직접적인 조사에 의해 이루어진 것이 아니다.

이 통계 수치가 매년 *International Bulletin for Missionary Research*[1] 에 실리고 있다. 2009년 176,000이었던 것이 2010년에는 178,000으로 2011년에는 100,000명으로 교정되었다(Johnson et al., 2011, 28). 『세계 선교 현황』은 이 수치가 그들 자체의 분석이란 점을 제시하고 있다(IBMR, 2011, 28). 이 엄청난 규모의 순교자 숫자는 『세계기독교

---

1 www.internationalbulletin.org.

백과사전』(World Christian Encyclopedia), 『세계기독교동향』(World Christian Trends), 『세계기독교총람』(Atlas of Global Christianity)과 전자책으로 된 『세계기독교통계』(World Christian Database) 등의 문헌들을 통해 널리 확산되고 있다.

이 통계에 대해 비판하기 어려운 두 가지 이유가 있는데 하나는 그것이 이미 널리 퍼져있는 정보가 되었다는 것과 다른 하나는 특히 그 출처가 지명도가 높은 조사 연구자들이고 그들은 나의 좋은 친구들이라는 사실 때문이다. 그럼에도 불구하고 그 통계를 갖고 내가 교수의 입장에서 세속적 동료 교수들과 전 세계의 정치인들, 우리 독일 국회의원들, 그리고 기자들 앞에서 우리 기관 "종교자유국제연구소"(the International Institute for Religious Freedom)가 어떻게 단순히 추정치에 불과한 통계 수치를 인용하는가에 대해 답변을 해야만 하는 처지이다.

많은 불신자들과 복음주의자들[2]을 포함한 기독교 통계 연구자들과 전문가들은 다음의 두 가지 이유로 이러한 통계의 신뢰성을 높이기 위해 종합적인 연구 조사를 토대로 한 정확한 근거를 제시해야 한다고 주장하고 있다. 다음과 같은 이유 때문이다.

(1) 순교자의 통계 수치를 너무 높게 잡았다고 보는 견해
(2) 여러 가지 이유로 집계할 수 없는 변수가 있을 수 있다는 견해

더욱이 그 통계 수치를 결정할 때 그 과정에서 어떤 과학적 기준을 사용했으며 연구 조사자들이 어떻게 합의를 도출해 낼 수 있었는지를 알 수 있어야 한다. 이 모든 것이 가능하지 않은 가운데『세계기독교

---

2 E.g.,//www.persecution.net/faq-stats.htm.

동향』(*World Christian Trends*)의 종합적 발표에서조차 그 어느 곳에서도 순교자에 관한 정보의 출처와 그 수치를 산출하기 위해 어떤 기준을 사용했는지를 찾아 볼 수 없다(Barrett and Johnson, 2001, ch.16).

그래도 우리가 처해 있는 현재의 상황에서는 대략의 통계 수치를 보고하는 것이 현 상태에서 믿을 만한 통계가 없다고 말하는 것보다는 유리한 입장이다.

1. 내전들의 역할

순교자 통계를 매년 156,000명에서 178,000명으로 잡은 책의 저자의 보고에 따르면 이 통계는 1990년과 2000년 사이의 10년에 해당되는 평균치라는 것이다(Johnson et al., 2011, 28). 이 통계 수치를 추산하는 과정에서 나온 10년에 걸친 순교자의 방대한 숫자 1,600,000명이 남수단과 르완다의 내전에서 비롯되었다는 것을 알 수 있다.

기독교 박해를 폭넓은 의미로 해석할 때 "매우 포괄적인 의미의 순교자"(Johnson et al., 2011, 28)가 나올 수 있다. 그래도 르완다에서 죽은 사람들을 어느 범위까지 순교자의 통계에 넣을 수 있는지와 남수단에서 죽은 사람들 중에 무슬림에 의해 이루어진 기독교 박해와 눈에 보이지 않는 정령숭배자들이나 내전에서 부족들끼리 싸우다 무참하게 죽은 사람들의 숫자를 어디까지 나누어 계산할 수 있는지가 여전히 논쟁거리가 될 수 있다.

2000년에서 2010년 사이의 10년에는 남수단과 르완다가 더 이상 포함되지 않았다. 거대한 순교자의 숫자 10x100,000은 콩고공화국

(DRC)의 내전에서부터 도출된 숫자이다. 거기서 많은 기독교인들이 사망한 것은 인정하지만 그들이 기독교인이기 때문에 죽었다는 것을 그 책자에서는 아무것도 입증하지 못한다. 그러면 콩고공화국이 추산하는 숫자를 900,000으로 잡아보자. 그러면 나머지 100,000이 10년간의 숫자가 되는데 그것은 매우 낮은 통계 숫자가 된다고 볼 수 있다.

내가 무엇보다도 가장 비판적으로 보는 것은 어떤 곳에서도 국가별로 집계된 통계가 없다는 점이다. 몇몇 국가들이 논의의 주요 대상으로 지목되고 있다. 이렇게 함으로 특히 한두 국가에서 큰 수치를 쉽게 추정해 낼 수 있게 된다. 나는 또한 이러한 특정한 대상을 놓고서도 실제로 분류하기 어려운 상황이 발생할 수 있다는 것에 대한 논의가 전혀 없다는 사실에 대해 비판적인 견해를 갖고 있다.

콩고의 내전에서 사망한 기독교 신자들 모두가 순교자의 숫자에 단순 처리될 수는 없다. 앞서 언급한 자료들이 추정 수치를 낼 때 어떤 지역의 기독교 신자들이 실제 순교자로서 죽었는지를 고려했을 것이다. 그러나 이 통계 수치의 정당성에 대해서는 논의할 필요가 있다. 어떤 지역을 대상으로 정했는지, 어떤 방법으로 평가가 이루어졌는지에 대한 것이다.

콩고공화국의 540만 명의 전체 사망자 중 '상당수의 비율'이 콩고 내전에서 순교자로 죽은 것으로 보고되었다. 이 가운데 10%에 해당하는 54만 명을 10년간의 콩고 순교자로 추정할 때 매년 발생하는 순교자 전체 수치인 10만 명 중에서 5만4천 명을 차지하게 되는데 이것은 전체 숫자의 50%가 증가한 것으로 해석될 수 있다. 만약 콩고의 10%가 불확실한 비율로 처리된다면 1년에 5만4천 명이란 숫자가 줄어들게 되고 그 결과 전체 숫자 10만 명의 50%가 줄어들어 4만 6천 명이 되는 것이 아닌가!

이것은 세계의 순교자의 숫자가 콩고의 불확실한 희생자들을 어떻게 처리하는가에 따라 그 숫자가 결정된다는 의미가 된다.

2. '순교자' 정의에 따라 달라질 수 있는 통계

세계선교통계표(Status of Global Mission)에서 내린 순교자, 즉 "복음을 증거하는 상황에서 … 그리스도 안에 있는 신자들"이라는 정의와 '가장 넓은 의미에서 규정하고 있는 순교자'라는 정의 사이에는 서로 대립되는 면이 있음을 감지할 수 있다.

기독교 신자가 신학적으로 내리는 정의는 사회학적인 정의에 비해 통상적으로 훨씬 더 엄격하다. 종교사회학자인 나로서는 순교자에 대한 정의를 살해된 기독교인이 갓 나은 아이든, 단순히 교회에 출석하기만 하는 사람이든, 어떤 이단 교파에 속하는 사람이든 상관없이 매우 광범위하게 통계에 포함하는 것이 타당하다고 본다.

나의 개인적 생각으로는 '복음을 증거 하는 상황'이라는 조건이 굳이 필요 없다고 본다. 만약 이집트에서 폭탄이 터져서 20명이 죽었다면 그들 모두가 기독교 신자가 초청한 손님들이라 해도 기독교 박해에 기인한 순교자로 간주될 수 있다고 본다.

나는 아주 넓은 정치적 정의를 다음과 같이 내려 본다.

> "기독교 신자가 아니었다면 죽지 않았을 사람들이 기독교 신자이었기 때문에 죽임을 당한 사람들이다."

그러나 이 정의의 기준에 따라 추산하더라도 순교자의 숫자를 매년 17만 명이나 100만 명으로까지 보기는 어려울 것이라고 생각한다.

3. 하루에 50명 이상의 순교자들?

　요즘 같은 시대에 만약 매일 20명이나 50명의 기독교 신자들이 죽는 사건이 생긴다면 그 소식은 기독교계에 급속히 퍼지게 마련이다. 독일과 같은 몇몇 나라에서는 이 같은 사실이 신문의 첫 페이지를 장식하곤 할 것이다. 박해 문제를 다루는 전문가들도 이러한 사례에 대한 소식을 바로 듣게 될 것이다. 그런데 그들 가운데 아무도 이러한 사건이 매일 일어난다고 말하는 사람은 없다. 만약 살해된 기독교 순교자의 숫자가 50명이나 되는 사건이 매일 발생한다고 가정해도 1년간 18,250명에 불과하다. 하루 20명으로 잡았을 때 7,300명으로 나는 이 수치가 좀 더 현실적이라고 여겨진다.

　매년 평균치 숫자에서는 하루 50명보다 더 많은 순교자를 낸 사건이 계속해서 발생해 왔던 것은 부인할 수 없는 사실이다. 그러나 이것은 몇 년에 걸쳐 일어난 각종 사건들을 모두 펼쳐 놓은 것으로 볼 수 있다. 2000년도 이후로 여기에 해당되는 나라들은 인도네시아, 인도, 이라크, 그리고 나이지리아이다. 주의할 점은 여기에서 일어났던 각각의 사건들은 반복되어 일어나기 힘든 것들이다. 다시 말해 과거에 일어났던 끔찍한 사건들은 1년에서 3년에 걸쳐 선별적으로 일어났고 그 후 몇 년간 또 다른 나라에서 더 큰 사건이 발생했다.

　즉 일반적으로 보면 한 나라에서 100명이 넘는 기독교 순교자가 발생한 사건은 온 지구상 어느 곳에서도 일 년에 한 번 정도밖에 되지 않는다는 것이다.

이해가 안 되는 이상한 수치가 도출된 것은 어떤 사람이 여러 나라에서 잡은 순교자 수치를 바탕으로 대략적인 추산치를 계산한 것을 『세계기독교통계』(World Christian Database)에서 1960년부터 시작해서 지난 50여 년간에 걸쳐 평균치를 냈기 때문이다.

덴마크와 핀란드에서는 순교자 수를 매년 15명으로, 스웨덴은 19명, 스위스는 20명, 네덜란드는 39명, 호주는 45명, 캐나다는 76명, 영국은 149명, 독일은 믿기 어려울 정도로 많은 숫자인 192명의 순교자 숫자를 각각 보고하고 있다. 이 모든 개신교 국가에서 알려지지 않은 순교자들은 존재하지 않으며 어떤 상황에서도 1960년 이래 잡혀진 50배의 수치는 있을 수 없는 일이라고 말한다. 이해하기 어려운 이러한 높은 수치는 순교자를 역사적으로 발생한 전쟁과 내전에도 적용해 거기서 사망한 기독교 순교자들의 추산치를 매우 후하게 잡은 데 기인한 것으로 봐야 한다.

과연 민족주의적 사회주의자들(National Socialists)의 손에 죽은 순교자들이 1백만 명이 될 수 있는가?

나를 포함하여 민족주의적 사회주의에 속한 그 어느 누구도 그렇게 주장하지 않는다. 그렇게 생각하면 2차 대전에서 죽은 기독교 신자는 수백만 명이 된다. 그러나 그들이 사망한 것은 박해 때문이 아니었다. 기독교의 저항 세력에 굴복하지 않은 사람들이나 그들이 기독교 공동체를 대표하는 지도자 혹은 성직자들이기 때문에 죽임을 당한 기독교 신자들이 진정한 기독교 순교자의 범주에 속한다. 그들이 당한 죽음은 철저하게 분석되었고 그들에 관한 이야기들은 백과사전 전기에 기록되었으며 그들 개인들의 이력서들을 쉽게 접할 수 있다. 이러한 사실들을 감안해 보았을 때 순교자의 숫자는 절대 1백만 명이 될 수 없고 겨우 몇 천 명 수준밖에 미치지 못한다.

4. 내전이나 전쟁에서 죽은 사람 중에 그렇게 많은 순교자가?

나는 앞서 제시된 순교자의 숫자 17만 명과 100만 명에 대해 한 가지 더 의문을 제기하고자 한다. "세계보건기구"(World Health Organization)의 통계에 따르면 2004년에 일어난 전쟁이나 내전에서 18만4천 명의 희생자가 발생했다고 한다(2008, 74).[3]

그리고 순교자의 숫자에 대해 전문가의 입장에서 그 숫자가 어떻게 합산된 것인지 그 사례들을 곧바로 제시하지 않은 채 그 많은 숫자를 어떻게 단순 추정할 수 있을까?

한 해에 발생한 전쟁에서 18만 4천 명의 희생자 수가 어떻게 합산되었는지는 분명하게 그 사안별로 숫자를 계산할 수 있다. 만약 순교자의 숫자도 그 정도의 큰 규모라면 그와 같이 사건별로 나열해 크든 작든 우리도 그 수치를 계산할 수 있어야 하지 않는가?

몇몇 안 되는 그렇게 큰 사건을 염두에 두고 어떻게 전문가들까지도 그 큰 수치에 대해 설명하려 하지 않는가?

5. 연구 조사를 향한 첫걸음: 전년도에 발생한 실제 숫자에 초점을 맞추다

그렇다면 실제 기독교 순교자의 숫자는 얼마나 되는가?

나는 수년에 걸쳐 집중적으로 이 사실에 관해 말할 수 있는 여러 교단과 교단 밖의 전문가들과 이 문제를 논의해 왔다. 그런 가운데 '순교

---

[3] 실제 세계를 대표해 수집한 것을 대표하는 지도 안에 2002년에 171,000이라고 기록된 정보와 비교해 보라. http://www.worldmapper.org/display_extra.php?selelcted=484.

자'의 정의에 대해 적지 않은 어려움이 있었다. 이미 구체적인 정의가 내려진 가운데도 전문가들은 각기 출신 국가에 따라 강한 이견을 나타냈다. 북한의 경우 '실종된 기독교 신자들'이 수십 년 전에 죽었는지 혹은 아직도 수용소에 살아 있는지 아니면 최근에 죽었는지 확실하지 않다.

누가 온 지구상에 걸쳐 순교자의 숫자가 얼마나 되느냐고 묻는다면 실제로 아무도 그 수치를 말하기 어렵다. 덧붙여 말한다면 누구든지 평균치라는 것에 대해서는 의문을 갖고 있다. 더군다나 순교자들의 숫자는 매년 큰 폭으로 오르내린다. 그런 이유로 매년 새롭게 숫자를 확인할 필요가 있다. 아무튼 누가 2010년 통계에 들었다면 이는 1990-2000년에 걸친 숫자의 평균치를 낸 것이 아니라 어떤 기관에서 했든지 그것은 연구 조사에 의해 2010년에 해당되는 구체적인 수치를 문서화한 것이고 그것은 적어도 구체적인 보고를 토대로 하여 마련된 실제적 측정치라고 볼 수 있다.

종합적으로 볼 때, 나는 매년 믿을 만한 순교자의 통계가 나오기까지 아직도 갈 길이 멀다는 생각을 한다. "종교자유국제연구소"가 계속 이 주제를 다루어 나가며 치우치지 않고 공평한 열린 토론을 이끌어내기 원할 것으로 본다.

우리가 필요로 하는 것은 전산 관리 데이터베이스를 사용해 우리에게 알려진 모든 커다란 사건들을 입력시키고 연말이 되면 그 데이터로부터 사용할 수 있는 순교자의 통계를 선정할 뿐 아니라 주어진 사건 항목이 어떤 상황이었는지를 살펴보고 누구든지 그 측정치의 신빙성에 대해 조사가 가능해야 한다.

토의 질문

1. 순교자 숫자에 대한 정확성을 확인하려는 노력은 과연 필요한가?
2. 종교적 색채를 띠거나 기독교 신자들이 연관되어 있는 내전을 어떻게 평가해야 하는가?
   박해의 일부로 보아야 하는가 아니면 박해와는 무관한 정치적 악행으로 보아야 하는가?
3. 순교의 정의를 넓게 잡고 관심을 불러일으키기 위해 순교자의 숫자를 가능한 한 크게 잡는 것이 좋은가 아니면 철저한 정의에 의해 가능한 한 낮게 잡아야 하는가?
   그 이유는 무엇인가?

참고 문헌

- Barrett D., and T. Johnson. 2001. 『세계기독교동향』(*World Christian Trends*). Pasadena, CA: William Carey Library.
- Gordon Conwell Theological Seminary. 2011. "세계선교현황" (*Global Mission*). http://www.gordonconwell.edu/resources/documents/StatusOf Global Mission.pdf.
- Johnson,T.M.,D.B.Barrett,and P.F.Crossing. 2011. *Christianity* 2011: Martyrs and the resurgence of religion. *International Bulletin of Missionary Research 35*, no. 1:28-29.
- World Health Organization. 2008. *The Global Burden of Disease*. Geneva: WHO.http://www.who.int/topics/global_burden_of_disease/en.

| 글쓴이 |

토마스 쉬르마허(Thomas Schirrmacher)는 독일인으로서 "종교자유 국제연구소"(International Institute for Religious Freedom, 본, 케이프타운, 콜롬보)의 대표이며 WEA의 "신학위원회" 회장으로 섬기고 있다. 독일에 본거지를 두고 유럽 대륙은 물론 인도의 쉴롱에서 종교사회학, 신학, 지구촌 윤리학, 그리고 국제 개발에 관해 가르치며 광범위하게 전문성을 발휘하며 주도적인 역할을 담당하고 있다.

죽는 것과 사는 것, 어느 것이 더 나은 믿음인가?

1980년, 에티오피아의 잔인한 정권 아래 그 나라에서 잘 알려진 목사님 한 분이 계셨다. 그는 사역을 잘 할 뿐 아니라 신장이 193cm나 되었다. 많은 기독교 신자들이 그 시기에 순교를 당했다. 그 키 큰 목사님도 감옥에 투옥되었다. 이웃 국가 탄자니아 대통령이 이 소식을 듣고 그를 구명하기로 결심했다. 그 대통령은 그의 전용기를 타고 에티오피아로 가서 그 목사님을 석방해 달라고 요청했다.

니에르 대통령의 요청이 받아들여졌고 그 목사님은 감옥에서 나와 탄자니아 대사관의 호위를 받으며 안전한 곳으로 피신할 수 있었다. 그러나 그 목사님은 특권을 거부하며 니에르 대통령에게 이렇게 말했다.

"나는 이 나라를 떠날 마음이 없습니다. 내가 머물 곳은 이곳입니다. 내가 떠나면 떠날 기회를 얻지 못하는 모든 다른 목사님들을 실망시킬 것입니다. 그리고 그것은 내가 평소 기독교 신자들에게 말했던 것, 즉 '우리나라가 위기에 처했을 때 나라를 떠나지 말라'라고 한 것과 상충되는 행동입니다."

몇 주 후에 이 목사는 정부군에 의해 죽임을 당했다.

다른 한편, 아쎄파(Assefa)라는 이름의 또 다른 에티오피아인은 투옥과 출옥을 반복하며 여러 차례 목숨의 위협을 받았다. 그는 집도 없었고 쓰레기통의 음식을 먹으며 연명해야만 했다. 그러나 정치적으로 핍박이 완화되었을 때 기독교 학생 단체의 대표가 되었다. 1990년대를 통틀어 에티오피아 대학생 5분의 1에 가까운 숫자가 그 운동에 참여하면서 500명의 훈련된 성경 공부 지도자들을 배출했다. 평범한 농촌 사람들까지도 이렇게 말했다.

"아쎄파의 하나님께로 가라. 그분이 도움을 주실 수 있다"

"이 두 에티오피아 형제들 중에 누가 더 큰 믿음을 나타냈습니까? 죽임을 당한 목사님입니까, 아니면 아쎄파입니까?"

이 이야기를 기록했던 린지 브라운이 질문했다.

"그들은 둘 다 모두 믿음으로 살았습니다. 그러나 주님께서 한 사람은 데려가시고 다른 한 사람은 남겨두셨습니다."

살아남거나 죽임을 당하거나 이 두 에티오피아 형제들은 우리와 함께 고난당한 하나님을 좇았습니다.

미리암 애드니(Miriam Adeney), 『국경 없는 왕국: 전 세계 기독교의 밝혀지지 않은 이야기』(*Kingdom without Borders*, 2009, 80-81), Lindsay Brown, *Shining Like Stars: The Power of the Gospel in the World's Universities* (Nottingham, UK: InterVarsity Press, 2006, 162) 재인용

제5장
박해와 순교와 선교의 관계는 과연 필연적인가?

이태웅 선교학박사
(한국글로벌리더십포커스 원장)

나는 세계복음주의연맹 "선교위원회" 전 대표인 윌리엄 테일러(William Taylor) 박사로부터 필립 젠킨스(Phillip Jenkins)의 저서인 『기독교의 잃어버린 역사』(*The Lost History of Christianity*)를 읽고 과연 박해와 순교와 선교와의 관계는 필연적인가에 대한 집필을 부탁받았다. 책을 읽은 후 깊은 고민에 빠지게 되었고, 여러 가지 이유에서 그 제안을 거절해야 한다고 생각했다. 그 중 몇 가지 중요한 이유들을 열거할 수 있다.

첫째, 내가 읽은 필립 젠킨스의 저작에서 다룬 박해와 순교의 의미가 내가 다루기에는 너무 크고 깊었다. 역사적으로 기독교 신자들이 얼마나 많은 박해와 고난을 받았으며 얼마나 오랫동안 많은 기독교 신자들이 순교했는가를 살펴보면서 경악을 금치 못했다. 그리고 내 심령을 흔들었다. 그가 서술한 고난과 순교가 너무나 큰 무게로 내 마음에 다가왔기 때문에 내가 경험한 고난을 포함해 다른 모든 고난들은 마치 아무 내세울 가치가 없는 매우 미미한 사건에 불과한 것으로 느껴졌다.

둘째, 젠킨스의 저작에서 광범위하게 박해와 순교에 대해 다뤘음에도 불구하고 박해와 순교와 선교의 연관성에 대허 일관된 원리를 찾아낼 수가 없었다. 우리가 선교하면서 언제 고난을 받을지 모르고 또 반드시 고난과 순교가 있을 것이라고 단정할 수도 없다고 생각했다. 저자가 그 책에서 박해와 순교에 대해 많은 사례들을 찾아냈음에도 불구하고 그 사례들을 통해 필자는 우리 모두가 쉽게 동의할 수 있는 우주적 교훈과 원리들을 뽑아내기가 어려움을 느꼈다. 그리하여 필자는 편집진의 동의를 구했다. 이 소재에 관해 나의 개인적 경험을 나눔으로써 부족하나마 이에 대한 해답을 찾아보기로 결정했다.

그러나 얼핏 두 가지 생각이 내 머릿속에 맴돌았다.

하나는 내 자신이 경험한 전쟁 중 겪었던 개인적인 정신적 충격에 대해 이야기해야 한다는 두려움이었다. 반세기 이상에 걸쳐 의식적으로나 무의식적으로 나에게 영향을 주었던 이 정신적 충격에 대해 그때까지 진정한 치유를 경험하지 못한 상태에서 이 문제를 새롭게 파헤쳐야 한다는 부담감이었다.

또 하나는 우리 민족이 경험한 비극적인 일이기 때문에 과연 내 경험이 다른 사람에게 얼마나 새로운 시각을 갖게 해 줄 수 있으며 우리가 다루는 소재에 대해 어떤 깨달음을 줄 수 있을까라는 우려였다. 나의 생각과 경험은 극히 개인적인 것이다. 그래서 나와 같은 상황에 처해보지 않은 사람에게는 그리 심각한 것이 아닐 수도 있기 때문이다.

그러나 이러한 거추장스러운 전제에도 불구하고 나의 경험을 이야기하고자 한다. 그리고 미흡하나마 박해와 순교가 선교와 어떤 관계가 있으며 과연 이 관계가 필연적인지를 판단하는 데 조금이나마 기여할 수 있기를 소망한다.

1. 나의 개인적 이야기

1950년 한국전쟁이 발발했을 때 나는 10살이었다. 아버지가 중풍으로 누워계셨고 걷지 못하셨다. 그래서 우리 가족은 두 번이나 피난을 가지 못했다. 한 번은 전쟁 초반에 북한군에게 점령당했을 때였고, 두 번째는 중공군이 쳐들어 왔을 때였다. 이 어려운 기간들은 유엔군의 도움으로 서울을 마침내 재탈환하여 한국 국군이 한반도의 남쪽 지역을 수복할 때까지 지속되었다.

당시에 맺은 쓰라린 정전협정(종전협정이 아니었다)으로 60여 년이 지나도록 현재까지 155마일에 해당되는 군사 분계선이라고 일컫는 비무장지대(DMZ)가 형성되었고, 이것을 중심으로 남한과 북한으로 나누게 되었다. 한국전쟁으로 천 만 명의 이산가족들이 생겼고 그들은 대부분이 60년이 넘도록 사랑하는 가족이 서로 만나지 못하는 비극을 경험하고 있다. 또한 300만 명이 사망했으며 370만 명의 피난민이 생겼고 전쟁미망인이 20만 명, 고아 10만 명도 생겼다. 또 84,532명이 강제로 북한으로 끌려갔다. 유엔군 사상자 수도 엄청나다. 178,569명이 목숨을 잃었으며 그중 54,000명이 미국 군인들이었다.[1]

서울 대부분의 지역이 불바다가 되었고 밤하늘은 폭탄 터지는 불빛으로 번쩍거렸다. 도시 전체가 문자 그대로 화장터 같이 되어버려

---

1 이상은 대한민국재향군인회가 발행한 『6.25전쟁과 북한의 만행』(2007, p. 51)을 근거로 한 내용이다.

온전히 남아 있는 것이라곤 찾아볼 수 없었다. 모든 것이 폐허가 되어 버렸다. 음식과 물과 약품을 구할 수 없었을 뿐더러 생존에 필요한 최소한의 기본 체계조차도 마비되었다.

그 당시의 상황에서 주위를 사로잡은 것은 공포와 배고픔, 그리고 질병과 상처와 아픔뿐이었다. 어디를 가나 시체 더미들로 뒤덮였고 열린 무덤이 된 구덩이들을 여기저기에서 발견할 수 있었다. 북한군이 철수하면서 많은 사람들을 무차별적으로 총으로 쏘아 죽였다(아마 아군도 북한인들에게 총부리를 겨누었을 것이라 추측된다). 그 당시 북한에는 많은 교회들이 밀집되어 있었고 수천 명에 이르는 기독교 지도자들이 총살되었는데 그들은 주로 목사와 평신도 지도자들이었다. 그 중에 피신하여 살아남은 사람들이 남한으로 내려왔던 것이다.

나의 개인적 경험에 다시 초점을 맞추어 이야기해 보고자 한다. 어린 나에게 가장 뼈아픈 고통을 주었던 것은 두려움과 배고픔이었다. 생존을 위해 몸부림치는 나에게 이 두 가지 고통은 끈질기게 오랫동안 지속되었다. 나는 서울이 중공군에 의해서 점령되었을 때 얼마나 무서웠는지 그 때의 경험이 아직도 선명하게 기억한다. 도시 전체가 불길에 휩싸였다.

우리가 살던 집에서 10km 쯤 떨어진 곳에 해태제과 밀가루 공장이 있었다. 우리 어머니가 불타는 밀가루 공장에서 밀가루 부대를 꺼내기 위해 어린 나를 데리고 갔던 것이다. 나는 엄마의 손에 붙들려 불길 속을 헤치고 들어가야만 하는 것이 너무나 무서워 울면서 크게 소리 질렀다. "엄마, 제발 나 좀 살려 주세요. 나 죽을 것 같아요!" 엄마가 나를 마치 뜨거운 지옥 불길로 끌고 들어가는 느낌이었다. 그러나 그 날 그 불길 속을 헤치고 들어가서 꺼내온 밀가루 한 부대로 우리 가족은 여러 날 연명할 수 있었다.

그리고 중공군이 사용하던 동네 마구간에서 말똥을 주어 그 속에 남아있던 겨에 약간 붙어 있던 곡식 찌꺼기를 밀가루와 섞어 죽을 끓여 먹으면서 우리 가족은 굶주림의 고통을 어느 정도 달랠 수 있었다. 어느 날 중공군이 우리 가족이 머물던 작은 방에 쳐들어와서 먹을 것을 내놓으라고 하며 몇 시간 동안이나 가지 않고 머물러 있었다. 그의 손에는 총이 들려 있었고 언제든지 우리를 쏘아 죽일 수 있는 절체절명의 순간이었다.

이 두 가지 나의 개인적 이야기는 그 당시 경험했던 고통을 상징적으로 대표할 수 있는 사건이라 말할 수 있을 것이다. 나의 부모님에 대해 잠시 언급하고자 한다. 전쟁이 거의 막바지에 이르렀을 때 북한군이 철수하면서 나의 큰 형을 북으로 끌고 갔다. '태진' 형이 가족과 헤어질 당시 그의 나이는 16-17세였던 것 같다. 60년간 우리는 그의 소식을 듣지 못했고 우리 어머니는 잃어버린 아들을 생각하며 20년 이상을 침상에서 남몰래 눈물을 흘리곤 했다. 우리 형은 사랑하는 가족과 생이별을 해야만 했던 천만 이산가족 중 한 사람임에 틀림없다.

전쟁이 끝났음에도 불구하고 삶의 고통은 한동안 계속되었고 쉽게 끝나지 않았다. 한국은 1980년대에 이르러서야 비로소 어느 정도 먹고 살 수 있는 나라가 되었다. 그 전까지만 해도 매년 보릿고개를 무사히 넘겨야만 했다. 전년 가을에 재배한 쌀이 동이 나고 다음해 봄에 보리를 수확할 때까지 먹을 것이 별로 없어 먹고살기 힘든 시기를 잘 넘겨야 했던 것이다. 나는 어머니가 여러 해 동안 식량이 부족하여 점심을 거르셨던 것을 기억하고 있다.

한국전쟁의 여파는 도덕적, 문화적 그리고 영적으로 우리나라 전체를 총체적으로 황폐화시켰다. 우리 민족은 '백의민족'이라고 불렸는데 아마 유교 영향력으로 도덕적으로 바르게 살아야 한다는 유교의 가르침을 2천 년 가까이 받아들였기 때문일 것이다. 어떤 작가는 "한국인들은 유교를 유교의 발생지에서보다 더 철저히 신봉하고 있다"고 말했다. 전쟁을 치른 후, 한때 우리 사회를 지배했던 도덕 체계는 완전히 무너져 버렸고 새로운 도덕 체계를 다시 회복하기까지 많은 시간이 걸렸다. 전쟁은 문자 그대로 문화를 파괴시켰고 그것을 현재의 위치까지 다시 되돌리기 위해서는 반세기의 긴 시간이 소요되었다. 많은 우여곡절 끝에 우리는 최근에 들어서야 비로소 온전히 제 기능을 발휘할 수 있는 통합된 문화를 가진 민족으로서의 자부심을 되찾게 되었음을 인식할 수 있다.

2. 한국전쟁이 기독교 선교와 교회, 그리고 나의 개인적 성장에 미친 영향

기독교가 19세기에 한국에 처음 들어왔을 당시는 영적인 공백이 있었던 시기였다. 14세기에 흥왕하던 불교 세력이 이씨 조선으로 옮겨가면서 그 세력이 약화되었다. 그 결과 이씨 조선의 정치적 설립 이념으로 내세웠던 유교가 불교를 대신하여 자리 잡게 되었다. 그러나 유교 또한 기독교가 처음 들어왔던 19세기 무렵에는 내부의 지속적인 당파 싸움으로 거의 파멸 지경에 이르렀다. 그 당시 중동과 중앙아시아 지역에서는 네스토리우스교가 그 교세를 확장하던 때였는데 조선 땅과는 사뭇 다른 상황이었음을 알 수 있다. 필립 젠킨스는 동방 기독교의 운명에 대해서 언급하면서 그 당시 그들은 강한 무슬림 반군 통치하에 지속적인 기독교 박해를 겪어야만 했다고 말하고 있다.

의미심장하게도 젠킨스는 북한에서 기독교인들이 60년 이상 공산주의 치하에 있으면서 박해를 받은 것으로 언급하고 있다. 북한의 공산당원들은 모든 기독교 신자들을 색출해 처형하거나(특히 목사와 같은 영적 지도자들) 정치 수용소로 보냈다. 그들이 믿는 하나님을 부인하지 않았기에 고문을 당하거나 매우 열악한 환경에서 살아남지 못하고 결국 많은 사람들이 그곳에서 죽임을 당해야만 했다.

북한 공산당 지도자들은 기독교를 말살하고 그들의 최고 수령인 김일성을 신격화하며 숭배하도록 강요했다. 어린 시절부터 세뇌시켜 기독교를 믿는 어른들이 누구인지를 감시하도록 지시해왔다. 이와 같이 철저한 사상 교육을 통해 배교한 것으로 보이는 그들의 부모까지도 당국에 고발하는 지경에 이르렀다. 북한이 앞으로 더 개방될 때 그 땅의 불신 공산 세력이 얼마나 철저하게 기독교를 근절시키는 데 어느 정도 성공했는가를 가늠할 수 있게 될 것이다.

만약 이대로 한 세대가 더 지나간다면 공산주의가 목표로 했던 것들이 이루어질지도 모른다는 두려움이 있다. 다행스러운 것은 아무리 공산 세력일지라도 사람들의 마음까지 총으로 다스릴 수는 없다는 것이다. 특히 남한의 기독교 신자들이 기도하고 있으며 북한을 다시 복음화하기 위해 할 수 있는 모든 영향을 발휘할 것이라는 점이다.

다른 한편으로, 남한의 영적 상황은 전쟁의 고통과 고난 이후 크게 변화되었다. 원래 북쪽이 먼저 복음화되었고 남쪽은 미전도 지역이었다. 전쟁 후 북쪽에서 피난 온 기독교 신자들로 인해 남쪽이 별안간에 복음화 되는 결과를 낳았다. 박해와 고난이 선교에 어떤 결과를 초래했으며 교회 성장이 어떻게 폭발적으로 이루어졌는지에 대해 몇 가지 사례들을 제시해 보고자 한다.

3. 순복음교회와 영락교회

전쟁이 끝난 후 한국인들의 마음에는 절망이 가득했다. 전쟁의 잔해와 폐허로 기본 생필품을 어디서 구해야 할지를 알지 못했다. 더 큰 비극은 그들의 뇌리와 가슴속에 맺힌 상처와 아픔이었다. 그들에게는 미래에 대한 소망이 없었으며 자녀들의 앞날에 대해서도 희망이 없었다.

이때 조용기 목사가 외친 설교의 메시지는 폭발적으로 한국인의 심령에 소망을 심어주었다. 그가 외친 '삼중 축복'의 메시지는 하나님께 나오는 자마다 마음의 상처를 회복할 수 있는 축복, 병 고침을 받을 수 있는 축복, 그리고 잘 살 수 있는 물질적 축복을 누릴 수 있다는 내용이었다.

이 메시지를 듣기 위해 많은 이들이 몰려들었고 실제로 아픈 사람들이 기적적으로 병 고침도 받았다. 어떤 이들은 그의 축복의 신학에 대해 비난할 수도 있다. 그러나 내부자의 입장에서 나는 이것을 다른 각도로 볼 수도 있다고 생각한다. 다만 여의도순복음교회에 대해 아쉬운 부분이 있다면 이런 단계를 지나 더 성숙해가는 과정에 걸맞게 복음을 상황화하는 데까지 가지 못한 점이다. 하나님의 선교를 하는 과정 중에는 필연적으로 고난과 핍박과 심지어 순교가 따를 수밖에 없다는 것이 바로 그런 점이다.

영락교회의 경우를 살펴보자. 북한에서 뿌리를 내린 장로교 신자들은 그들의 고향 교회를 포기하고 그곳을 떠나 새로운 남쪽 도시인 서울에 재정착하지 않으면 안됐다. 수천의 실향민들은 함께 모여 예배하고 북에 남겨 두고 왔거나 피난민의 무리 가운데에서 실종된 그들 가족들에 관한 소식을 서로 나누었다. 이렇게 모인 무리들이 시간이 지남에 따라 어느 사이에 세계에서 가장 큰 장로교회가 되었다. 이 공동체가 이루어낸 전도 사역과 사회봉사는 상상을 초월할 만큼 매우 큰 것이었다. 이러한 교회들이 남한의 또 다른 지역에 빠른 속도로 뻗어 나갔다.

4. 전 세계 한인 디아스포라와 선교

이 두 교회의 사례는 전혀 우연이 아니었다. 사실상 이 교회들은 사도행전의 교회와 같이 박해 때문에 흩어진 사람들에 의해 형성된 선교적 교회가 된 것이다. 남한의 기독교 신자는 현재 전체 인구의 30%에 가까운 숫자이다(이 숫자는 가톨릭교회의 숫자를 포함한 것임).

개신교 교회에서만 177 국가에 2만 명의 선교사를 파송하고 있고 그 숫자는 줄지 않고 있다. 남한에만 목사와 전도사를 포함하여 전임 사역자들이 10만 명에 달한다. 전 세계에 걸쳐 7백만 명의 디아스포라 한국인들이 흩어져 있으며 그 가운데 대략 5,500개 정도의 교회가 175 국가에 세워졌다.

한국인들이 가는 곳에는 어디든지 교회가 세워진다는 것은 매우 흥미로운 사실이다. 그들은 먼저 자문화 교회를 세우고 그 교회를 중심으로 주위의 타민족 공동체에 복음을 전하는 선교 사역을 감당했다.

그들은 이와 같은 교회 개척 전략을 어디에서 배운 것일까?

무엇보다도 그와 같은 힘과 열정이 어디서부터 나온 것일까?

뉴욕에 사는 한국 이민자들 사이에 유행어가 된 말이 있다. '피와 땀'(blood and sweat)인데 이는 그들이 사명감을 갖고 열심히 일하고 고난을 두려워하지 않았다는 의미이다.

한국전쟁을 통과하면서 갖게 된 이러한 강인한 정신력은 사람들의 마음을 사로잡았고 그것이 현재까지도 일어나고 있는 디아스포라 선교운동과 아울러 일반 해외 건설 현장에서 두려움 없이 일하는 한국인들의 개척 정신으로 이어지고 있다.

이러한 정신이야말로 그들과 그들의 부모 세대가 경험한 고난과 박해로부터 기인한 정신이 아니고 무엇이겠는가?

다만 최근의 젊은 세대들은 그것을 잘 알지 못하고 실감하지 못하는 것이 사실이다. 과거 30년에 걸쳐 해외로 파송된 한국 선교사들은 고난과 박해가 있었던 상황에서 성장하고 훈련을 받았기에 그러한 강인한 정신력을 갖고 나갈 수 있었던 것이 아닐까라고 생각해본다.

5. 나의 개인적 여정

한국전쟁의 폐해가 채 가시지 않았던 1962년 2월 24일, 나는 복음을 듣고 기독교 신자가 되었다. 그 때 우리 가족의 생활 형편은 간신히 입에 풀칠할 정도로 빈곤한 상태였다. 그 당시 한국의 경제 사정은 심지어 북한보다도 못한 상태였다.

나는 일찌감치 힘든 상황에서 살아남는 훈련을 받아왔다. 한국전쟁이 발발했을 때인 10세 때부터 나는 가족을 대신하여 먹고살기 위해 어떤 일이든 마다하지 않고 해야만 했다. 구두 닦기, 담배 팔기 등의 일을 거친 후 미국 군인들을 위한 하우스보이로 일하게 되었다. 군인들이 아침마다 씻을 수 있도록 5갤런(20리터-큰 페트병 10개)의 물통을 가냘픈 어깨에 짊어지고 미군 막사에 갖다 놓는 일은 어린 나로서는 쉽지 않은 일이었다. 또한 그들을 위해 침대를 정돈해 놓고 구두를 닦아 놓고 막사를 청소하는 것 등이 하우스보이로서 해야 할 일들이었다.

낮에 일해야 했기 때문에 중학교는 야간에 다녀야만 했다. 내가 기독교 신자가 된 것은 대학 2학년 때였다. 기독교 대학생들의 모임으로 시작된 학생 선교 단체인 "JOY선교회"를 통해서 나는 구원을 받았고 그 때 내 나이는 22세였다. 30세가 되기 전에 나는 그 단체의 지도자 중 한 사람이 되었고 그때부터 나는 수백 명의 젊은이들을 선교에 헌신할 수 있도록 준비시키는 일을 시작했다. 돌이켜보면 나는 전쟁이 가져다준 고난과 박해를 통과하면서 받은 강한 연단이 아니었다면 그 후에 내가 맡았던 일들을 결코 해낼 수 없었을 것이라는 생각이 든다.

6. 결론

서두에서 언급한 질문으로 다시 돌아와서 과연 "고난과 박해와 순교는 선교와 직접적인 연관성이 있는가?"라고 되묻는다면 솔직히 말해 내가 원하는 만큼 "예"라고 대답하기 어렵다. 그러면 이 둘 사이는 전혀 관계가 없는 것인가라고 바꾸어 질문해 본다면 여기에도 확실한 대답을 할 수가 없다. 대한민국의 경우는 총체적으로 볼 때 분명히 박해와 순교가 선교에 긍정적인 결과를 가져다주었다고 말할 수 있다.

북한의 경우도 그러하다고 말할 수 있을까?

그러나 아직은 어떤 확실한 평가를 내리기에는 이르지만 현재로서는 부정적인 대답을 할 수밖에 없다. 북한에 거주하던 기독교 신자들이 남한으로 밀려 내려옴으로써 그들은 고난과 박해를 통해 훈련되었고 그 결과 그들은 미래의 선교운동을 일으킬 수 있는 준비가 되었다. 그뿐만 아니라 남한 전체를 복음화할 수 있는 원동력이 되었다. 개인적으로는 내가 과거에 경험했던 고난이 여전히 나에게 교훈과 에너지를 공급해 주고 있다.

다만 박해와 순교가 선교와 동반자적 관계가 있다는 필연성에 대해서는 쉽게 단정할 수 없는 문제라고 본다. 또 박해와 순교가 있는 곳에는 선교가 차츰 불가능해질 것이라는 견해 역시 예측하기에는 어려운 일이다. 이는 우리가 모르는 하나님 편에서의 신비로운 측면이 존재하기 때문일 것이다.

토의 질문

1. 필자와 가족들이 겪은 개인적 고난에 대해 생각해 보라. 그의 고난과 젊은 나이에 그가 주님을 믿고 헌신한 것이 그의 생애에 어떤 영향을 주었다고 생각하는가?
2. 한국 국민과 교회가 겪은 커다란 고난과 시련은 한국 교회 성장과 선교운동의 확장에 어떠한 영향을 끼쳤는가?
그것이 현세대에 미친 영향은 무엇인가?
3. 우리는 이러한 극적인 삶의 스토리를 통해 무엇을 배울 수 있는가? 우리는 오늘날에도 어려운 시간들을 통과하는 사람들에게 어떠한 민감한 태도로 그들의 경험을 함께 나누며 위로할 수 있는가? 이러한 것이 오늘날 선교의 도전이라는 측면에서 우리에게 의미하는 바는 무엇인가?

글쓴이

이태웅(David Tai Woong Lee) 박사는 지난 30여 년간 한국 타문화권 선교사 훈련을 위해 사역한바 있다. 그는 "한국선교훈련원"(GMTC)을 설립한 초대 원장이었으며, 세계복음주의연맹 "선교위원회" 대표로 8년간 섬겼다(1994-2002). 그는 미국 트리니티복음주의신학교에서 신학석사와 선교학박사 학위를 취득했다. 현재는 선교사 리더십 훈련과 교육 사역을 위해 "한국글로벌리더십포커스"(Global Leadership Focus, GLF) 대표로 섬기고 있다.

나를 따라라

십자가의 의미는 마지막까지 완전하게 그리스도의 고난에 참여하는 것을 말한다. 오직 한 사람이 온전히 예수님을 따르는 제자도에 헌신할 때 십자가의 의미를 경험할 수 있다. 십자가는 처음 그 자리에 그대로 존재하며 제자는 단지 그 십자가를 발견하고 주를 따라가는 것일 뿐이다. 그는 스스로 십자가를 찾아 나설 필요가 없고 애써 고난을 찾아다닐 필요도 없다.

예수님께서는 십자가란 기독교 신자라면 누구에게나 주어지는 것이며 그것은 하나님께서 그들에게 섭리로 부여하신 것이라고 말씀하신다. 각 사람은 그에게 주어진 고난과 거부에 대해 인내를 가져야만 한다. 그리고 각 사람의 몫은 다 다르다. 어떤 사람에게 하나님은 더 큰 고난을 받을 수 있는 믿음이 있다고 여기서서 순교의 은혜도 주시는가 하면 어떤 사람에게는 그들이 감당하기 어려운 시험 당함을 허용하지 않으신다. 그러나 어떠한 경우이든지 같은 십자가일 뿐이다.

디트리히 본회퍼(Dietrich Bonhoeffer)의 『나를 따라라』(*The Cost of Discipleship*, 1976, 98-99)

Sorrow and
Blood

현대 선교 현장의
박해와 순교 이야기

1

박해와
순교

WEAMC *omf*

제 2 부
역사로부터의 성찰

제6장 소아시아에서부터 근대 터키까지의 박해와 순교
제7장 중동의 박해와 순교
제8장 일본의 첫 순교자들
제9장 공산주의 이후 페레스트로이카 러시아
제10장 앙골라에서의 경험
제11장 전쟁과 가난 그리고 브라질 선교사들
제12장 나이지리아 선교사의 죽음 대비 훈련
제13장 르완다 종족 이념의 순교자
제14장 중국 교회와 국가의 관계
제15장 스리랑카의 박해와 순교 이야기
제16장 인도 교회의 새로운 카이로스
제17장 인도의 순교자가 된 선교사 그레함 스테인즈
제18장 베트남에서의 사역
제19장 이란의 에빈수용소에서 살아남기
제20장 인도 빈민 선교와 고난

제6장
소아시아에서부터 근대 터키까지의 박해와 순교

칼로스 마드리갈
(이스탄불개신교교회 설립자)

1. 교회의 무덤

소아시아 땅과 그 백성의 역사는 수세기에 걸친 교회의 고난과 깊은 상처와 그들을 향한 도전의 큰 증거로 오늘까지 남아있다. 이 땅은 기독교 신자들의 믿음과 관련해 의미 있는 큰 사건들이 집중되어 있다. 성지 이스라엘을 제외하고는 이 세상 어디에서도 그러한 증거를 그만큼 많이 찾아볼 수 없다. 이곳은 교회의 '요람'이라고도 부르는 곳이다. 이곳에서 초대 이방인 교회가 설립되었고 우주적 교회가 탄생했다. 여기에서 처음 선교사를 파송했고 교회가 온 지구촌으로 확장되는 기점이 마련되었다. 그리고 마침내는 요한계시록의 일곱 교회의 거점이 되어 이 땅에 존재하는 교회의 영광과 고난을 미리 내다볼 수 있는 본보기가 되었다.

그러나 수세기에 걸쳐 교회가 개척되고 엄청난 활력을 갖고 믿음의 산증인이 되었던 땅이 지금은 '교회의 무덤'이 되어 버렸다. 불행하게도 현재 기독교는 사실상 그 땅에서 송두리채 뽑혀나갔다. 그렇다면 20세기의 긴 기간에 걸쳐 과연 그곳에서 무슨 일이 벌어진 것일까?

무엇이 이러한 결과를 초래했는가?

그 대답은 이렇다. 수없이 많은 고난과 박해 그리고 순교가 그 원인이다.

소아시아는 티그리스와 유프라테스 강이 흐르는 곳이다. 그 강을 중심으로 에덴동산이 형성되었고, 아라랏 산이 있고 노아의 방주가 그곳에 정착했었다. 아브라함의 본 고향인 하란이 있고, 바울 사도의 출생지인 다소가 있고 첫 번째 선교사를 파송한 교회인 안디옥 교회가 있다. 요한 사도의 유배지였던 밧모 섬과 갈라디아, 비두니아, 이고니움, 트라스, 갑바도기아 그리고 마지막으로 소아시아의 일곱 '촛대'인 일곱 교회가 있는 곳이다.

이 시점에서 우리가 상기해야 할 것은 주님 이외는 아무도 교회의 일곱 촛대의 불꽃을 끌 수 있는 자가 없고, 또한 믿음의 공동체 이외는 그 불꽃을 계속 탈 수 있게 그 책임을 감당할 수 있는 자가 없다는 것이다. 그리고 주님께서 "예부터 무너진 곳을 다시 일으킬 것"이며 "오래 황폐하였던 곳을 다시 쌓을" 분이시며, "황폐한 성읍 곧 대대로 무너져 있던 것들을 중수할 것"이며, 그가 모든 민족에게 구원의 옷을 입히시며 기쁨과 공의의 겉옷을 더하실 것이다(사 61:4,10).[1] 현지에서

---

1 터키와 같은 장소에서는 "모든 백성들을 위한 축복"과 같은 성경 구절의 영적 적용이 말씀 안에 숨은 의도를 파헤치길 원하는 사람들에 의해 쉽게 왜곡될 수 있는데 그 이유는 우리의 목표가 마치 그들의 땅을 우리가 빼앗으려는 것이 아닌가하는 그들의 잘못된 생각 때문이다. 절대 진실이 아님에도 불구하고! 실제로 복음의 메시지에 정치적 내용을 가미한 이런 종류의 결의가 또 다른 형태의 박해이다. 이것은 기독교 사상의 합법성과 자유에 위협을 가하는 행위이다.

25년간 머물며 사역한 나는 이러한 곳에서 경험한 황폐함으로부터 큰 교훈을 배웠음을 확신한다. 우리는 그 교훈들을 마음에 담아 앞으로 다가올 큰 영적 회복을 대비해 우리 자신을 세워나가야만 할 것이다.

2. 소아시아를 위한 서신서

소아시아에 있었던 역경과 박해, 대학살은 어떤 역할을 했던 것일까?

나는 모든 역사적 사실들에 대한 단순하고 냉정한 평가를 하기보다는 고난으로 인해 승리하는 교회가 된 '내부자'의 이야기들(즉, *Acta Martyrum*)을 살펴보기 원한다. 베드로 사도가 "너희 형제들도 동일한 고난을 당하는 줄을 앎이라"(벧전 5:9)고 한 말씀은 이것에 대한 좋은 본보기가 될 수 있다. 베드로 사도는 이 말씀을 특별히 소아시아, 즉 본도, 갈라디아, 갑바도기아, 아시아와 비두니아에 '흩어진' 교회들을 위해 기록했다(벧전 1:1).

요한계시록의 기록 가운데 주님은 안팎으로 위협받는 소아시아의 일곱 교회에 말씀하셨다. 그들에게 말씀하실 때 경고와 칭찬이 섞여 있었으나 두 교회, 즉 서머나 교회와 빌라델비아 교회에는 꾸중하지 않으셨다. 이 두 교회에는 인정과 격려의 말씀만 하셨다.

그 이유가 무엇인가?

그들은 고난을 참고 견뎌 살아남은 교회였기 때문이다. 서머나 교회는 말씀 증거자들(목사와 전도자)이 고난을 받았고 빌라델비아 교회는 복음 선포에 대한 중상모략에 넘어가지 않고 꿋꿋하게 핍박을 이겨낸 교회이다. 주님은 고난 가운데 믿음을 신실하게 지켜낸 교회에 대해 잘못을 지적하지 않으셨다. 그들은 완벽한 사람들이나 공동체가 아니었으나 "그들의 몸에 그리스도의 십자가의 흔적"을 지니고 있었다. 그리고 그 고난의 영광이 그들의 모든 부족함을 완전히 가려주고 있다. 고난 받는 자들을 향한 주님의 은혜로운 대우는 그때나 지금이나 교회사 전체를 통틀어 변함없이 지속되고 있다.

현시대의 교회는 일상생활에서의 안락함을 추구하며 어떻게 하면 고통을 지워버릴 수 있을까에 몰두해 있다. 대조적으로 초대 교회는 어떤 댓가를 치르더라도 세상의 악을 제하기 위해 노력했다. 이들이 취한 이 두 가지 입장 중 어떤 것이 복음의 메시지와 그 목적에 더 합당한 것인가?

고통이 종식되는 것도 복음의 한 가지 목표이기도 하다. 그러나 그 것은 중심이 되는 중요한 목표라기보다는 이차적인 것이다. 치유라든지 우울증 환자를 위로하는 것, 필요를 위해 구하는 것, 행복을 추구하는 것, 이 모든 것들은 복음적인 삶에 필요한 요소들이다.

그러나 우리가 원하는 것이 질병도 없고 대적하는 세력도 없고 지속적인 성공만을 추구하는 것이라면 우리는 어디론가 떠내려가고 있는 것이 아닐까?

고통을 받지 않는 우리의 욕구 때문에 우리에게 희생을 요구하는 것은 어떤 것이든지 피하게 된다면 가장 어려운 지역에서 복음을 전할 때 직면해야 하는 큰 어려움은 피하게 되고 우리 자신에게만 갇혀 있게 되지 않을까?

반대로, 교회의 목표가 희생이 요구되더라도 이 세상의 악에 대항해 싸우는 것이 된다면, 베드로 사도가 소아시아의 고난 받는 신자들에게 한 권면의 말씀이 우리에게 매우 의미심장하게 다가올 것이다.

"그리스도께서 이미 육체의 고난을 받으셨으니 너희도 같은 마음으로

갑옷을 삼으라 이는 육체의 고난을 받은 자는 죄를 그쳤음이니"(벧전 4:1).

만약 우리가 우리의 사명인 '죄'와 '악'과 대항해 싸우는 세계관을 다시 회복하길 원한다면 우리는 히브리서 12:4 말씀에 나타난 것과 같은 정신적 무장을 해야만 한다. 우리에게 당한 고난이 피 흘리는 데까지 가는 것이라 할지라도 그렇게 해야 한다. 이는 육체의 고통을 자초하거나 고통을 일부러 찾아다니는 것이 아니다. 떳떳하게 하나님의 왕국을 추구함으로 직면하게 될 궁극적 댓가를 다시 찾아야 할 따름이다. 그 목표는 악을 극복하는 것이며 그 댓가는 희생적 자기 부인이다.

3. 디오클레티아누스가 심어놓은 씨앗

교회 역사의 처음 3세기 동안 로마제국은 크게는 열 번에 걸쳐 기독교를 박해했다. 소아시아 땅에서 박해가 있었을 때 안디옥의 주교였던 순교자 이그나시우스(Ignatius, AD 68-107)는 "나는 하나님의 밀알이 되어 맹수(로마)의 이빨에 갈려서 그리스도의 생명의 떡으로 발견될 것이다"(『로마에 보내는 서신』[Epistle to the Romans VI], 1)라는 유명한 말을 남겼다.

서머나 교회의 주교 폴리캅(AD 74-155)은 그를 처형하던 교도관에게 "내가 86년간 섬겼던 주님은 내게 어떤 해도 끼치지 않았는데 내가 그런 나의 왕 나의 구세주를 이제 와서 어떻게 모욕할 수 있겠는가?

당신이 타오르는 불꽃 가운데 나를 집어넣고 한 시간 동안 위협하겠지만 그 불꽃은 곧 꺼질 것이다. 그러나 당신은 다가올 심판과 꺼지지 않는 영원한 심판의 불꽃이 있다는 것을 모르고 있지 않은가"(『폴리

갑의 순교』[*Martyrdom of Polycarp*], ch. 9,11)라고 말했다. 그가 순교한 후 터툴리안(Tertullian, AD 160-220)은 "순교자의 피는 교회의 씨앗이 되었다"고 말했다.

박해가 기독교를 지워버리지는 못했다. 온갖 박해에도 불구하고 어쩌면 그것 때문에 기독교 신자들은 로마제국에서 살아남았을 것이다. AD 303년과 313년 사이에 디오클레티아누스(Diocletian) 황제는 그 당시 소아시아에서 시행되었던 가장 극심하고 처참한 전 로마제국 차원의 박해를 공포하고 승인했다. 이는 아마도 갈러리우스(Galerius)가 부추겼을 것이라 추측된다. 로마제국의 통치하에서 모든 순교 사건의 절반이 이 시기를 전후로 일어났다고 전해지고 있다.[2]

유세비우스는 그의 책 『교회사』(*Ecclesiastical History*, n.d., 2-3)에서 그리고 동시에 락탄티우스(Lactantius)는 『박해자의 죽음』(*Death of the Persecutors*, n.d., 1-5)에서 이와 동일한 사실을 보고하고 있다. 박해의 물결이 얼마나 강력했는지 디오클레티아누스는 "그리스도인이라는 이름은 완전 소탕되었다"[3]라는 문구가 적힌 비석을 세우기까지 했다. 오늘날도 고대 니코미디아(Nicomedia)의 궁전이었던 현대 터키의 도시 이즈밋(Izmit)에 이 비석이 그대로 남아 있다.

---

2 18세기의 역사가인 Edward Gibbon은 기독교 대박해 기간 동안에 희생된 순교자의 수자를 최대한 2,000명으로 줄여 잡았고, 전 로마제국 기간 동안에 희생된 총 합계 수자를 4,000명으로 잡았다. 현대의 역사가들은 그 당시의 희생자 수를 정확하게 말할 수 없다고 주장하며 그 때의 순교자 수자는 10,000명에서 100,000명이 되지 않았을까 추측하고 있다. "L. Hertling의 계산에 의하면 1세기의 후반 50년 네로 황제와 도미시안 황제의 통치 때의 순교자 수가 5,000명에 달하며, Septimius Severus, Decius, Valerian, Aurelian 황제들이 통치한 2세기 동안에는 20,000명, 그리고 3세기 후반과 4세기 초에 통치한 Diocletian, Galerius, Maximinus Daja 때 약 50,000명에 달한다. 이 모두를 합산하면 로마제국의 박해로 인한 순교자의 수자가 대략 100,000명으로 추산된다"(Gomez, 2001, 104-5).

3 "Extincto nomine Cristianorum"(Harold, 2008, 58). 이와 같은 문장이 동전에 무늬와 같이 새겨졌다. "크리스천의 이름을 말살시킨 디오클레티아누스 황제."

1998년 주님께서 우리로 하여금 이즈밋(Izmit, "이즈미르" 혹은 서머나와 혼동하지 않도록 주의)에서 사역을 시작할 수 있도록 인도하셨다. 일 년간 교회 개척을 한 후 우리가 교회로 사용할 수 있는 빌딩을 구하기로 결정했을 때 한정된 돈으로 가능한 곳을 찾아야만 했다. 1999년 8월 17일 리히터 지진계로 7.4를 기록한 지진이 그 도시를 강타했다. 불과 45초 만에 35,000명이 사망했다! 우리 교회 빌딩은 세계 각처의 복음주의 단체에서 보내온 구호물자들을 나눠주는 센터가 되었다. 우리 교회는 피해를 입지 않았으나 주위의 여러 빌딩들이 무너져 내렸다. 그 때 그 무너진 빌딩에 숨겨졌던 디오클레티아누스 궁전의 유적이 그 모습을 드러냈던 것이다!

　1백만 명 넘게 사람이 거주하던 그 넓은 지역에서, 우리가 알지 못하는 가운데 로마의 역사를 통틀어 가장 순교자들의 피를 많이 뿌렸던 궁전 바로 그 위에 교회를 개척한 것이다.

　그것이 과연 우연의 일치인가 아니면 하나님의 섭리적인 인도인가? 우리가 터툴리안의 "순교자의 피가 교회의 씨앗이다"라는 말을 기억한다면 그 대답은 명확해진다! 이 작고 연약한 교회가 모든 장애들을 극복해 가며 오늘날도 거기에 남아있다.

4. 박해의 열매

　디오클레티아누스가 통치하는 동안 황제의 개인 경호를 맡은 게오르기오스(Georgios)라는 군인이 기독교 탄압에 참여하라는 명령을 받았다. 그는 명령에 복종하는 대신 자신이 기독교 신자라는 것을 공개적으로 선언하고 황제의 결정에 반기를 들었다. 분노한 디오클레티아누스는 그를 고문하라고 명령했다. 그는 한마디의 불평 없이 그 고통을 참아냈다. 그는 결국 사형에 처해졌다. 게오르기오스는 니코미디아(이즈밋)의 성벽 밖에서 303년 4월 23일 참수 당했다. 그의 고난의 간증이 알렉산드라 황후에게 확신을 갖게 했으며 이름이 알려지지 않은 이교도 여사제를 기독교로 개종시켰다. 그들도 역시 결국에는 게오르기오스와 함께 순교의 대열에 참여하게 되었다. 오늘날 이 순교자가 성 조지(St. George)로 알려져 있는 사람이다.

니코미디아와 갑바도기아(Cappadocia)와 같은 곳에서 있었던 박해의 역사는 비록 처음에 외관상으로 교회 자체가 스스로 존속하고 팽창하는 모습을 보였지만 박해와 순교가 어떻게 교회를 재부흥시켰는가에 대한 증거를 보여주며 또한 궁극적으로 모든 악의 세력에 대한 장대한 승리였음을 보여준다. 고난의 역사를 통해 복음의 궁극적 목적이 성취된 것이다.

한편으로는, 이러한 박해들이 갑바도기아 동굴에서 교회가 간직한 위대한 예술적 유산의 씨앗을 남기게 되었음을 증명해 주고 있다. 다른 한편으로는 이러한 역사적 사건들이 대중들의 의식에 큰 영향력이 있는 이야기로 떠오르기도 했다. 즉 성 조지와 용에 관한 전설이다. 이 두 가지 이야기들은 검증되지 않았고 신비적인 측면이 있지만, 믿음으로 드린 희생은 어떤 것이라도 신자들의 믿음을 회복시키며 재부흥하는 데 필요한 씨앗이 된다는 교훈을 준다.

로마에서의 처참한 피 흘림의 박해가 끝나면서 로마제국은 마침내 기독교를 인정하는 방향으로 가게 되었다. 그러나 점차적으로 더 무섭고 새로운 형태의 박해가 그 뒤를 잇게 되었다. 그것은 기독교 신자들 간에 발생한 적대감과 기독교와 다른 종교 간에 발생한 적대감을 통해서이다. 이러한 움직임은 십자군전쟁과 종교 재판에서 그 절정을 이루었다. 이 새로운 형태의 박해들은 그리스도의 이름으로 자행된 것이기 때문에 한층 더 무서운 것 이었다! 이는 15세기를 맞이하는 소아시아의 상황을 이해하는 데 있어서 피할 수 없이 다루어야 할 사건이다.

십자군전쟁이 우리가 다루는 주제와 아무 상관이 없는 것 같아 보이지만 이 이야기를 하지 않으면 안 된다. 십자군전쟁은 중동과 아시아 전역에 치유되지 않는 깊은 상처를 남겼다. 더욱이 이 상처는 역사적으로 무슬림들의 기억에만 있는 것이 아니라 같은 기독교 종파인 정교회와 아르메니안, 네스토리안 그리고 콥틱 교회 신자들의 기억에도 남아 있다.

나의 터키 친구들이 종종 십자군전쟁과 종교재판을 동전의 양면이라고 언급할 때 나는 "우리 개신교 신자들"도 유대인이나 무슬림들과 한가지로 이러한 박해, 즉 종교재판에 의한 희생자들이라고 말한다. 우리는 '기독교'가 초래한 이 두 재앙으로부터 절대 자유로울 수 없다. 우리는 그리스도의 이름으로 자행된 이 잔악한 범죄 행위를 인정하고 그들에게 용서를 구해야 한다. 그래야만 우리가 다른 부당한 행위를 거부할 수 있는 권위를 갖게 된다. 박해가 모멸과 고통을 가져다주었다면 용서와 사과할 줄 아는 것은 비록 그것이 희생자의 입장일지라도 위엄과 치유를 경험할 수 있게 한다. 궁극적으로 그것은 우리를 그의 영광에 참여케 하며(벧전 4:14) 다가올 그의 공정한 심판을 알리는 자로 서게 한다(살후 1:4-6).

박해를 신적 섭리의 결과로 받아들이기 시작할 때 비로소 우리는 희생자가 아닌 승리자가 되는 것이다. 이러한 마음의 변화는 주님이 우리에게 주신 온전한 자유를 미리 앞당겨 향유할 수 있게 한다. 몇 년 전에, 고난받는 예레미야 선지자의 말씀이 나에게 귀중한 교훈으로 다가왔다.

> "이것이 사람에게 좋으니 … 자기를 치는 자에게 뺨을 돌려대어 치욕으로 배불릴지어다 이는 주께서 영원하도록 버리지 아니하실 것임이며 그가 비록 근심하게 하시나 그의 풍부한 인자하심에 따라 긍휼히 여기실 것임이라"(애 3:27, 30-32).

순교는 박해를 당한 사람들이 그들을 박해한 사람들을 온전히 용서할 때 가장 큰 영향력을 발휘할 수 있다. 이것은 궁극적으로 진정한 영향력을 미칠 수 있는 복음의 씨앗을 뿌릴 수 있도록 돕는 것이다.

> "주여 이 죄를 그들에게 돌리지 마옵소서… 그 흩어진 사람들이 두루 다니며 복음의 말씀을 전할 새"(행 7:60; 8:4).

5. 근대 터키를 향하여

8세기에 이슬람교가 빠르게 확산되면서 15세기 말과 16세기 초반 지중해 지역의 종교적 구도와 지도는 급격하게 변화되었다. 비잔틴제국의 수도인 콘스탄티노풀(Constantinople)은 오토만(Ottomans, 1453)의 손에 넘어가게 되었다. 우마이야 왕조(Umayyad Caliphate)의 마지막 수도인 그라나다(Granada)는 스페인 국왕(1492)에 의해 재정복되었고 그 결과 무슬림들이 이베리아(Iberian) 반도로부터 추방되었다(1502). 오토만이 그들의 제국을 실제적으로 비엔나(Vienna, 1529)의 문턱까지 확장해가는 동안 루터는 비텐베르그(Wittenberg, 1517)의 문 앞에 95개

조항의 선언문을 게시했다.

　오스만 투르크(the Ottoman Turks)는 비이슬람 지방자치제를 운영함으로써 서로 다른 민족 집단들을 형성하게 했다. 이러한 '민족 집단' 제도는 종교적 종파에 의해 구분되었다. 통치자 집단이었던 무슬림 외에 다른 '민족'에 속하는 집단들은 유대인, 아르메니안, 가톨릭(19세기에는 개신교까지 있었다), 그리고 마지막으로 무슬림 다음으로 지위가 높은 정교회가 있었다. 이러한 민족 집단들은 상당한 자율성을 누릴 수 있었으며 그들의 종교 지도자들에 의해 통치를 받았다. 이 제도는 19세기 민족주의가 팽창해 국가의 독립을 스스로 선언하고자 했던 시기까지 계속 유지되었다.

　그리스의 독립을 시작으로 제1차 세계대전이 시작될 즈음에 유고슬라비아, 알바니아, 헝가리, 루마니아, 불가리아 등의 발칸 반도 지역이 독립을 선언했다. 그 당시 기독교 자치 민족 집단이 서방에 동조하고 오토만 제국을 종식시키려는 이단적인 세력으로 부상하기 시작했다. 이러한 상황 가운데 의심의 물결이 일어났고 "우리 뒤뜰에 있는 적들을 쳐부수자"는 위기의식을 불러일으켰다.

　1915년, 폭동이 일어날 것을 미연에 방지한다는 미명 하에 터키의 동부 지역에 거주하던 아르메니안들을 강제로 추방시켰고 그 결과 그들은 그곳에서 탈출하면서 미증유의 큰 폐해를 낳는 고통을 겪었다. 아르메니안들을 의심의 대상으로 삼아 큰 타격을 가했던 것이다. 그 당시의 대학살로 희생된 사람의 수를 어떤 이들은 30만 명이라고 하고 또 다른 이는 150만 명이라고 주장하고 있다. 터키인들의 뇌리에는 대제국에 대한 소수 민족들의 '배신'에 대한 반감이 자리 잡고 있었다. 이러한 의심을 확신하게 된 것은 1919년 세계 총대주교청 관할 교구에서 그리스 군대가 서부 아나톨리아(Anatolia)를 침공한 것을 칭송한 것이 계기가 되었다. 그 시점으로부터 총대주교청 관할 교구와 소수민족 집단으로 형성된 국가들은 많은 터키인들에게 '서방 기독교와 내통하는 자들,'[4] 즉 숨어있는 반역자들의 집단으로 인식되었다.

우리가 여기에서 상세한 내용들을 모두 다룰 수는 없지만 1955년 9월 5일과 6일에 있었던 사건 즉 근대 터키인들에게 '검은 9월'로 기억되는 사건이 무엇 때문에 일어났는지에 대한 분석은 이 상황을 이해하는 데 있어서 매우 도움이 될 것이다. 이때 대중들의 정서는 사이프러스(Cyprus)에서의 갈등으로 인해 심히 불안한 상태였다. 기독교 신자들과 유대인 소수민족과 그들의 상권이 집중되어 있는 이스탄불(Istanbul)의 중심부에 폭력, 약탈, 살인 그리고 성폭행을 자행해 황폐화시켰다. 그 사건들은 실제로 일어나지 않았던 꾸며낸 거짓 소문에 의해 촉발되었다. 1881년에 태어난 터키 공화국의 창립자였던 무스타파 케말 아타튀르크(Mustafa Kemal Atatürk)의 생가가 있는 데살로니가(그리스)에 바로 전날 폭탄 테러가 있었다는 것이었다. 그 결과 폭도들이 그리스 소수민족들이 밀집되어 있는 상가 건물들을 습격해 5천 개 이상의 점포들을 9시간 동안 완전히 불태워버렸다.

유대인과 아르메니안 소수 민족들도 역시 피해를 입었다(Guven, 2005). 그 지역에서 가옥과 상점들, 그리고 교회와 묘지들을 할당해 주는 책임을 맡은 조직들이 폭도들을 뒤에서 부추겼다(Kocoglu, 2001, 25-31). 조사 출처에 따라 차이가 있겠지만 사망자 수는 11명에서 15명, 그리고 30명에서 300명의 부상자가 발생했고 60명에서 400명의 여자들이 성폭행을 당했다(Sword, 2009). 이로 인해 그리스 소수민족은 이스탄불로부터 다른 곳으로 이민을 가게 됐고(터키어로 '*Rum*'이라

---

4 터키어로 '*besinci kol*', 즉 스파이와 중상모략 세력으로서 터키 땅에서 처부숴야 할 대상이라는 의미로 해석된다.

고 함) 그곳의 그리스인 인구수는 1924년 13만5천 명에서 1978년에는 7천 명으로 감소했다(Kuyucu, 2005, 361-80).

이러한 부당한 행위들은 기독교 신자들의 믿음에 대한 직접적인 적대 행위라기보다는 자국에 대한 지나친 애국심이나 민족주의로 인한 사건들로 봐야 한다. 이러한 배경을 이해함으로 오늘날 근대 터키에서 기독교 신자들에 대해서나 그들이 전파하고자 하는 복음에 대한 거부 반응의 근본적 원인을 밝혀낼 수 있을 것이다.[5]

6. 새로운 시작

터키의 복음주의 사역은 50년간의 침묵 속에 그 명맥을 간신히 유지해 오다가 1960년대가 지난 후에야 비로소 새로운 출발을 하게 되었다. 19세기 말에 있었던 부흥의 결과는 사실상 하나도 남아있지 않았다. 오스만제국에 속했던 아나톨리아의 광대한 지역인 터키는 한때 기독교의 원조 세력이던 소수 부족들 사이에서 많은 부흥이 일어났다. 이러한 부흥을 경험한 사람들의 자녀들이 박해 사건이 일어났을 때 목숨을 잃었거나 혹은 다른 지역이나 대륙으로 떠나버렸다. 오늘날 그 남은 자손들이 아직도 유럽이나 미국에 흩어져 살고 있다.

그러나 1980년대에 들어와서 과거에 듣지 못했던 새로운 현상이 나타났다. 무슬림 배경의 터키인들이 기독교로 개종해 작은 '터키 개신교 교회'를 형성하기 시작했다. 여기에 '터키인'은 기독교 소수 민족이 아닌 '터키 본토인'을 의미한다. 1990년대에 들어서는 국가에서 공

---

[5] 모든 복음주의적 활동이나 기독교 신앙을 선포하고 변증하는 것을 이단 종파의 불법 개종 행위로 간주하고 그것을 또 서구 기독교가 숨겨놓은 전략적 분파로 여겼다.

식으로 인정받으며 모든 다른 종교들을 향해 그들도 이 세상에서 편견 없는 종파로서 여겨줄 것을 선포하려는 노력을 했다. 그러나 실제로 기독교 신자들은 본국인들에게 위협적으로 비추어졌다.

1990년대 말기에는 기독교 신자가 된 터키인 개종자들이 텔레비전 토론 프로그램에 나오기 시작했다. 그들은 자신의 믿음을 용감하게 간증했으며 이로 인해 온갖 비난을 감수해야만 했다. 2005년 국가보장위원회는 터키를 위협하는 3대 요소를 다음과 같이 규정했다. 즉, 쿠르드 테러집단, 이슬람 근본주의, 그리고 선교사들이 주도하는 기독교 개종 행위(Ic Guvenlik Strateji Belgesi, 2005)이다.

뉴스 보도 자료들은 소위 '불법 교회'로 불리는 가정들 속에 숨겨진 지하교회의 가상 숫자를 '수천'으로 보기 시작했다. 수십 억 달러를 주고 땅을 사서 사회 부적응 청년들에게 재정적 보장을 해준다고 속여서 현지인 선교사들을 모집한다는 의심스러운 소문이 개신교를 향한 적대감과 불안감을 불러일으키는 사회적 분위기를 조성하고 있었다. 이러한 두려움은 전 좌파 정당의 대통령 영부인 라흐샨 에제비트(Rahsan, Ecevit)가 2005년 일간지 기고문에서에서도 엿볼 수 있다.

"우리의 종교가 쓸려나가고 있습니다 … 우리나라에서는 교회들이 아파트 빌딩들 안으로 침범하고 있습니다. 우리 국민들이 여러 가지 자기 유익을 위해서 기독교 신자가 되고 있습니다. 불행하게도 정부 관리들은 이 모든 것들에 대해 눈을 감고 있습니다 … 나는 이 위장된 이단 종파에 의해 우리가 지배받지 않기를 원합니다. 나는 내 조국이 다시 본연의 자리로 돌아가길 원합니다."[6]

---

6 일간지 「Radikal」, 2005, 1월 3일자.

1990년대 중반에 5세 혹은 6세였던 아이들이 성장해 성인이 된 사람들은 기독교 개종을 '불법적'이고 '위협적'인 것으로 받아들였다. 즉, 그들은 기독교를 '국가를 전복하려는 보이지 않는 적'으로 규정하는 문화 가운데서 성장하여 선교사들을 '공공의 적 제1번'으로 간주하고 그들을 무찌르기 위해서는 어떤 일이든 할 수 있다고 선언하고 있다. 이 젊은이들 중에는 문자 그대로 기독교의 침략으로부터 자기 조국을 구해야 한다고 세뇌된 무리들이 있고 그들은 침략자들의 살해를 충동하는 극보수 민족주의자들의 사주를 받는 '총알받이'의 역할을 하게 되었다.

7. 괴롭힘

2008년에 퓨글로벌리서치(Pew Global Research)가 『세계동향연구』(*Global Attitudes*)에 기고한 내용에 따르면 근래에 기독교에 대한 적대감이 가장 많이 증가한 나라를 터키로 지목했다.[7] 이것은 터키에 완전한 종교적 자유가 있다는 터키인들의 대중적 의견과는 대조를 이룬다. 이러한 이분법에 대해 어떻게 설명할 수 있는가?

한편으로는 종교적 자유가 형식상으로는 보장되어 있고 일반 터키인들은 본토 기독교 신자들을 자연스럽게 용납하고 있다. 즉, 본토 기독교 신자들을 생각할 때 집세를 지불하는 것과 자녀들 학비를 충당하는 재정적 필요를 채우는 것이 그들의 유일한 관심사라고 간주하기

---

7 "2004년에는 싫어하는 종교 순위에서 터키인의 52%(절반 정도)가 기독교를 꼽았고 오늘날은 4명 중 1명(74%)이 이런 관점을 갖고 있다(http://pewresearch.org/pubs/955/unfavorable-views-of-both-jews-and-muslims-increase-in-europe)."

때문이다. 다른 한편으로는, 교육제도와 미디어가 십자군전쟁을 중심으로 터키의 국제 관계 발전에 관한 세계관을 자국민들에게 전달하고 있다. 이로 인해 자기 땅에 기독교가 확산되고 있다는 생각 자체가 그들에게 두려움을 자아내는 요소가 되고 있는 것이다. 이러한 두려운 감정은 개인적으로 뿐만 아니라 과격 단체나 공공 기관 등이 조직적으로 기독교에 대해 압력을 가하는 원인이 되고 있다.

이러한 적대감은 여러 가지 형태로 표현된다. 언어폭력에서부터 구타 행위 그리고 '기독교 신자'에 대한 어떤 작은 불만에 대해서도 곧바로 체포령이 떨어진다. 교회에 화염병을 투척하고 목숨을 위협하거나 살해를 자행하는 일이 벌어진다. 기독교 순교의 구체적 사례를 살피기 전에 복음 사역자들이 날마다 겪는 주위 환경에 대해 좀 더 논의해 보기로 하자.

이러한 조직적 괴롭힘의 가장 대표적인 것으로는 관료들이 기독교 신자들에게 법의 '조문'을 불리하게 적용시킬 때 발생한다. 다른 사람들에게는 '눈감아 주는' 것을 기독교 신자들에게는 법에 저촉되게끔 하는 것이다. 목사들에게 공중을 대상으로 종교 행위를 하는 것을 금지하는 법을 어겼다거나(TCK, 529) 또 교회 안에서 공중 예배를 인도했다고 벌금을 부과하면서 금요일에 많은 모스크 사원들이 거리를 점령하는 것에 대해서는 아무도 어떤 이의를 제기하지 않는다.

현지인 기독교 신자들의 경우 성경 통신 과정에 접속하거나 글을 올리는 것에 대해 자료 보호법 위반으로 수천 달러의 벌금이 부과되기도 한다. 종종 종교 집회로 등록된 구역이 아니라는 이유로 실외 집회 장소가 폐쇄되기도 한다. 한 교회는 숨겨진 무기고에 '납이 저장되어 있다'는 이유로 습격을 당했다. 경찰은 종종 교인들 명부를 요구하거나 새로 등록한 사람들의 신원 확인을 위한 신분증을 요구하기도

한다. 실제로는 현지 교회에서 자원 봉사자로서 교회 지도자를 돕는 외국인 가정들을 '불법 취업자'로 낙인찍어 추방시키는 경우도 있다.

한 외국인 목사는 설교자로 그를 초청한 교회가 아닌 다른 교회에 간 것을 문제 삼아 추방될 것이라는 위협을 받았다. 관료주의적 핑계를 명분 삼아 그 나라에서 합법적으로 피난민들을 돌본 것에 대해서도 벌칙이 내려졌다. 한 교회 건물은 그것이 지진 대비 규정을 충분히 지키지 않았다는 이유로 건물을 철거하라는 명령이 내려졌다. 복음을 공개적으로 증거하는 사람에게는 누구든지 공중 질서 위반이라는 이유로 전도 활동을 중단시킨다.

이러한 행위들은 항상 "우리는 오로지 법에 따라 한 것이다"라는 말로 합리화되고 있다. 그러므로 이와 같은 명분 뒤에 소멸과 동화를 위한 조직적 정책이 은밀하게 숨어 있다는 것을 입증하는 것은 매우 어려운 일이다.

터키는 명암이 함께 어우러져 있는 낙원으로 남아있다. 터키야말로 무슬림 인구가 가장 많은 국가이면서 이슬람으로부터 개종한 사람들로 구성된 공동체를 허용하는 유일한 국가라는 것을 간과해서는 안 된다. 그리고 또한 비록 그 절차가 매우 어렵고 값비싼 댓가를 지불해야 하지만[8] 교회 건물을 허가하는 유일한 무슬림 국가이기도 하다. 어떤 상황에서든지 문제를 법정에 가져가면 비록 오랜 시간이 지체되긴 하지만 국가가 개인의 권리와 자유를 존중하는 판결을 내린다.

터키는 텔레비전을 통해 전국적으로 무슬림과 기독교 신학자의 논쟁 프로그램을 방송하는 유일한 무슬림 국가이다(물론 그 토론은 기독교 신앙의 부패에 관한 것이다).[9] 그런 가운데 텔레비전과 라디오를 통해 복

---

8 http://www.youtube.com/warch v=7gCZ_Y9YcfA.

9 http://www.dailymotion.com/video/xd6219_haberturkozel-subtitles-eng-

음이 전파되는 것을 허용하고 있다. 이 땅은 평화의 안식처가 될 수도 있고 언제 폭발할지 모르는 화약고가 될 수도 있다.

새롭게 부상하고 있는 터키 현지인 교회는 터키인으로서의 정체성을 갖고 자국민들을 위해 봉사하고자 하는 확고한 의지를 갖고 그 사회가 공식적으로 인정받을 수 있는 장소로 탈바꿈할 수 있기 위해 오늘도 끊임없이 노력하고 있다!

8. 오늘날의 순교자들

우리가 앞서 살펴보았듯이 모든 적대감은 그에 대한 준비 기간을 갖고 있다. 박해에는 영적인 원인이 있음을 무시해서는 안 된다. 그러나 동시에 경제적, 사회적, 문화적, 혹은 정치적 원인들이 영적인 것에 영향을 줄 수 있는 것도 간과해서는 안 된다. 최근에는 이러한 요소들이 소아시아의 역사에서 기독교 신자들을 또 다시 흑암의 장으로 내몰고 있다.

세계 여러 지역에서 기독교 신자들이 어려운 상황 가운데 살고 있다. 이곳에서보다 훨씬 더 비극적인 삶을 살고 있다. 그러나 터키인들이 이슬람 세계의 관용과 자유의 모범을 갖추고 있는 나라이고 다른 사람들도 이것을 본받아야 한다고 주장하는 자만심에 사로잡혀 있다는 것은 불행한 일이 아닐 수 없다.

실제로 터키는 '침략자들'을 제거해야 한다는 메시지를 방송을 통해 내보내고 있다. 여기에 동의하지 않는 사람들도 기독교 신자들은

93mb_lifestyle.

잠잠히 있어야 하고 군중을 자극하거나 그들이 갖고 있는 '편견'에 동조하도록 선동해서는 안 된다고 생각한다. 터키의 일반 대중들은 희생자들이 비록 그들 스스로 자초하지 않았더라도 비극적인 사건과는 직면하지 않아야 한다는 생각을 지배적으로 갖고 있다. 믿기 흔들 정도로 희생자들에게 씌워진 죄목은 오스만 제국의 평화(*Pax Ottomana*)를 훼손했다는 최종 판결이다.

그러나 진정으로 평화를 깨뜨린 사람은 누구인가?

미안하지만 나는 이 글을 쓸 때 내게 아주 가까운 사람에게 영향을 주었던 이 문제에 대해 흥분을 감출 수가 없다. 평화 훼손자라는 혐의를 받고 죽임을 당한 전도자는 말에나 행동에 있어서 진정한 평화에 대해 설교한 사람이었다.

2006년 이래, 7명의 기독교 신자들이 극악무도하게 죽임을 당했으며 다른 미수로 그친 시도들도 있었다. 내가 '극악무도'라는 단어를 사용한 것은 어떤 경우는 고문을 포함해 잔인하게 계획적으로 살해했기 때문이다.

2006년 2월 5일, 흑해 연안의 트라브존(Trabzon)에 거주하는 가톨릭 교회 신부인 안드레아 산토로(Andrea Santoro)는 그의 교회에서 기도하던 중 머리에 두 발의 총탄을 맞고 쓰러졌다. 그의 죄는 무엇이었던가? 산토로는 창녀들을 수치스러운 삶으로부터 구해내려 했는데 그의 정직성과 놀라운 그의 간증이 어떤 사람들의 심기를 건드렸다는 이유였다. 그를 살해한 사람은 무함마드를 풍자한 만화가 공격적이었다는 근거를 대면서 자신의 죄악을 합리화했다.

2007년 1월 19일, 구원받은 신자이며 아르메니아 기자였던 후랑 딩크(Hrant Dink)는 이스탄불에 있는 아르메니아 신문사 사무실 현관 앞에서 총탄에 맞아 사망했다. 그 이유는 무엇인가?

후랑딩크는 용감하게도 아르메니아 종족과 터키 종족 사이를 가로막는 반목에 대해 그것을 조직적으로 부인하지 않아야 할 것과 서로가 진실을 받아들이고 화해의 길을 모색하려는 시도를 했기 때문이었다.

2007년 4월 18일, 3명의 개신교 신자들이 터키 남동쪽의 말라티아(Malatya)의 한 출판사 건물에서 고문을 당하고 살해되었다. 그들의 목이 잘렸다. 그들 중 두 사람은 이슬람으로부터 개종한 터키인인 36세의 네카티 아이딘(Necati Aydin)과 32세의 우구르 육셀(Ugur Yuksel)이었다. 터키 종족 교회에 속한 터키 신자로서는 첫 번째 순교자였다. 나머지 한 사람은 45세의 틸만 게스크(Tilmann Geske)로 독일인이었다. 그들이 지은 죄가 무엇인가?

성경을 나눠준 것과 친구들과 친척들을 모아 호텔에서 성탄절을 축하한 것, 그리고 관심 있는 사람들에게 복음을 전한 것이었다.

2007년 12월 16일, 천주교 신부인 아드리아노 프란시니(Adriano Francini)는 이즈미르(Izmir)에서 칼침에 맞아 부상당했다. 다행히 목숨은 건질 수 있었다. 이 사건이 있기 전날 그 괴한은 아나톨리아(Anatolia)에 있는 우리 교회에 전화를 했다. 몇 년 전에 그와 비슷한 전화를 받고 폭행을 당한 경험이 있었던 아나톨리아의 터키인 목사는 공손히 사과한 후 전화를 끊었다. 그 괴한은 서마나에 있는 다른 교회에 전화를 걸었다. 그는 인터넷에서 구입한 교회 명부를 갖고 있었던 것이 분명했다. 그가 이러한 행동을 하게 된 명분은 무엇인가?

그 괴한은 터키 TV 프로그램에 연속적으로 방영된 "이리들의 골짜기"라는 프로그램에서 기독교 신자들을 터키의 반역자로 묘사한 것에 영향을 받았던 것이다.

2009년 7월 20일, 이스탄불에 있는 파두아(Padua)의 성 안토니(St. Anthony) 가톨릭교회에서 나온 독일인 여행객인 그레가르 크레케링크

(Gregar Kerkelink)는 그날 아침 눈을 뜬 후 기독교 신자 한 사람을 죽일 결심을 한 어떤 한 괴한에 의해 길 한가운데에서 칼부림을 당했다.

2010년 6월 3일, 아나톨리아의 사도적 주교로서의 신분을 가진 루이지 파도베제(Luigi Padovese) 주교는 남동부 터키에 있는 안디옥에서 가까운 이스켄데룬(Iskenderun)이라는 도시에서 그의 운전기사에 의해 목에 칼침을 맞았다. 그 주교가 살해된 후 그 살인자는 지붕 위에 올라가 "알라는 위대하다"라고 외치면서(앞서 언급한 총살자 역시 그와 같이 외쳤다) "내가 마귀를 죽여 버렸다!"라고 소리쳤다.

복수가 즉각적으로 지체 없이 이루어지는 나라에서 앞서 언급된 모든 비극적 사건들로 인한 희생자들의 친척들과 기독교 신자인 친구들은 살인자들을 용서했고 그들을 향한 그리스도의 사랑을 간증했다. 나는 독일인 여행객을 제외하고는 그 모든 희생자들을 개인적으로 또는 지인들을 통해 간접적으로 알고 있었다.

이러한 사건이 우리와 가까운 사람들에게 일어날 때 우리는 무엇이라 형언할 수 없는 감정을 갖게 된다. 그것은 마치 분노와 승리를 한데 섞어 놓은 것과 같은 감정이다. 그러므로 나는 그 순교 사건을 경험한 이후로 내 삶에 슬픈 감동으로 각인된 세 개의 간증으로 순교자들의 삶과 죽음을 영화롭게 하길 원한다. 이 세 개의 간증은 이 땅의 비극 너머에 존재하는 영적 승리를 잘 보여주고 있다.

첫째는 산토로 신부의 장례식에서 주교단 제직들이 주께 찬양을 돌리는 가운데 매우 슬픈 마음으로 낭독했던 하나님의 말씀이다.

"내가 진실로 진실로 너희에게 이르노니 한 알의 밀이 땅에 떨어져 죽지 아니하면 한 알 그대로 있고 죽으면 많은 열매를 맺느니라 자기의 생명을 사랑하는 자는 잃어버릴 것이요 이 세상에서 자기의 생명을 미워하는 자는 영생하도록 보전하리라 사람이 나를 섬기려면 나를 따르라 나 있는 곳에 나를 섬기는 자도 거기 있으리니 사람이 나를 섬기면 내 아버지께서 그를 귀히 여기시리라"(요 12:24-26).

둘째는 주께 헌신된 신자인 후랑 딩크의 미망인 라켈(Rakel)의 회고록에 기록된 글이다. 2007년 1월 23일 이스탄불에서 그녀의 남편 장례식이 엄숙하게 거행되던 자리에서 그녀가 한 말은 아직까지도 그 여운을 주고 있다.

"나는 살인자가 갓난아이이었던 때를 알고 있습니다. 어떤 흑암의 세력이 이 갓난아이를 살인자로 변하게 했습니까? 우리는 이 질문을 해야만 합니다 … 왜냐하면 오직 사랑만이 우리를 천국으로 안내할 수 있기 때문입니다."

셋째는 자신의 죽음을 미리 감지한 상황에서 말라티(Malaty)의 순교자 중 한 사람인 네카티 아이딘이 쓴 시이다.

"나는 내 영혼을 죽음에 내어주었다.
그래서 나는 근심으로 부터 자유하게 되었다.
내가 죽음을 두려워하여 대면하기 싫어한다고 생각하지 말라.
죽음이여 우리에게 가까이 다가오라!
그대는 항상 우리 앞에 존재하고 있지 않은가?
나는 나를 그렇게도 사랑했던 사람들에게
작별 인사도 못하고 떠나가고 있다.
내가 떠나기 전에 내 영혼을

아름다움과 선함과 진리와 사랑으로
가득가득 채워야만 하는데 …
그래서 나는 순간순간마다 그 목표를 향해 달리고 있다.
어떤 한 순간도 놓치지 않고 목표를 성취하고자 노력한다.
그 궁극적 목표, 영원을 향하여!"

- 아이딘(2008년 12월, 46)-

9. 결론

　박해와 순교에 관해 소아시아의 실제적인 사례들과 그 지역의 길고 복잡한 문화와 역사의 배경과 관련하여 우리는 다음 세 가지의 교훈을 얻을 수 있다.

　첫째, 우주적 관점에서 볼 때 교회는 이 세상에 속하지 않았기에 우리는 이 세상의 안락한 삶에 의존할 수 없고 또한 그것을 추구해서도 안 된다. 교회의 주된 갈등이 어떻게 하면 박해를 피할 수 있을까에 매달리지 않고 오직 복음의 가치를 보존하려는 노력을 해야만 한다. 이 중심 사상이 사라질 때 교회의 간증 혹은 '촛대'는 함께 곧 사라지게 될 것이다.

　둘째, 역사적, 정치 사회학적 관점에서 볼 때 누구도 완전하지 않고 어느 누구도 먼저 돌을 던질 수 없다. 우리는 편을 가르지 않고 다만 예수께서 성육신하신 것과 같이 그들의 입장에서 상대방을 이해하려는 자세를 가져야 한다. 모든 불의에도 불구하고 우리는 적대감을 가진 사회를 사랑하고 그들을 용서함으로써 모든 증오심을 극복하는 것을 배워야만 한다. 이것은 불의에 대해 침묵해야 한다든지 이러한 악행을 합리화하라는 의미가 아니다.

셋째, 선교학적인 관점에서 볼 때 박해와 순교는 선교의 동반자이다. 예수께서 말씀하셨다.

> "사람들이 나를 박해하였은즉 너희도 박해할 것이요. 내 말을 지켰은즉 너희 말도 지킬 것이라"(요 15:20).

교회는 고통을 회피하는 '편안함'의 신학에 안주하지 않고 위험을 두려워하지 않으며 복음의 능력을 드러내기 위해 깨어 있어야 한다. 비록 그 여정의 끝에 십자가의 희생이 우리를 기다리고 있다 할지라도.

토의 질문

1. 신약성경에서 소아시아에서의 박해와 순교가 얼마나 큰 비중을 차지하는가?
   이 문제가 신학계에서나 일반적인 기독교 신자들의 관심을 불러일으킬 만큼 의미가 있겠는가?
   그 이유는 무엇인가?
2. '박해와 순교'에 관한 주제는 단지 초대 교회에만 국한된 문제인가 아니면 박해에 직면하고 있는 다른 지역에도 적용되는가?
   교회가 어떤 사회에서 그 지역에 정착하고 존경을 받는 위치에 올라가는 것은 과연 타당한 것인가?
   베드로전서는 '정착된' 교회가 그 곳에서 어떻게 행해야 하며 그 지역사회에 얼마나 참여해야 한다고 말하는가?

3. 이 주제가 모든 교회와 성경학교, 사역, 또는 현대 기독교 기관에 공통적으로 적용되는 중요한 사실이라면 박해와 순교가 우리의 우주론과 우리가 사회 정치적 활동에 참여하는 일과 선교에 대한 우리의 헌신에 어떤 영향을 미칠 수 있는가?
4. 박해와 순교의 상황을 놓고 보았을 때 우리는 한 개인의 삶에 대한 '성공'을 어떻게 측정할 수 있는가?
만약 어느 선교 사역에서 기하급수적인 성장이 이루어 지지 않고 오로지 반대 세력만 등장할 때 이것을 실패의 징후로 보아야 하는가? 이런 경우에 봉착할 때 선교사는 그 사역을 포기하고 그 지역을 떠나 보다 더 '생산적인' 다른 지역을 찾아 옮겨가야 하는가?

참고 문헌

- Aydin, N. 2008. *Benim Adim Göklerde Yazili*. Istanbul: Gercege Dogru Publishers.
- Eusebius. n.d. *Historia Ecclesiastica, VIII*, iv. 2-3.
- Guven, D. 2005. 6-7 Eylül Olaylari. *Radikal*.
- Harold, J. S. 2008. *Why You Can Have Confidence in the Bible*. Eugene, OR: Harvest House.
- Internal Security Strategy Document. 2005. *Iç Güvenlik Strateji Belgesi*. October, 31, http://ikincicumhuriyet.org.
- Koçoglu, Y. 2001. *Azinlik Gençleri Anlatiyor*, Istanbul: Metis Publishers.

- Kuyucu, A. T. 2005. Ethno-religious unmixing of Trukey: 6-7 September riots as a case in Turkish nationalism. *Nations and Nationalism* 11, no. 3 (July).
- Lactantius, n.d. *De Mortibus Persecutorum X*: 1-5.
- *Martydom of Polycarp*. Author and date unknown, c. AD 169. Text available at: http://www.earlychristianwritings.com/text/martydompolycarp-hoole.html.
- Saint Ignatius, n.d. *Epistle to the Romans VI*, 1.
- Sword, Ecevit. 2009. 400 Kadina Tecavüz Edildi. *Sabah Newspaper*. 26 Eylül.

글쓴이

칼로스 마드리갈(Carlos Madrigal)은 스페인 바르셀로나 출신이며 로사 마리아(Rosa Maria)와 결혼한 세 자녀의 아버지이다. 그는 예술감독, 목사, 그리고 작가이다. 그는 1985년 이래 주님을 섬겼으며 터키에서 공식적으로 인가를 받은 최초의 복음주의 교회인 이스탄불개신교교회를 개척하고 설립했다. 또한 『무슬림에게 삼위일체 하나님을 증거하는 방법』(*Explaining the Trinity to Muslims*, 2011)을 포함해서 터키어와 영어로 쓴 십여 권 이상의 책을 저술한 작가이기도 하다.

제7장
중동의 박해와 순교

이집트 목회자

1. 서론

세계의 많은 기독교 신자들은 기독교가 중동에서 탄생했다는 역사적 사실을 잘 모르고 있다. 심지어는 중동의 기독교가 이슬람 공동체 내에서 개척된 소수 공동체라고 알고 있는 사람들도 만나게 된다. 중동의 교회는 1세기에 이미 세워졌고, 2천여 년 전부터 기독교 신자들이 존재해 왔다는 사실을 이해해야 할 필요가 있다.

비록 7세기에 이슬람의 침략으로 교회가 큰 위기에 직면하기도 했고 그 이후에는 이슬람 문화를 강요해 국가의 민족적 정체성의 혼란을 겪어왔지만 교회는 살아남았다. 많은 아랍 국가에서 고대 기독교의 발자취를 찾기 어렵지만 일곱 개의 중동 국가에서 생존하고 있을 뿐만 아니라 흑암 가운데에서 빛과 소금의 역할을 하는 이 교회들로 인해 하나님께 영광을 올려 드린다. 이집트, 수단, 레바논, 요르단, 시리아, 이라크, 그리고 팔레스타인에 교회들이 견고하게 존재하고 있다. 그 가운데 이집트는 전체 인구의 8~12%에 달하는 가장 높은 기독교 신자의 비율을 유지하고 있다.

2. 십자군

예루살렘을 되찾기 위해 무슬림들과 싸운 것은 아랍 세계의 비극적인 경험이었고 그 영향은 11세기부터 오늘날에 이르기까지 계속되고 있다. 아랍 공동체는 서구로부터 수만 명의 군사들이 진격해 오는 것을 보았고 그들이 원하는 것을 받아들이기가 어려웠다. 이 군사적 접근은 이슬람 세계의 기독교에 대한 적대감의 불에 기름을 붓는 결과를 초래했다. 이슬람의 관점에서 볼 때 십자군은 그들의 국가를 파괴하기 위한 서구 기독교 세계의 침략에 지나지 않았다. 일부 이슬람 진영은 십자군이 아랍 세계에 기독교를 전파하려고 했다고 선전하고 있다. 이슬람은 모든 다른 종교들에 대해 불관용의 종교라는 사실을 잊지 않아야 한다.

아랍 세계 전체에서의 기독교의 최근 분위기는 '보이기는 하는데 들리지는 않는' 것으로 표현할 수 있다. 무슬림들의 사고방식에는 두 가지 관념이 존재한다.

첫째, 열등한 2급 시민에 불과한 기독교 신자들을 지역사회에서 척결하거나 사회적 압력을 가해야 한다고 믿고 있다.

둘째, 기독교 신자들이 머무는 것은 환영하지만, 권리를 주장하는 목소리를 낼 수 없고 차별을 받아도 무방하다고 생각하는 것이다.

그러나 기독교 신자들이 점점 담대해지고 있고 이 두 가지 사고방식을 거부하고 있다. 무슬림 인구가 증가하는 것을 우려해 전도 활동도 지속적으로 펼쳐나가고 있다. 이러한 열정의 결과로 기독교가 성장하고, 새 신자가 생기는 것을 방지하기 위해 박해를 가하고 있다. 최근에는 교회를 불태우고 교회가 새 건물을 건축하지 못하도록 방해하기도 한다. 이런 의미에서 오늘날의 박해는 이슬람의 사고방식 가운데 깊이 뿌리를 내리고 있는 불관용의 태도와 이 뿌리가 뽑힐 가능성은 거의 없다는 것을 보여주고 있다.

3. 미리암[1]

박해가 매우 현실적인 문제이기는 하지만 그 가운데에서도 하나님은 역사하고 계신다! 지난 수년간 우리는 많은 무슬림들이 그리스도의 복음을 접했고 주님께 돌아오는 것을 볼 수 있었다. 많은 사람들이 꿈과 기적을 통해 복음을 발견하기도 하고 빛 가운데로 나아가기 위해 멀고 험한 여정을 떠나기도 했다. 이러한 회심자들은 박해와 위협의 주요 대상이 되고 있다. 지역교회들은 다양한 방법으로 이들을 돕고 있다. 박해는 가족, 지역사회, 그리고 정부 당국 등으로부터 전방위적으로 가해지고 있다. 일부 회심자들의 가족은 비교적 관용을 베풀지만 지역사회와 정부 당국은 가혹한 낙인을 찍고 있는 것이 사실이다.

미리암(Miriam)의 사례도 그 가운데 하나이다. 그녀는 즐겁게 생활하고 삶에 대한 열정을 가진 밝고 쾌활한 법대생이었다. 그녀는 대학생활을 하는 동안 신약성경을 통해 주님을 영접했고 교회의 지도자

---

[1] 보안 문제로 가명을 사용하였다.

들로부터 그리스도의 제자로 양육을 받았다. 그녀는 비밀 신자가 되었고 지역교회에서 친구들을 비롯해 무슬림 배경의 회심자(Muslim-background believers, MBBs)들과 교제하는 가운데 믿음을 키워 왔다.

미리암이 졸업할 때가 다가오자 그녀의 부모가 무슬림 남성과 결혼할 것을 강요하여 많은 사람들이 그녀의 미래에 대해 염려했다. 주위의 다른 기독교 신자들이 그녀에게 해 줄 수 있는 가장 좋은 조언은 다른 나라로 가서 새로운 삶을 시작하는 것이었다. 미리암은 신중하게 그 조언을 들었지만 가족에게 복음을 전하지 않고는 이집트를 떠나지 않겠다고 결심했다. 예수님이 나를 위해 죽었을 만큼 나를 사랑하시고 나를 위해 영원한 삶을 예비하셨다는 진리가 그녀를 완전히 변화시켰고 그녀는 가장 친한 사람들에게 이 진리를 숨길 수가 없었다.

이러한 변화가 무슬림 배경의 회심자들의 삶 가운데 얼마나 큰 진전인가에 대해 과소평가하지 않아야 할 것이다. 이 복음의 메시지를 받아들일 것이라는 보장이 전혀 없고, 오히려 부모가 그 자녀를 이슬람으로 다시 돌아오도록 하기 위해 극단적인 상황으로 몰아갈 수도 있는 것이다.

명예가 무슬림 세계의 가장 중요한 가치관이기 때문에 종교의 자유가 들어설 자리가 없다. 이슬람 신앙을 버리는 것은 곧 가족과 공동체 전체에 엄청난 수치와 불명예를 초래하는 행위로 간주하고 있는 것이다. 이런 일이 발생할 때는 굶주림, 폭력, 투옥, 그리고 이슬람 성직자가 신앙과 관련된 재교육을 실시하는 등 온갖 수단과 방법을 동원한다.

미리암은 자신에게 닥칠 위험을 잘 알고 있었지만 이집트를 떠나기 전에 그녀의 가족에게 복음을 전하기로 결심했다. 그녀의 부모가 어떻게 반응할지에 대해서는 누구도 짐작할 수 없었다. 어머니는 큰 충격을 받았고 가족뿐만 아니라 친척들과도 이 문제를 의논해야 한다고 말했다. 그 결과 그들은 미리암을 가족으로부터 완전히 결별하는 것만이 유일한 해결책이라고 결정했다.

몇 주가 지났고 우리는 미리암으로부터 어떤 소식도 들을 수 없었다. 우리는 무척 염려가 되어 사람을 보내 이웃 사람들을 통해 그녀의 행방을 알아보게 했다. 그녀가 발코니에서 뛰어내렸다는 이야기가 들려오기도 했고, 어떤 사람은 그녀가 당뇨병성 혼수상태에 빠져 숨졌다고 말하기도 했다. 우리는 이런 소문들을 믿을 수가 없었고 정확한 정보를 얻기 위해 몇 명의 신자들을 경찰서로 보냈다. 경찰은 "아, 그래요. 기독교 신자인 그 젊은 여성은 부모가 돌보고 있어요"라고 간단하게 대답했다. 그러나 얼마 후 삼촌이 7층에서 그녀를 던져버렸다는 사실을 알게 되었다. 그녀는 24세에 불과했다.

4. 살레[2]

미리암의 사례가 보여주는 바와 같이 무슬림 배경을 가진 회심자들의 삶은 지역사회에서 마땅히 제거되어야 할 개인적인 의견에 불과하다는 사실을 알 수 있다. 정부는 기독교 신자들의 신분증을 바꾸려고 하지 않고 그들을 여전히 무슬림 취급을 하여 이슬람의 관습을 지킬 것을 요구하고 있다. 이것은 가정생활에도 큰 영향을 끼치는데 심지어 기독교 신자 가족들도 무슬림 학교에 가야만 하도록 강요하는 것이다. 그들은 거의 언제나 고립되고 위협을 받고 극단적인 감정적,

---

2 보안 문제로 가명을 사용하였다.

정신적, 그리고 신체적인 고통을 당하고 있다.

살레는 부유한 가정에서 태어났고 재정적 여유와 특권을 누리며 성장했다. 그는 가능한 오랫동안 자신의 믿음을 숨기려고 노력했지만 결국 드러날 수밖에 없었다. 그는 가족으로부터 버림을 받았고 상속자의 자격도 박탈당했다. 살레는 다른 도시로 떠났고 다시 일을 시작해 새로운 공동체에 하루빨리 적응하려고 노력했다. 그가 전도, 예배 참석, 그리고 다른 회심자들과의 교제 등을 통해 기독교 신자로서의 삶을 활발하게 살기 시작하자 비밀경찰에 신고가 들어갔다.

살레는 체포되어 사방이 막힌 작은 방에 투옥되었고 잔혹한 고문에 시달렸다. 그의 죄목은 꾸란과 무함마드에 대한 신성모독이었다. 이런 죄목에는 통상 3년에서 7년 정도의 투옥 판결이 나오고 국제적인 개입이 없는 경우에는 거의 풀려날 가능성이 없는 것이 현실이다. 비밀경찰은 그를 몸을 움직이거나 잠조차 제대로 잘 수 없는 작고 어두운 감옥에 가두어 밤에 잠을 자지 못하도록 얼음물을 붓기도 하고 낮에는 인분을 부어가며 고문을 했다. 살레는 여전히 예수 그리스도에 대한 자신의 믿음을 포기하지 않았다. 그는 지속적인 채찍질과 전기 고문을 당했고 지금도 그 고통에 시달리고 있다. 우리는 마태복음 10장의 예수님의 말씀을 잊을 수 없다.

"보라 내가 너희를 보냄이 양을 이리 가운데로 보냄과 같도다 그러므로 너희는 뱀같이 지혜롭고 비둘기같이 순결하라 사람들을 삼가라 그들이 너희를 공회에 넘겨주겠고 그들의 회당에서 채찍질하리라 또 너희가 나로 말미암아 총독들과 임금들 앞에 끌려가리니 이는 그들과 이방인들에게 증거가 되게 하려 하심이라 너희를 넘겨 줄 때에 어떻게 또는 무엇을 말할까 염려하지 말라 그 때에 너희에게 할 말을 주시리니 말하는 이는 너희가 아니라 너희 속에서 말씀하시는 이 곧 너희 아버지의 성령이시니라"(마 10: 16-20).

독방 감금의 기간이 끝난 후 살레는 "미치거나 아니면 하나님을 만나는 경험"이었다고 말했다. 주님은 살레가 투옥되었던 9개월 동안에도 여전히 신실하게 그와 함께하셨다. 그의 믿음의 삶과 가족의 보호를 위해 기도하자.

5. 이집트 기독교 공동체에 대한 박해의 영향

이집트의 기독교 신자들에게 지속적으로 탄압과 차별이 가해지고 있다. 교회 건물을 신축할 수 없는 등 다양한 방면의 차별이 일상적으로 일어나고 있다. 만약 당신이 무슬림들에게 직접적으로 전도한다면 체포되거나 납치될 가능성이 높다. 이러한 탄압은 대부분의 경우 비이성적이고 근거가 없는 증오에 그 뿌리를 두고 있다. 최근에 이집트의 미니아(Minya) 주에서 발생한 사건을 보면 간단한 대화조차도 폭력적인 군중들의 무책임한 공격으로 악화될 수 있음을 잘 보여주고 있다.

어느 부활절에 한 무슬림 남성이 운전 도중에 예기치 않은 과속방지턱 때문에 교통사고를 당했다. 그는 차에서 빠져나와 누구에게 책임이 있는지를 파악하기 시작했다. 그는 기독교 신자가 안전을 위해 자신의 집 앞에 과속방지턱을 설치했다는 사실을 알게 되었다. 그 운전자는 이 사실을 알게 된 직후 그 집 주인에게 욕설을 퍼붓기 시작했다.

집 주인은 기독교 신자로서의 신분 때문에 이 문제를 덮고 넘어가고자 했지만 곧바로 사람들이 모여들었고 총을 쏘는 등 큰 소동이 일어나기 시작했다. 폭력이 점점 더 거세져 그 집과 이웃 주택들을 불태우고 거의 모든 재산을 약탈당했다. 그 다음날 강도들이 그 기독교 신자 가족의 옷을 입고 나와 비웃고 조롱했다. 그 기독교 신자는 30마리의 소와 버팔로를 비롯한 모든 재산을 빼앗겼고 지금도 수입이 없는 채 살아가고 있다. 근래 그 신자가 집을 재건축하려 했지만 그럴 때마다 무슬림들의 협박을 받아야만 했다. 그 가족은 그 지역을 떠날 수밖에 없었다.

6. 결론

중동의 기독교는 증가하고 있는 집단적인 폭력 때문에 점점 위축되고 있다. 이라크에서는 이미 기독교 신자의 숫자가 50% 이상 감소했다. 불행하게도 아랍 세계에서 오랫동안 살고 있는 사람들에게 이와 같은 폭력은 언제나 따라다니는 그림자와 같은 것이다. 우리는 아랍 세계 전역에서 기독교 신자들이 삶의 터전을 옮겨야 하는 현실과 그 영향을 간과하지 않아야 한다.

이러한 현상은 서구를 비롯한 비아랍권 세계가 통감해야 할 전략적 싸움이다. 미디어도 이 사실을 외면하고 있지만 우리는 기독교가 여전히 생존하고 있다는 사실에서 희망을 발견한다. 언젠가는 이 땅에 종교의 자유가 찾아와 기독교 공동체가 살아남고 성장하고 번창할 날이 올 것을 희망하고 있다. 그리하여 우리는 주님께서 그의 교회를 세우리라는 약속의 말씀에서 힘을 얻어 지옥의 문이 범접하지 못하도록 이 땅을 지킬 것이다.

토의 질문

1. 미리암과 살레의 사례를 생각해 보라. 생명의 위험을 무릅쓰고 가족에게 복음을 전하고자 했던 미리암의 결정에서 우리는 어떤 교훈을 얻을 수 있는가?
   고난에 직면했던 살레의 사례가 주는 교훈은 무엇인가?
2. 정부의 탄압을 받고 있는 상황에서 건물이나 모임 장소가 필요한 기독교 신자들에게 어떤 선택의 여지가 있겠는가?
3. 미디어가 이 문제의 심각성을 인식하게 하고 중동에서 기독교 교회들이 지속적으로 성장해갈 수 있도록 하기 위해 전 세계의 기독교 신자들이 어떻게 대처해야 하겠는가?

글쓴이

이집트 어느 지역에서 고난과 박해 가운데 사역하고 있는 어느 목회자의 글이다.

나를 따르라

십자가를 인내하는 것은 비극이 아니라 예수 그리스도께 더욱 헌신하는 열매를 맺는 고난이다.

고난은 우연이 아니라 필연이다.

이 죄악이 관영한 세상과 구분되지 않는 것은 고난이 아니다.

기독교 신자에게 고난은 매우 중요한 삶의 일부이다.

고난 그 자체를 위한 고난도 아니고 우리의 신념이나 확신 때문에 당하는 거부도 아닌 오직 그리스도를 위한 고난과 거부를 말하는 것이다.

디트리히 본회퍼(Dietrich Bonhoeffer)의 『나를 따르라』(*The Cost of Discipleship*, 1976)

제8장
일본의 첫 순교자들

하우추앙 추아

(일본 OMF 선교사)

교회는 아주 초기부터 신앙을 위해 희생의 댓가를 지불해야 하는 위협적인 상황에 자주 직면해 왔다. 사실상 예수님의 죽음과 부활 위에 교회가 세워졌다는 성경적 진리의 빛에 비춰본다면 이 문제는 그리 예상하기 어려운 것이 아니다. 그리스도의 몸으로서 교회는 진실로 십자가에 못 박히고 부활한 그 몸과 다르지 않다. 예수님은 자신의 제자들에게 십자가를 지고 그를 따르라고 촉구했을 때 심지어 죽음에 이르는 고난은 진정한 제자도의 특징이라고 분명히 말씀하셨다(막 8:34-37). 같은 맥락에서 바울 사도는 그리스도와 함께 세례(침례)를 받은 사람은 그의 죽음과 합하여 세례(침례)를 받은 것이라고 가르쳤다(롬 6:3).

많은 기독교인들 특히 종교의 자유가 보장된 곳에서 사는 사람들은 이러한 성경 구절들을 대부분 순전히 은유적인 의미로 해석한다. 죽음의 은유가 영적 실재를 포함하고 있고 그것이 그리스도를 따르는 자가 된다는 것의 핵심이기에 이러한 해석이 신학적으로 잘못된 것은 아니다. 그러나 과거와 마찬가지로 현재에도 많은 기득교인들에게 있어서 육체적 박해와 순교는 엄연한 현실적 위협이 아닐 수 없다. 진실로 이러한 신자들은 예수님과 바울의 말씀을 읽을 때 교회는 신학적으로 '순교자-교회'(cf. Hovey 2008, 23-41)라는 의미를 받아들이며 거기서 힘과 위로를 얻고 있다.

순교의 역설은 교회를 침묵하도록 만들려는 바로 그 사람들에게 그 무력해 보이는 교회가 신앙과 구원의 메시지를 자신도 모르게 듣게 만든다는 것이다. 그것은 시간과 공간을 초월한 강력한 증언으로서 심지어 오늘날까지도 이러한 기독교 순교자들의 목소리는 먼 과거로부터만이 아니라 낯선 곳에서도 우리에게 울려 퍼진다. 순교자들이 우리에게 들려주는 공통의 메시지는 하나님의 신실함과 복음의 진리를 증거 하는 것이다.

이 장에서 우리는 일본의 순교자 교회로부터 이러한 목소리를 듣고자 한다. 그것은 1597년 26명의 순교자들의 역사적 십자가 처형을 통해 하나님께 드려진 목소리였다. 특별히 우리는 순교자들 중 두 사람이 남긴 설교와 편지의 형태로 된 마지막 말을 듣고 그리스도를 증언한다는 것이 무슨 의미인지에 대한 새로운 배움이 일어나기를 희망한다.

1. 일본의 기독교와의 만남

일본의 기독교는 1549년 스페인 태생의 프란시스 사비에르(Francis Xavier)가 세 명의 예수회 선교사들과 네 명의 평신도를 이끌고 일본에 도착함으로써 전래되었다. 그것은 일본이 기독교를 처음 접하는 역사적 시점이었고, 일본 기독교 역사에 있어서 가장 역동적인 변화가 일어났던 시기였다.[1] 왜냐하면 도쿠가와 정부에서 1614년 온갖 박해가 일어났을 때 적어도 30만 명의 세례(침례)를 받은 기독교인들이 존재했는데 이것은 사비에르에 의한 기독교 선교가 시작된 지 채 칠십 년이 되지 않은 시점이었다.[2]

나가사키(Nagasaki)는 남쪽 섬, 규슈(Kyushu)에 있는 도시인데 기독교인이 너무 많아 일본의 제2대 주교인 루이스 세르케이라(Luis Cerqueira)는 그 도시를 '극동의 로마'라고 자랑스럽게 말했다(Fujita 1991, 9). 기독교 성장은 인구가 북쪽으로 밀집한 해안 지역을 따라 퍼져나갔고 동쪽과 서쪽으로 오늘날 아오모리(Aomori) 현이라 불리는 남쪽 경계까지 올라갔다.

역사학자인 박서(C. R. Boxer)는 1549년부터 1650년까지 일본에서의 교회 성장 현상에 깊은 인상을 받아 일본에서의 예수회 선교에 대한 매우 영향력 있는 그의 책의 제목으로『일본의 기독교 세기』(the Christian Century in Japan, 1967)라는 말을 만들어 냈다. 예수회의 성과에 똑같이 감탄한 사람은 앤드류 로스(Andrew Ross)인데 그는 예수회를 "일본 교회 성장에 있어 창의적인 세력"이라고 칭송한 바 있다(1994, 87).

그러나 이 놀랄 만한 교회 성장에도 불구하고 1614년 모든 선교사

---

1 혹자는 네스토리안 기독교가 일본에 예수회보다 적어도 삼백 년 먼저 존재했다고 주장하지만 그에 대한 증거는 불확실하다. 일본에서 네스토리안 유물이 발견된 것은 사실이지만 그것은 쿠빌라이 칸의 사절로서 1280년 처형된 사람의 무덤에서 발굴된 것이고(Saeki, 1951, 444-47을 보라), 또한 1281년 실패로 돌아간 몽골의 침략 기간 중에 포로로 잡혀 처형된 다섯 사람으로부터 온 것들이다(Natori, 1957, 12-16).
2 정확한 수를 파악하기는 매우 어렵다. C.R. Boxer(1967, 197)는 1605년 선교사 페르나웅 게레이루(Fernão Guerreiro)의 보고에 근거해 "750,000명의 신자와 매년 5천 내지 6천 명의 증가를 보이던 기독교 공동체"가 존재할 가능성이 있다고 말한다. Mark Mullins(1998, 12)는 당시 기독교인의 비기독교인과의 비율은 "아마도 오늘날보다 여러 배 높았을 것이다"라고 보았다. 그때 일본 인구는 1,500만 명에서 2,000만 명 정도였다.

들을 추방하라는 도쿠가와 이에야스(Tokugawa Ieyasu)의 칙령에 따라 교회는 엄청난 박해를 받았고 수천 명의 기독교 신자들이 순교했다. 일본은 그 다음의 250년 동안 외부 세계에 문을 걸어 잠갔고, 가시적인 교회의 모습은 사라져버렸다.

2. 26명의 나가사키 순교자

일본 사역의 초기 28년 동안 간헐적으로 지역적 박해가 있었지만 예수회는 대체로 자유를 누렸고 심지어 때로는 관원들의 지원을 받기도 했다. 예수회는 사무라이 영주들부터 시작해 위로부터 아래로 복음화한 전략 덕분에 불과 20여 년 만에 교회는 명실상부한 사회적이고 문화적 기관으로 성장하였다.

그러나 1587년 7월 25일, 새롭게 나라를 통일한 최고 군사 책임자인 토요토미 히데요시(Toyotomi Hideyoshi)는 그 어떤 사전 경고도 없이 모든 외국 선교사들을 추방한다는 포고령을 발표했다. 그 포고령이 교회를 매우 놀라게 했지만 강압적으로 시행되지 않았기 대문에 결과적으로 120여 명 예수회 사제들 중 단지 3명만이 나라를 떠났고 영향력 있는 일본 기독교인 사무라이들은 자신의 영지와 재산을 포기하도록 강요받았다.

반(反)기독교 포고령은 교회에 대한 히데요시의 불신을 표현한 것으로 그는 아마도 교회를 포르투갈의 제국 확장의 첨병으로 보았을 것이다. 흥미롭게도 그 포고령 발표 6년 후, 히데요시는 다른 선교사 종단인 프란체스코 수도회가 일본에 들어와 일하는 것을 허락했다. 점차적으로 영향력이 확대되어 하나의 정치적 세력으로 간주되던 포르투갈 예수회의 세력을 견제하는 평형추 역할을 하는 수단으로 스페인으로부터 온 프란시스코 선교사들을 받아들였을 것으로 보인다.

그러나 프란체스코회 수도회가 일본에 도착한 지 3년 뒤에 일본 교회에 첫 순교자가 발생하는 중요한 사건이 일어났다. 1596년 10월 19일, 스페인 함선 "산 펠리페"(San Felipe)가 마닐라(Manila)로부터 (오늘날 멕시코의) 아카풀코(Acapulco)로 가던 중 풍랑을 만나 시코쿠(Shikoku)의 남쪽 섬 방향으로 떠밀려오게 된 것이다. 그 배는 짐을 많이 싣고 중무장한 상태였다. 그 배를 조사하기 위해 파견되었던 고위 정부 관료는 화물을 압수했는데 배의 선원들은 항의하면서 위협하는 과정에서 스페인의 막강한 군사력을 과시했다.[3]

실제적인 위협을 의미했는지 여부를 떠나 일본 관원과 스페인 선원 간의 만남은 불행한 결과를 초래했다. 그 사건에 대한 관원의 보고가 일본 조정에 전해졌을 때 격노한 히데요시는 즉시 그 배를 압류하고 일본에 있는 모든 프란체스코 선교사들을 처형하라고 명령했다. 그러나 국제 정세를 고려한 현실적인 이유도 있었고 무엇보다 일본의 기독교인 영주들의 영향력 때문에 히데요시는 일본 기독교의 심장인 나가사키에 있는 26명의 기독교 신자들을 처형하는 것으로 자신의 통치 권력을 과시하는 것을 선택했다.

처음에 24명 기독교 신자들이 거의 무작위로 체포되었다. 오사카에서 3명의 일본인 예수회 신자들이 체포되었고 교토에서 6명의 프란체스코 선교사들 그리고 교토에 있는 프란체스코 수도회 운영 병원에

---

[3] 무슨 일이 실제로 일어났었는가에 대한 적어도 두 가지 다른 이야기가 존재하는데 하나는 예수회의 견해이고 다른 하나는 프란체스코회의 견해이다(Fujita, 1991, 133-39). 그러나 보다 방어적인 프란체스코회의 이야기에서조차 그 배의 선원들이 일본 관원에게 스페인이 식민지로 삼은 광대한 영토를 묘사한 세계지도를 보여주었고 그 지도에서 일본이라는 나라는 "엄지손가락보다 더 작게" 나타나 있다고 말했다고 전해진다.

제8장 ■ 일본의 첫 순교자들   149

있던 15명의 일본 기독교인들이 붙잡혔다. 그들의 귀를 자르게 한 뒤 기독교 신자들에게 교토의 거리를 행진하도록 했고 500마일 떨어진 추운 겨울의 나가사키로 걸어가게 했다. 가던 도중에 2명의 기독교 신자들이 추가되었다. 처형장으로 가는 여정은 한 달이나 걸렸다.

나가사키의 26명 순교자들로 잘 알려진 사람 중에는 5명의 십대 소년들도 포함되어 있었는데 가장 어린 소년은 불과 열두 살이었다. 또한 거기에는 아버지와 그의 열네 살 아들 부자(父子)도 있었다. 죄수들에게 편지를 쓸 수 있도록 허용했는데 그 편지 중 일부가 번역되어 지금까지 전해져 오고 있다. 열네 살 토마스 고자키(Thomas Kozaki)는 그의 어머니에게 다음과 같은 편지를 썼다.

"사랑하는 어머니!

하나님의 은혜로운 도우심으로 저는 이 편지를 씁니다. 판결문에 의하면 신부님들을 포함해 우리 스물네 사람은 나가사키에서 십자가에 못 박히게 될 것입니다. 바라건대 미가엘 신부님과 저를 염려하지 마십시오. 왜냐하면 우리는 곧 낙원에서 만나게 될 것이기 때문입니다.

우리는 거기서 어머니를 기다릴 것입니다. 만일 어머니께서 돌아가시기 전에 신부님을 만나지 못한다고 하더라도 어머니의 죄에 대해 깊이 회개하고 예수 그리스도의 풍성한 은혜에 감사하는 한 어머니는 구원을 받게 되실 것입니다. 이 세상의 모든 것들은 헛된 것입니다. 천국의 완전한 영광에 대한 소망을 잃어버리지 않도록 열심을 내시기 바랍니다. 다른 사람들이 어머니를 어떻게 취급하든지 큰 인내를 발휘해 모든 사람들을 사랑과 친절로 대하시기를 부탁합니다.

제발 나의 어린 동생들 만시오(Mancio)와 필립(Philip)이 불신자들의 손에 넘겨지지 않도록 모든 노력을 기울여주십시오. 나는 우리 주님께 사랑하는 어머니를 위해 기도할 것입니다. 나의 안부를 내가 아는 모든 사람들에게 전해주세요. 다시 한 번 부탁드리지만 어머니의 죄에 대해 깊은 회개를 하는 데 마음을 집중해야 한다는 이 중요한 한 가지를 잊지 마시기 바랍니다. 왜냐하면 심지어 하나님께 반역했던 아담도 뒤이은 가책으로 인해 그의 죄로부터 구원받을 수 있었기 때문입니다. 하나님께서 어머니를 보호해 주시기를 비옵니다."

-토마스[4]-

그 26명 일행은 마침내 1597년 2월 4일에 나가사키에 도착했다. 그 다음날 아침 그들은 나가사키가 내려다보이는 작은 언덕으로 끌려갔고 거기서 나무로 만든 십자가에 묶였다. 쇠로 만들어진 족쇄가 그들의 손목과 발목에 채워졌고 몸의 무게를 지탱하도록 양다리 사이에는 버팀목이 놓여졌다. 26개 십자가 앞에 꽂힌 창 자루에는 히데요시가 직접 포고한 사형 선고문이 붙어있었다. 거기에는 다음과 같이 기록되었다.

"나는 이 외국인들을 다음과 같이 처리하기를 명령한다. 왜냐하면 이들은 사실이 아님에도 불구하고 자신들을 대사라고 하면서 필리핀으로부터 일본에 왔기 때문이다. 그들은 허락 없이 오랜 기간 이 땅에 머물렀고 감히 나의 금지 명령을 어기고 교회를 세우고 그들의 종교를 전파하여 혼란을 야기했다"(Moffett, 2005, 85).

일본인 예수회 소속 형제로 사제 서품을 준비하고 있었던, 36살의

---

[4] 원본 편지는 유실되었지만 사본은 나가사키 26명 순교자 박물관에 보관되어 있다. 그 편지를 초기에 포르투갈어로 번역한 것은 바티칸에 보관되어 있다.

제8장 ■ 일본의 첫 순교자들   151

폴 미키(Paul Miki)는 다음과 같은 비장한 설교로 유명한데 그는 자신의 십자가를 다음과 같은 감동적인 설교를 남긴 설교단으로 바꾸어 놓았다.

> "여기 계신 여러분!
> 모두 제 말에 귀 기울여 주시기 바랍니다. 나는 필리핀으로부터 오지 않았습니다. 나는 일본 태생으로 예수회 소속 형제입니다. 나는 범죄를 저지른 적이 없고 단지 내가 죽음에 처한 이유는 우리 주 예수 그리스도의 가르침을 선포했다는 단 한 가지입니다. 나는 이로 인해 기뻐하며 나의 죽음을 주님의 커다란 은혜의 선물로 간주합니다. 나는 인생 최고의 순간에 도달했으니 제발 내가 여러분들을 속일 생각이 전혀 없음을 믿어주십시오. 그러나 나는 이것만은 분명히 강조하고 싶은데 사람이 기독교의 길을 통하지 않고 구원에 이를 수 있는 다른 길을 찾을 수 없다는 것입니다. 기독교는 우리에게 우리 원수와 우리를 해치는 사람들을 사랑하라고 가르칩니다. 그러므로 나는 최고 장군(도요토미 히데요시)과 나의 죽음에 참여한 모든 사람들을 용서합니다. 나는 장군에게 어떤 나쁜 감정도 갖고 있지 않습니다. 반대로 나는 장군과 나의 모든 일본 국민들이 기독교 신자가 되기를 간절히 바랍니다."[5]

미키의 십자가를 직접 목격했던 한 사람은 "그가 행했던 최고의 설교였다"(O'Maley, 2007, 38)고 고백했다. 늦은 오후가 되자 처형 집행자들이 각 십자가 양쪽에 배치되었다. 죄수들에게는 신앙을 버리라는 마지막 기회가 주어졌지만 모두 단호하게 거부했다. 신호에 따라 처

---

5   일본어로 번역된 설교는 나가사키 26명 순교자 박물관에 보관되어 있다.

형 집행자들은 양쪽에서 각 사람의 몸을 긴 창으로 찔러 올려 왼쪽과 오른쪽 갈빗대를 관통해 반대편 어깨 쪽으로 나오도록 하였다. 폴 미키의 다음과 같은 기도가 들렸다.

"주님! 당신의 손에 내 영혼을 맡깁니다. 성도들의 하나님, 저를 만나 주옵소서"(Yuki, 2002, 14).

26명 대부분이 즉시 죽었다. 그렇지 않은 사람들에게는 고통을 끝내주기 위한 최후의 일격이 목에 가해졌다. 시신들은 아홉 달 동안이나 십자가 위에 매달려있도록 방치해 두었다.

3. 계속된 박해와 일본의 쇄국

히데요시는 26명의 기독교 신자들을 공개처형함으로 교회의 영향력과 성장세를 꺾어놓기에 충분했다고 생각하면서 모든 프란체스코 종단의 신자들을 처형하라던 원래 명령을 집행하지는 않았다. 그 다음해 6월에 히데요시는 이질에 걸려 갑자기 죽었다. 박해가 일시 중단되자 교회는 괄목할 만한 성장을 하였다. 세르케이라(Cerqueira) 주교는 그 다음 두 해 동안 예수회 종단에서 행한 세례자가 7만 명이 넘는다고 보고했다(Moffet, 2005, 85). 26명 기독교인들의 순교는 히데요시가 의도했던 것과는 정반대의 효과를 가져왔다. 왜냐하면 그것이 교회의 영적 열정이 새로운 차원으로 타오르도록 불을 붙임으로 더 많은 사람들이 그리스도를 따르게 했기 때문이었다.

그러나 불행하게도 교회의 성장은 짧았다. 1600년에 내전이 일어나 도쿠가와(Tokugawa) 가문은 히데요시의 후계자들을 격퇴시켰다. 강력한 정토(Pure Land) 불교 신자인 이에야스(Ieyasu)는 도쿠가와 막부(Tokugawa shogunate)를 수립하고 그 다음 250여 년간 일본을 통치했다. 기독교가 자신의 정권에 대한 위협적 세력이라고 생각한 이에야스는 1614년에 악명 높은 반(反)기독교 칙령을 반포한다. 모든 선교사들은 추방되었고 교회는 폐쇄되었다. 모든 일본인들은 지역 불교 사원에 공식적으로 등록을 해야만 했다. 기독교 신앙을 포기하지 않은 신자들은 고문과 죽임을 당했다.

이에야스의 칙령은 그의 뒤를 이어 쇼군(shogun)이 된 아들과 손자에 의해 더욱 더 무자비하게 실행되었다. 26명 기독교 신자들이 순교한 나가사키의 언덕에서 더 많은 사람들이 처형당했다. 그 다음 30년이 넘는 세월 동안 "기독교 신자들 전체가 조직적으로 화형, 교수형, 아사(餓死), 그리고 고문을 당했고 지하로 쫓겨 들어갔다"(Moffett, 2005, 90).

이 상황은 1637년 아리마(Arima)의 기독교 신자인 농부들이 종교적 박해와 관원들이 부과한 경제적 차별에 항거해 반란을 일으켰을 때 절정에 이르렀다. 작고 붉은 십자가들로 장식된 깃발들 아래에서 싸우면서 요새의 식량이 고갈될 때까지 3개월을 버틴 그 사건은 오늘날 "시마바라 반란"(Shimabara Rebellion)이라고 알려져 있다. 12만 명의 도쿠가와 군대는 그들을 진압하고 여성과 아이들을 포함하여 2만여 명의 마을 사람들을 모두 학살했다. 도쿠가와 정부는 그 반란이 나라를 전복하려는 포르투갈의 선동과 지원으로 발생했다고 믿고 1639년에 쇄국정책을 시행했다. 이것으로 일본의 위대한 기독교 부흥의 세기는 비극적 종말을 맞았다. 그 후 일본은 19세기 중반까지 폐쇄된 국가로 남았다.

4. 선교학적 성찰

16세기 일본의 순교자 교회로부터 울려 퍼진 목소리를 우리가 들었으니 이제는 일본 교회 역사의 이 사건으로부터 우리가 배울 수 있는 교훈이 무엇인가를 생각해 보자.

잔인한 박해 앞에서 순교자들의 용기는 불가사의해 보인다. 토마스 고자키가 그의 어머니에게 보낸 편지와 폴 미키의 십자가에서의 설교는 그들의 굴복하지 않는 정신의 근원에 대해 두 가지 교훈을 준다.

첫째, 고자키와 미키는 구원은 오로지 그리스도 안에서만 찾을 수 있다는 불굴의 신앙을 보여 주었다. 우리는 구원이라는 소중한 보물을 개인적으로 깨닫고 경험했을 때 심지어 죽음 앞에서도 그것을 맞바꾸거나 타협하지 않아야 할 것이다. 만약 구원의 다른 길을 인정하는 신학적 다원주의를 취한다면 교회는 이 위대한 순교적 증언을 잃어버리게 될 것이다. 그리스도가 구원에 이르는 한 가지 길에 불과하다면 누가 그것을 위해 기꺼이 죽고자하겠는가?

둘째, 두 번째 교훈은 첫 번째와 연관되는데 천국에 이르고자 하는 비전에 사로잡히는 것이다. 고자키와 미키에게 있어 천국은 추상적인 교리가 아니라 이 세상에서의 삶이 전부가 아니라고 보게 만드는 실존적 실재였다. 이 세상의 달콤한 유혹에 많은 사람들의 천국에 대한 열망이 무뎌진 현대 기독교 신자들에게 매우 중요한 교훈이 아닐 수 없다.

일본 순교자들의 혹독한 고난에도 불구하고 선교사들은 왜 그들의 죽음이 후일에 중국이나 한국의 경우처럼 괄목할 만한 교회 성장을 이끌지 못했는지에 대해 의문을 갖는다. 어떤 이들은 일본 교회가 놀라운 부흥 운동과 함께 출발했지만 신앙을 위해 순교한 수천 명의 사람들과 함께 죽음에 이르렀다고 슬퍼하기도 한다. 그러나 교회가 그 대적들의 손에 죽을 수 있다고 생각하는 것이 신학적으로 옳은 것일까?

무엇보다 그리스도께서는 그가 그의 교회를 세울 것이며 음부의 권세가 이기지 못할 것이라고 약속하지 않으셨던가?(마 16:18)

인간적인 관점에서 볼 때 사라진 것처럼 보이지만 진실로 일본에서 그리스도의 교회는 죽지 않았다. 순교의 결과로 교회가 대폭 감소한 것도 아니라고 보아야 하는 이유는 크랙 호비(Craig Hovey, 2008, 34)가 잘 표현했듯이, "죽은 성도들도 여전히 교회의 지체들"이기 때문이다. 예수 그리스도의 교회는 참으로 시간과 공간을 초월하는 역사적 지체로서 이 땅에 살고 있는 사람들과 앞서간 "구름같이 많은 증인들"(히 12:1)을 포함하기에 이런 의미에서 교회는 결코 죽을 수 없다. 더구나 일본의 경우는 교회의 규모가 비록 작지만 여전히 오늘날에도 존재하고 있다. 교회를 없애려고 했던 도쿠가와 정권보다 교회는 더 오래 존재하고 있다. 일본 순교자들의 열매가 마침내 완전히 꽃을 피우는 날이 있을 것이라고 말하는 것이 좋겠다.

그러나 우리가 취해야 할 한 가지 중요한 교훈이 아직 남아있는데 그것은 왜 교회가 지하로 쫓겨들어 간 후에 복음이 뿌리를 내리지 못했는가 하는 것이다. "트렌트 공의회"(Council of Trent, 1545-63)는 라틴어가 미사 언어가 되어야 한다는 것과 공적 성경 읽기와 교리적 주석을 위해 오직 라틴 불가타(Latin Vulgate)성경만이 유일한 권위가 있다는 것을 명시한 교령을 발표했기 때문에 예수회는 성경의 일본어 번역이나 배포를 위한 어떠한 진진한 노력도 하지 않았다. 복음서를 포함해 성경의 일부가 대중 사역을 위해 번역되었지만 그것마저도 1563년 타쿠시마 섬에서 불에 던져졌다. 공교롭게도 이러한 자료들의 유실이 트렌트공의회가 종료된 해와 일치한다.

결과적으로 선교사들이 추방되었을 때 로마가톨릭 신앙은 치명적인 타격을 입게 되었는데 그것은 교회가 그 이후 세대 신자들의 신앙을 키워줄 수 있는 표준화된 좋은 일본어 성경을 갖지 못했기 때문이다.[6]

오늘날 선교에 있어 우리가 그렇게 당연시하고 있는 신앙의 문화적 번역성(translatability)의 필수적인 부분으로서 지역화 원칙(vernacular principle)이 예수회에서는 결여되었음이 입증된 것이다.

일본 교회에 대한 박해가 교회를 실제 정치적 위협으로 인식한 정부의 권력자들로부터 기인했다는 것이 흥미롭다. 이러한 인식은 다른 박해 상황에서도 공통적으로 나타나고 있다. 역설적이게도 그리스도와 그분의 가르침에 충성을 다하는 교회는 국가의 정치적 권력을 탈취하고자 하는 일말의 욕심도 갖지 않을 것이라는 점이다. 프란시스 사비에르는 이것을 이해했고 그의 초기 사역에서 실제적으로 본국에 보내는 편지에 스페인 왕실이 일본을 식민화하고자 하는 어떠한 의도도 갖지 않기를 부탁한바 있다(Skoglund, 1975, 464).

복음과 선교사의 임무에 정치적 측면이 있는가에 대해서는 분명히 더 연구해야 할 주제이다. 한편 오늘날 대부분의 선교사들은 의식적으로 어떤 정치적 문제에도 관여하지 않으려고 하지만 그들의 사역이나 활동은 비록 선교사 자신은 잘 인식하지 못하지만 어떤 정치적 신념의 영향을 받고 있는 것이 사실이다. 어떤 경우든 선교사는 자신의 정치적 신념에 대해 매우 신중해야 한다. 선교사에게는 많은 지혜와 민감성 그리고 겸손이 필요하고 또한 다른 선교사들과 협력해야 하는데 특별히 정치적, 종교적으로 기독교 신자들에 대해 적대적인 국가들에서 사역할 때 더욱 더 조심해야 한다.

---

6 반대로 20세기의 중국 교회는 1949년 공산주의자들이 선교사들을 추방했고 교회를 박해였음에도 불구하고 커다란 성장을 하였다. 이것은 상당 부분 연합성경(Union Bible)의 존재 덕분이다. 원칙을 가지고 번역된 좋은 완역본 중국어 성경이 1909년 출간된 이래 널리 유포되어 사용되고 있었다.

토의 질문

1. 교회에 대한 박해가 왜 정치적으로 자극을 받아 일어난다고 생각하는가?
   정치와 전혀 상관없는 방법으로 선교 사역을 수행하는 것은 가능한가?
   가능하다면 혹은 가능하지 않다면 왜 그런가?
2. "기독교 신자들의 피가 씨앗이다"(Semen est sanguis Christianorum) 라는 터툴리안의 증언에 비추어 볼 때, 정부에 의해 17세기에 행해진 혹독한 박해에 이어 일본 교회가 실제적으로 사라진 것을 어떻게 이해할 것인가?
   박해와 교회 성장 사이에는 어떤 필연적인 상관관계가 존재하는가?
3. 교회가 신자들에게 박해와 순교를 위해 어떻게 준비시킬 수 있겠는가?
4. 토마스 고자키가 그의 어머니에게 쓴 편지와 폴 미키의 십자가에서의 설교를 다시 한 번 읽어보라. 이 두 순교자의 마지막 고백에서 당신의 신앙 여정에 있어 격려가 될 어떤 교훈을 배울 수 있는가?

참고 문헌

· Boxer, C. R. 1967. *The Christian Century in Japan 1549-1650*, 2nd printing, corrected. Berkeley, CA: University of California Press.

- Fukita, N. S. 1991. *Japan's Encounter with Christianity: The Catholic Mission in Pre-modern Japan.* New York: Paulist.
- Hovey, C. 2008. *To Share in the Body: A Theology of Martyrdom for Today's Church.* Grand Rapids, MI: Brazos.
- Moffet, S. H. 2005. *A History of Christianity in Asia*, vol. 2, 1500-1900. Maryknoll, NY: Orbis Books.
- Mullins, M. R. 1998. *Christianity Made in Japan: A Study of Indigenous Movement.* Honolulu: University of Hawai'i Press.
- Natori, J. 1957. *Historical Stories of Christianity in Japan.* Tokyo: Hokuseido.
- O'Malley, V. J. 2007. *Saints of Asia: 1500 to the Present.* Huntington, IN: Our Sunday Visitor Publishing.
- Ross, A. 1994. *A Vision Betrayed: The Jesuits in Japan and China 1542-1742.* Maryknoll, NY: Orbis Books.
- Saeki, P. Y. 1951. *The Nestorian Documents and Relics in China,* 2nd ed. Tokyo: Maruzen.
- Skoglund, H. 1975. *St. Franxis Xavier's Encounter with Japan.* Missiology: An International Review 3, no. 4: 451-67.
- Yuki, D. R. 2002. *The Martyr's Hill Nagasaki,* 4th ed. Nagasaki: Twenty-Six Martyrs Musuem.

글쓴이

하우추앙 추아(How Chuang Chua)는 싱가포르에서 태어나 자랐다. 그와 아내 카오리는 일본에서 "국제OMF" 선교사로 사역하고 있다. 하우추앙은 삿포로에 있는 홋카이도성경학교 학장이며 동경 일본 성경신학교 강사로 섬기고 있다. 그의 현재 연구 관심은 교차문화신학과 선교적 영성에 관한 것이다.

제9장
공산주의 이후 페레스트로이카 러시아

유진 바흐무스키

(모스크바신학교 교수)

이 장은 윌리엄 테일러 박사와 러시아 침례교 목사이며 교단 지도자인 유진 바흐무스키 목사와의 대담 내용을 기록한 것이다.

질문 1

독자들을 위해 바흐무스키 목사님 자신과 가족, 사역, 그리고 최근 목사님의 삶 속에 일어난 변화에 대해 말씀해 주십시오.

제 이름은 유진 바흐무스키입니다. 4대째 러시아 복음주의 신자입니다. 저희 양가 증조부모님들이 모두 복음주의 신자였습니다. 두 분의 증조부들께서는 목회자이셨는데 한 분은 침례교에서, 다른 분은 복음주의기독교회(Evangelical Christian Church)에서 사역하셨습니다. 이 두 교단은 나중에 서로 연합해 "러시아복음주의기독교침례교단" (the Evangelical Christian Union of Russia)이 되었습니다. 하나님의 은

제9장 ■ 공산주의 이후 페레스트로이카 러시아   161

혜로 저는 모스크바에 있는 러시아성경교회(Russia Bible Church)에서 목회하고 있고 또한 "러시아복음주의기독교및침례교연합"(the Russian Union of Evangelical Christians and Baptists) 교단의 부회장으로 섬기고 있습니다. 주님은 제게 훌륭한 아내 타티아나(Tatyana)와 세 자녀들을 축복으로 주셨습니다.

질문 2

최근 우리가 만났을 때, 바흐무스키 목사님의 증조부모님들이 "러시아로 유배를 갔다"고 하셨습니다.
이 '유배'에 대해 설명해 주시겠습니까?
무슨 일이 있었고, 이것이 목사님의 가족들에게 의미하는 바가 무엇이었습니까?
목사님의 가족들이 예수님의 복음을 위해 어떤 댓가를 지불해야 했습니까?

저의 증조부 모이세이 시코르스키(Moisey Sikorsky)는 신앙 때문에 총살을 당하셨습니다. 그의 자녀들은 억압을 당했고 자녀들 중 대부분이 시베리아로 유배되었습니다. 다른 증조부이신 표트르 바흐무스키(Pyotr Bakhmursky) 역시 시베리아로 보내져 광산에서 강제 노역을 했습니다. 이것은 정부로부터 지속적인 탄압을 받았다는 것을 의미합니다. 그는 한 작업장에서 다른 작업장으로 옮겨지곤 했는데 그 이유는 단 한 가지, '신자'였기 때문이었습니다.

그래서 박해와 고난은 우리 가족에게 생소한 것이 아니었습니다. 그러나 그 분들이 정부를 향해 적대감을 표명하거나 주변 사람들을 미워하거나 다른 친척들 사이에서 '자기 연민'에 빠져 있는 모습을 보이지 않았습니다. 오히려 그분들은 끊임없이 모욕을 당하고 굶주리는 가운데서도 기쁨과 행복을 잃지 않은 기독교 신자들이었습니다.

질문 3

이러한 사건들이 바흐무스키 목사님의 중조부모님과 부모님께는 어떤 영향을 주었습니까?

그것이 목사님의 생각과 삶, 그리고 영성에 어떤 영향을 끼쳤습니까?

나의 중조부모님들은 그리스도를 공개적으로 고백하는 것에 대해 댓가를 지불해야 한다는 것을 잘 알고 계셨습니다. 그분들의 삶은 주님으로 가득 차 있었고 그들이 자유로울 때는 언제나 신체적, 영적인 구원에 대해 하나님께 감사드렸습니다. 제 부모님들 또한 신자의 자녀라는 이유 때문에 많은 고난과 탄압을 받았습니다. 그들은 조롱당했고 학교에서는 악의적으로 나쁜 점수를 받곤 했습니다. 그리고 대학 교육과 직업을 구하는 것에서도 자유롭지 못했습니다. 그들은 유년시절과 청소년기에도 끊임없이 부당한 대우를 받았습니다. 그들은 하나님을 믿는 것 때문에 열등한 시민이 되었다는 말을 들어야만 했습니다. 만일 그들이 레닌과 다른 공산주의 이론가들을 믿었다면 더 나은 대우를 받았을 것입니다.

이 모든 것이 제 삶에 큰 영향을 주었습니다. 제가 걸음마를 배우는 어린아이 때부터 성경을 암기하도록 교육받았는데 왜냐하면 기독교 신자들에게 인쇄된 성경이 절대적으로 부족했기 때문이었습니다. 저는 '그 책'을 마음에 새기는 것이 중요하다고 들었고 제가 성경책 없이 투옥될 경우에는 특히 더 그럴 것이라는 확신을 했습니다. 저는 모든 사람들이 저를 대적해도 생존하는 법을 배웠습니다. 또한 제가 직면하게 될 모든 악에도 불구하고 사랑하고 친절한 마음을 갖도록 배웠습니다. 본질적으로, 저는 매우 일찍이 그리스도를 영접하도록 도움을 받았고 그분을 생명보다 사랑하고 그분의 말씀을 그 어떤 것보다 귀한 보물로 간직하도록 양육받았습니다.

질문 4

70년간 소비에트 체제하에서 순교한 기독교 신자의 수가 얼마나 되는지 아시는지요?

모든 기독교 교파에 속해 있는 예수님의 진정한 제자들은 물론 명목적인 기독교인을 포함해 말씀해주십시오.

흔히들 수십만 명이라고 말하지만 여기에 놀랄 만한 통계가 있습니다. 1926년 말에 약 200만 명의 복음주의 신자들이 신생 소비에트 연방 안에 존재했습니다. 1959년에 그 숫자는 불과 20만 명으로 줄었습니다. 다른 공화국들을 제외한 러시아에는 단지 4만5천 명만이 살아남았습니다. 이것은 지도자였던 니키타 후루시초프(Nikita Khrushchev)가 집권 당시 마지막 기독교 생존자를 텔레비전을 통해 온 나라에 보여줄 것이라고 호언장담을 했듯이 그저 우연히 일어난 일이 아닙니다!

질문 5

그 70년간 교회에는 어떤 일이 벌어졌습니까?

기독교 신자들은 어디에서 어떻게 모였습니까?

전도와 제자 훈련은 어떻게 이루어졌는지 설명해 주시기 바랍니다.

1935년까지 모든 교회 건물들과 임대했던 예배 처소들을 몰수당했는데 단 한 곳만 예외였습니다. 모스크바에 있던 중앙복음주의기독교침례교회(the Central Evangelical Christian and Baptist Church of Moscow)의 건물이었습니다. 기독교 신자들은 불법적이고 은밀하게 모임을 지속했습니다. 그들은 종종 가정집이나 숲속에서 만났습니다. 기독교 신자들은 언제나 체포될 뿐 아니라 현장에서 죽임을 당할 수도 있다는 사실을 알고도 모임에 참여했습니다. 복음 전도와 제자 양육은 직장 동료들이나 일가친척들 가운데서 주로 개인 간증을 통해 조심스럽게 이루어졌습니다. 기독교 신자들은 결혼식과 장례식을 잘 활용했습니다. 그때는 사람들로부터 경멸당하지 않고 자신의 신앙을 공개적으로 드러낼 수 있었습니다.

질문 6

언제 러시아에 진정한 변화가 다가오고 있다고 믿게 되셨습니까? 1988년에 가까이 이를 때였는지요?

미하일 고르바초프가 종교 자유를 허용하는 데 어떤 역할을 했나요?

그밖에 어떤 정치인들이 러시아의 종교적 자유를 위해 핵심적인 역할을 했는지요?

1988년은 전환점이 되었는데 그때 미하일 고르바초프(Mikhail Gorbachev)가 소비에트연방공화국에서 러시아가 기독교화된지 천 년 되는 것을 경축하라는 명령을 내렸습니다. 그리고 마지막 양심수가 1986년 풀려났습니다. 1988년에 내려진 이 명령이 이전 공산주의 제국에 새로운 자유 시대가 동트고 있다는 것을 알려주는 포고령이 되었습니다.

미하일은 의심할 여지없이 이러한 신앙의 자유를 위해 핵심적인 역할을 했습니다. 그는 결정을 내렸고 그것을 그대로 선포했습니다. 그러나 불행하게도 러시아는 그러한 급격한 변화를 맞이할 준비가 되어 있지 않았습니다. 여러 파괴적이고 위험한 종교 기관들, 집단들과 아무런 저항도 없이 이 나라를 점령해 버렸습니다. 동시에 수많은 기독교 신자들이 서구로 이민을 떠나 버렸습니다. 아무도 정확한 숫자는 모르지만 수만 명의 복음주의자들이 미국, 독일, 그리고 호주 등으로 피난처를 찾아 떠났습니다.

러시아에 종교적 자유를 가져오는 데 있어 중요한 역할을 담당했던 다른 인물은 알렉산더 야코프레프(Alexander Yakovlev)였는데 그는 '페레스트로이카의 영적 아버지'로 알려져 있습니다. 1985년 여름, 야코프레프는 공산당의 선전선동부 책임자가 됩니다. 1986년에 그는 중앙위원회 서기로 지명됩니다. 에고르 리가체프(Egor Ligachev)와 함께 그는 러시아의 정치사상과 정보 그리고 문화를 책임집니다.

많은 비평가들이 야코프레프가 의도적으로 소비에트 체제와 공산당을 약화시키고 무너뜨리는 것을 촉진시킨 배신자라고 비난합니다. 공산주의 사상 담당 책임자로서 종교에 대한 그의 견해를 바꾸고 종교의 자유와 관련한 대부분의 법안들을 준비한 사람이 바로 그 사람이었습니다. 그 후 1993년 보리스 옐친(Boris Yeltsin) 정부 아래서 종교 자유법이 발표되었는데 그것은 소비에트 붕괴 이래 제정된 법령들 가운데 가장 진보적인 것이었습니다.

질문 7

1988년부터 2000년까지 러시아의 종교적 자유의 변화를 어떻게 보고 계십니까?

기간을 구분해 볼 필요가 있습니다. 먼저 1988년부터 1996년까지는 신앙의 자유가 러시아 국민 가운데서 엄청난 관심을 불러일으켰습니다. 새로운 사람들로 인해 교회는 회중이 넘쳤고 많은 교회들이 개척되었습니다. 1997년부터 2000년까지는 흥분이 가라앉으면서 정체 기간이었습니다. 러시아 정교회가 종교적 권력을 회복했습니다. 정부도 많은 지역에서 공개적으로 복음주의자들을 반대하기 시작했고 대중매체가 적극적으로 비정교회 기독교 공동체에 대해 사회적 적대감을 조성했습니다.

1997년에 새로운 종교법이 발표되었는데, 이 법의 주요 목적은 1993년부터 법으로 보장한 많은 자유와 권리들을 축소시키는 것이었습니다. 예를 들어, 이 법은 정교회의 특별한 중요성에 대해 법률 조항에 포함했고 다른 기독교 교파들이 합법화될 수 있는 가능성 자체를 어렵게 만들었습니다. 러시아에 적어도 15년 이상 존재하지 않았던 종교적 기관들은 더 이상 인정하지 않아서 많은 법적인 문제들을 일으켰습니다.

질문 8

그 이후로 지금까지는 어떻습니까?
최근 통과된 법률들이 오늘날의 상황을 어떻게 바꾸었습니까?

여기에는 많은 법적 모순이 존재합니다. 상황은 점차적으로 개선되고 있습니다. 교회 재산 반환에 대한 법이 통과되었고, 교회들이 사회적 활동을 합법적으로 실행할 수 있도록 허용하는 사회봉사를 위한 기관 설립에 관한 법이 통과되었습니다. 최근에는 세금 부과 없이 재산을 종교 단체에 기증할 수 있는 법이 통과되었습니다.

그러나 다른 한편으로는 러시아 연방 영토에서의 선교사 사역을 제한하려는 노력을 하고 있는데 그것이 외국 및 자국 사역자들 모두에게 어려움을 주고 있습니다. 예를 들어 국제법, 특히 유럽 법에서 대등한 조항들을 도입해 비자 제한을 하고 있습니다. 따라서 외국 선교사는 연장을 받지 않는 한 90일 이상 국내에 머물 수 없고 영주권을 얻으려면 수년간의 긴 절차가 필요합니다. 그러므로 종교 단체들이 이러한 비자 제한으로 가장 큰 어려움을 겪고 있습니다.

"극단주의 활동 방지법"(the Counteraction of Extremist Activity Laws)이라는 또 다른 법률들이 통과되었는데 그것은 종교적 집단들의 권리와 자유를 침해하는 데 악용될 소지가 있습니다. 이것은 과거의 종교적 차별로 돌아가는 결과를 초래했고 현대 러시아 종교 단체들의 권리를 침해하는 것이었습니다. 이 법이 위험하다는 것에 대한 많은 근거들이 있지만 그 중에 두드러진 세 가지를 말씀드리겠습니다.

첫째, 종교 단체의 활동에 관한 "반(反)극단주의자" 법의 약점 및 법률 규정의 객관성 부족입니다.

둘째, 그 법의 일반적 성격과 무엇이 극단적인 종교 활동인가에 대한 세부적인 규정이 부족합니다. 이 법이 정당한 교회와 종교 단체의 활동을 반대하는 데 사용될 수 있는 가능성을 남겨두고 있습니다.

셋째, 정부 관리들의 법적이고 종교적인 편견이 기존 법률의 실행을 방해하고 있습니다. 예를 들어 자신을 정교회 신자로 간주하는 관리는 다른 기독교 교파들을 위협적인 존재나 변절자로 봅니다. 따라서 그는 자신의 신앙과 나라를 '보호'하려는 목적으로 장애물을 설정합니다. 그러므로 러시아는 종교적 자유를 보호하기 위해 법률 자문, 종교 교양, 그리고 연구 등을 위한 기관들이 절대적으로 필요합니다.

질문 9

(주로) 미국의 수많은 젊은이들을 '가치관을 가르치도록' 학교에 보내지만 실제 목적은 전도에 있었던 '학원 선교'(the Co-mission)에 대해 솔직히 어떻게 평가하십니까?

이 프로젝트는 긍정적인 면과 부정적인 면을 모두 가지고 있습니다. 러시아가 서구에 많은 관심을 가졌을 때, 특별히 1994년부터 1996년까지에 학원 선교는 확실히 성과를 거두었습니다. 그러나 러시아가 서구 세계의 모든 것들을 거부하는 방향으로 돌아서자 그것은 곧 쓸모없게 되었습니다.

프로젝트 자체로는 두 가지 전략적인 실책을 했습니다.

첫째, 러시아 문화를 고려하지 않고 실행되었다는 것입니다. 대부분의 학원 선교를 했던 사람들은 타문화 선교사 훈련을 거의 받지 않았고 러시아어를 배우려는 시도조차 하지 않았습니다.

둘째, 인근 지역에 존재하는 복음주의 교회들의 신자들을 이 사역에 연결시키거나 러시아 교회들과 협력하려는 시도가 전혀 없었습니다. 그래서 장기적 영향력은 매우 제한적이었습니다. 예를 들어, 저는 시베리아에서 거주하는 동안에 그것에 대해 전혀 들은 적이 없었습니다.

질문 10

러시아의 종교적 자유의 미래에 대해 어떻게 전망하십니까?

이 문제는 말씀드리기가 어렵습니다. 왜냐하면 이 문제는 주로 러시아 정교회의 태도와 미래 정책에 달려있기 때문입니다. 그리고 서구와의 관계도 큰 역할을 할 것입니다. 만일 서구와 러시아와의 협력 관계가 악화되거나 중단된다면 이는 국내에서 적대감을 고조시킬 수 있는데 특별히 복음주의 교회를 향해서 그럴 것입니다. 사실 이전에 서구 세계와 충돌이 있었을 때에는 러시아 침례교인들은 독일 스파이(제1차 세계대전 당시)나 미국 정보요원(냉전 당시)이라는 비난을 받곤 했습니다.

질문 11
개신교 복음주의에 대한 러시아 정교회의 태도는 어떻습니까?

이는 내부 사정뿐 아니라 국제 관계의 영향에 따라 바뀝니다. 우리는 러시아 정교회와 최고위급 차원에서는 우호적인 관계를 맺고 있습니다. 그러나 시골 지역에서는 여전히 매우 부정적인 태도에 직면할 수 있습니다. 일반적으로 그들은 우리에 대해 참아주고 있지만 여전히 우리를 러시아의 정체성에 맞지 않는 것으로 간주하거나 국민들의 개종을 꾀한다고 자주 비난합니다.

질문 12
러시아에 있는 외국인 선교사들의 존재와 장기사역의 문이 열리고 있습니까, 아니면 닫히거나 회전하고 있습니까?

문은 닫히지 않았습니다. 새로운 형태의 외국 선교사 사역이 나타나게 될 것입니다. 선교전략은 반드시 변해야만 합니다. 아마도 러시아는 '폐쇄적인' 국가로 간주되어야만 하겠지만 동시에 문명화된 국가 중 하나입니다. 20세기 초에 러시아에서 가장 효과적으로 사역을 했던 선교사를 들면 바실리 페틀러(Vasily Fetler)입니다.

그는 전도를 했다는 이유로 추방당했지만 다른 방법으로 계속 사역했습니다. 유럽에 있으면서 그는 6년간 러시아어를 구사하는 2천 명 가량의 선교사들을 훈련시켰는데, 대부분은 제1차 세계대전 기간에 러시아로부터 유럽으로 잡혀간 전쟁 포로들이었습니다. 그는 그들을 러시아로 보냈습니다. 그 결과 수백 개의 교회들이 개척되었습니다. 뒤이은 10년간 매우 광범위한 전도 운동이 일어났고 복음주의 신자들이 열배나 증가했습니다!

우리는 사역에 있어 새로운 방법들을 찾기 위해 함께 일할 필요가 있습니다. 바른 태도를 갖고 우리와 함께 효과적인 사역 전략들을 발전시키고자 하는 외국 선교사들에게는 기회들이 많이 있습니다.

질문 13

러시아에서 전통적인 러시아 세계를 넘어 타문화 선교를 하려는 비전에 대한 어떤 징후들을 보고 계십니까?

세 가지로 말할 수 있습니다.

첫째, 주로 토착민들이나 이주 노동자들로 구성된 교회들의 숫자가 증가하고 있습니다.

둘째, 중국이나 북한에서 온 사람들 외에도 이전 소비에트공화국들로부터의 대규모 이민자들, 특히 중앙아시아, 코카서스 지방에서 온 사람들로 인해 러시아 국적을 가진 사람들의 인구 지도가 변하는 것을 경험하고 있습니다. 이것은 특히 여러 러시아 도시들의 인구 구성을 눈에 띄게 바꿔놓았습니다.

셋째, 아프리카로부터 인도까지 해외의 여러 지역으로 가는 러시아 선교사들의 숫자가 늘고 있습니다.

질문 14

어떻게 하면 세계의 기독교 신자들이 러시아의 현재와 미래의 교회를 위해 기도하고, 함께 섬기며, 지원할 수 있겠습니까?

러시아 선교를 위해 어떻게 동역할 수 있을까요?

여러분들이 이전에 하셨던 것, 즉 기도를 계속해주시기 바랍니다! 70년간 사람들은 소비에트연방공화국을 위해 기도하면서 그 거대한 공산주의 정권이 무너지기를 간구했습니다. 지금은 진정으로 다양한 국적을 가진 러시아 각 지역 사역자들을 위한 기도와 재정적 지원이 참으로 필요합니다. 러시아에는 189개 종족이 있는데 단지 7개 종족만이 그들의 언어로 번역된 성경을 갖고 있습니다. 거기에는 2,500만 명의 무슬림들과 200만 명의 불교인들이 존재합니다! 해야 할 많은 일들이 남아있습니다.

질문 15

전 세계에 있는 이 책의 독자들에게 러시아의 기독교에 대해 말씀해 주시기 바랍니다.

러시아가 서방과는 매우 다른 동방(비잔틴) 계통 기독교에 의해 커다란 영향을 받았다는 사실을 꼭 기억해 주십시오. 동방정교회는 풍부한 기독교 전통과 역사를 갖고 있고 그것이 일반 사람들과 전도에 특별한 영향을 미치고 있습니다. 러시아가 대부분 정교회 신자들이기에 우리는 정교회와 좋은 관계를 맺어야만 합니다. 러시아는 루터, 칼뱅, 그리고 다른 뛰어난 설교자들에 의한 개혁 운동에 영향을 받지 않은 유일한 유럽 국가로 보입니다. 따라서 우리의 시간은 아직 오지 않았습니다!

토의 질문

1. 바흐무스키는 자신의 4대에 걸친 기독교 가정에 가해진 커다란 차별과 박해에 대해 이야기하면서 "그분들이 정부를 향해 적대감을 표명하거나 주변 사람들을 미워하거나 다른 친척들 사이에서 '자기 연민'에 빠져 있는 모습을 보이지 않았습니다. 오히려 그분들은 끊임없이 모욕을 당하고 굶주리는 가운데서도 기쁨과 행복을 잃지 않은 기독교 신자들이었습니다"라고 증언했는데 어떻게 이것이 가능하겠는가?
2. 그는 현재의 러시아를 '폐쇄적' 혹은 매우 제약이 많은 국가이나 어떤 종류의 외국 선교사 사역에 대해서는 그것을 필요로 하고 또 열려있다고 말하고 있다. 그것은 어떤 선교 사역들인가?
   또한 어떤 종류의 선교사들과 선교 방법들이 필요하다고 추천하고 있는가?
3. 러시아 사람들이 소비에트 공산주의의 붕괴와 동반된 급격한 변화에 잘 준비되지 못했었고 단지 8년 뒤에 개신교 복음주의 신앙에 대해 다시 제약과 압력을 가하는 방향으로 돌아갔다고 말한다. 과거를 돌아볼 때, 러시아 기독교인들이 그 두 가지 문제에 대해 어떻게 더 잘 준비했어야 한다고 보는가?

제9장 ■ 공산주의 이후 페레스트로이카 러시아

글쓴이

유진 바흐무스키(Eugene Bajhmustsky)는 모스크바 소재 러시아성경교회의 목회자 교사이고, 모스크바신학교의 교수이다. 그는 시베리아에 있는 쿠스바스(Kuzbass)주립기술대학을 졸업했고, 노보시비르스크(Novosibirsk)성경신학원에서 신학석사 학위를 취득했고 현재 박사과정에 있다. 그의 조부모 가정은 신앙 때문에 시베리아로 유배를 당했다. 그는 젊은이들과 광범위한 사역을 하면서 수많은 새로운 신자들을 강력한 지도자로 훈련시키려는 비전을 갖고 있다. 그는 현재 "러시아복음주의기독교및침례교연합" 교단의 수석 부회장이다.

제10장
앙골라에서의 경험

안토니아 반 데르 미어
(브라질복음주의선교센터 개발 코디네이터)

앙골라는 1975년 11월까지 포르투갈의 식민지였다. 1961년부터 앙골라의 몇 단체들이 독립을 쟁취하기 위해 싸웠다. 대부분의 혁명 지도자들이 복음주의 가정 출신이었기 때문에 포르투갈 정부는 교회를 혹독하게 탄압했다. 투쟁을 하던 한 단체는 "앙골라인민해방운동"(MPLA)이라는 마르크스주의 집단이었는데 이들은 소련과 쿠바로부터 지원을 받고 있었다. 그리고 남부 지역에서 출발한 "앙골라전면독립민족동맹"(UNITA)이라는 또 하나의 단체가 있었는데 이들은 미국과 남아공으로부터 지원을 받고 있었다. 1975년에 "앙골라인민해방운동"(MPLA)은 그들이 새로운 정부의 지도자라고 스스로 선포해 몇 차례의 내전이 일어나게 했다.

1975년부터 1991년까지 시골 지역으로 전쟁이 확산되었고 도시들이 집중적인 공격을 받았다. 도로는 위험했고 수백만 개의 지뢰가 매설되었다. 그런 와중에도 삶은 계속되었고 많은 사람들이 도시로 피난했다. 첫 번째 선거가 실시된 한 해 동안만 평화로웠고 다시 더 격렬한 전쟁이 1992년 11월부터 2002년까지 계속되었다.

공산주의 정권은 그리스도인들을 혹독하게 핍박하지는 않았지만 그리스도인들에게 여러 가지 제약을 부과했고 핍박한 경우도 더러 있었다. 1991년 이후 앙골라는 보다 민주적이 되어 종교적 자유가 신장되었고 자본주의 경제로 전환되어 일부 사람들이 부유해졌지만 대다수 사람들은 여전히 가난에서 벗어나지 못했다.

앙골라에서는 브라질 선교사들이 환영을 받았다. 1980년대에는 브라질에서 온 선교사들의 수가 서서히 늘어나 30명 정도에 이르게 되었다. 가장 혹독한 전쟁이 끝난 1990년대에 그 수가 다시 늘기 시작했다. 선교사들은 대여섯 개의 교단과 선교 기관에서 파송되었다. 선교사들은 앙골라에 도착하면 파송 교단이나 선교 기관과 상관없이 서로 친구가 되고 서로를 도왔다.

나는 1984년부터 1995년까지 "앙골라복음주의연맹"(AEA)의 사역자로 학생 운동을 위해 일했다. 아파트 5층에서 살았는데 주로 밤늦게 가끔 수도관을 통해 물이 공급되곤 했다. 수돗물이 나오면 잠에서 깨어나 모든 양동이에 물을 가득 채워 놓았다. 다음에 언제 수돗물이 공급될지 알 수 없었기 때문이다. 몇 달 만에 한 번 물이 공급될 때도 있었다. 아래층에서 물을 양동이에 담아 5층까지 계단을 올라와야 할 때도 있었다. 한번은 지하실에서 화재가 발생해 소방관들이 밤새 불을 껐다. 나는 피신할 곳도 없었기 때문에 5층에 있는 나의 집에서 기도하고 있었다. 다음날 아침까지도 1층은 뜨거운 불길에 쌓여있었다.

내가 속한 기관의 지도자 옥타비오(Octávio) 목사는 비전을 가진 사람이었으며 AEA의 사역은 확장되었고 여러 교회를 섬기게 되었다. 나는 앙골라의 여러 사역 기관들이 해외의 기독교 기관들과 연결되도록 하는 일을 했다.

1. 학생사역

나는 지방의 네 지역의 학생들을 위해 사역했다. 1986년도에 사역이 순조롭게 시작되었지만 곧 어려운 상황에 직면하게 되었다. 1987년도 루방고(Lubango) 지역의 학생들이 자신들을 방문하지 말아 달라고 요청하였다. "당신이 공항에 도착하면 당국자들이 당신이 왔다는 것을 알게 될 것입니다. 지금은 상황이 좋지 않습니다." 그 사역과 관련된 8명의 신실한 학생들이 당국자들에게 세 번이나 불려가 심문을 받았다. 당국자들은 학생들에게 공부를 계속하려면 신앙을 포기하라고 위협했다. 학생들은 대답했다.

> "우리들은 국가를 위해 일하기를 원합니다. 그러나 주님을 부인할 수는 없습니다."

그 결과 학생들은 대학에서 추방을 당했고 군대에 강제로 징집됐다. 한 학생은 한쪽 다리를 절었기 때문에 병역에서 면제되었다. 다른 학생들은 정치적인 고소를 당한 상태에서 처음에는 루안다(Luanda)로 배치되었고 다음에는 전방 지역 몇 곳에 배치되었다. 2년이 지난 뒤에 고소가 철회되었고 결국 자유의 몸이 되어 공부하고 일할 수 있게 되었다.

나는 벵구엘라/라비토(Benguela/Labito)지역에서 학생들을 가르쳤다. 식사 시간이나 휴식 시간에는 언제나 몇 명의 학생들이 내 주변에 모여 질문을 했다. 소수의 목사들만이 신앙 훈련을 받았는데, 그들도

제10장 ■ 앙골라에서의 경험   177

학교에서 신앙에 대해 질문을 받곤 했다. 복음주의 서적은 거의 찾아 볼 수 없었다. 그래서 나는 브라질에서 월급으로 산 몇 권의 책을 그들에게 가져갔는데 이로 인해 '걸어 다니는 기독교 백과사전'이라는 별명을 얻게 되었다.

어느 날 그들은 나에게 '철학과 기독교 신앙'에 대해 강의해 달라고 부탁했다. 나는 마르크스 철학에 대한 서적 및 기독교 서적을 몇 권 읽었다. 강의는 어느 주일 오후 아직 건물이 완성되지 않은 큰 교회에서 진행하기로 되어 있었다. 강의가 있는 주일 오후에 교회는 이미 사람들로 가득 찼다. 강의가 시작되기 1분 전 나는 "종교 담당 책임자(Director of religious affairs)가 이 자리에 있습니다!"라고 쓰인 쪽지를 건네받았다. 그는 바로 교회를 전담하는 책임자였다.

나는 강의를 진행하는 동안 "주님, 저에게 지혜를 주세요!"라고 기도했으며, 질문을 받는 시간에는 더 열심히 기도했다. 강의를 마치고 난 후 참석자들을 위한 교제의 시간이 있었는데 나는 바로 종교 업무 책임자 옆 좌석에 앉게 되고 말았다. 그는 나에게 말했다.

"자매님, 감사합니다. 저는 오늘 당신으로부터 많은 것을 배웠습니다!"

그의 반응은 나를 매우 놀라게 했다. 그와 대화를 나누는 중에 그는 말했다.

"저는 여전히 유물론자입니다. 그러나 더 이상 무신론자가 아닌 것만은 확실합니다."

1991년 이후 정치 환경이 바뀌기 시작했으며, 기숙사나 대학교에서 학생들에게 복음을 증거 할 수 있는 기회가 조금씩 생기기 시작했다.

2. 병원 사역

나는 몇 명의 친구들과 함께 어느 병원을 방문하게 된 계기로 위로 사역(ministry of encouragement), 전도, 그리고 섬김과 사랑의 돌봄 활동 등에 참여했다. 우리는 재활 및 물리치료센터를 방문했는데 그곳은 다리를 절거나 팔이나 다리를 잃은 환우들이 있는 곳이었다. 우리는 다른 병원들도 방문했다. 병원에 입원해 있는 사람들은 상처를 입었을 뿐 아니라 배고픔으로 고통 받았으며 기본적인 생필품조차 부족했다. 그들은 외로웠고 희망조차 잃어버렸다. 그래서인지 그들은 방문객들을 환영했다. 그들 중 몇 명은 우리의 방문으로 그리스도인이 되기도 했다. 우리가 만난 환자 중 하나님과 예수 그리고 성경에 대해 알고 있는 이들은 거의 없었는데, 그래서 그들 대부분은 복음의 메시지를 이해하는 데 몇 달씩 걸리기도 했다. 또한 환자 중에는 마르크스주의자들도 있었는데 교제를 통해 그들과 가까워질 수 있었고 그들 중 많은 이들이 신앙을 갖게 되었다.

호세 고메스(Jose Gomes)라는 청년은 열여섯 살 때 다이빙 사고로 사지를 잃었다. 마르크스주의자인 호세는 성경은 무식한 사람들을 위한 것이라고 알고 있었다. 그는 자신을 돕기 위해 시골에서 오신 어머니를 교통사고로 잃었으며, 이로 인해 절망적인 슬픔에 빠지게 되었다. 나는 그의 친구가 되었는데 그는 나에게 성경에 대해 질문하기 시작했다. 그리고 몇 달 후에 그는 예수를 믿고 싶어 했고 삶에 대한 열정과 기쁨으로 충만한 그리스도인이 되었다.

제10장 ■ 앙골라에서의 경험   179

고메스가 입원해 있는 병원을 방문하는 사람들이 그의 병상에 오면, 그는 그들 모두에게 격려의 말을 건넸다. 그는 입으로 글 쓰는 법을 배우기 원했는데, 얼마 후 한 편의 아름다운 시를 썼다. 그리고 나는 그에게 자신의 이야기를 글로 써 보라고 독려했다. 나는 그를 대신해 타이핑을 해주었고, 그의 저서 제2판이 브라질에서 출판되었다.

토의 질문

1. 공산주의, 전쟁, 그리고 폭력이라는 상황에서 어떻게 선교 사역과 복음증거가 성공적일 수 있었는가?
2. 하나님께서는 어떻게 가장 슬픈 상황을 변화시켜 기쁨과 새로운 삶으로 이끄셨는가?
3. 우리는 우리가 섬기고자 하는 이들이 불필요한 피해나 박해를 받지 않도록 하기 위해 어떤 면에서 지혜로우면서도 조심해야 할 필요가 있는가?

글쓴이

안토니아 반 데르 미르(Antonia van der Meer)는 네덜란드 배경의 브라질인으로 브라질과 앙골라에서 "국제복음주의학생회"(IFES)를 수년 간 섬겼다. 현재는 브라질에서 "복음주의선교센터"에서 개발 코디네이터, 학장, 교사, 그리고 멘토로 섬기고 있다. 상파울로에 있는 브라질침례신학교(the Baptist Brazilian Theological Faculty)에서 신학석사,

필리핀 아시아신학교(the Asia Graduate School of Theology)에서 선교학 박사 학위를 취득했다.

　세계복음주의연맹 "선교위원회"가 발행하는 학술지인 『커넥션스』(Connections)와 『21세기 글로벌 선교학』(Global Missiology for the Twenty-first Century, CLC, 2004), 『미션 퍼스펙티브스』 브라질 버전, 『선교사 멤버케어』(Doing Member Care Well, CLC, 2004), 『선교신학사전』(The Dictionary of Mission Theology), 『세계 기독교 총람』(the Atlas of Global Christianity)에 그녀의 글이 기재되었다. 저서로는 『귀납적 성경 공부』(ABEEditora), 『선교사 이야기』(Eu, um Missiondrio?), 『고난의 상황에 처한 브라질 선교사 돌보기』(Caring for Brazilian missionaries in contexts of suffering)가 있다.

죄가 더한 곳에 은혜와 소망이 넘친다

　라틴아메리카의 오랜 내전의 역사 가운데 1980년대와 1990년대 페루 좌익 게릴라 조직인 "빛나는 길"(the shining Path)의 투쟁은 특히 잔인했다. 그러나 내전으로 인한 폐해와 고통 가운데서도 페루 그리스도인들은 매우 주목할 만한 모습을 보였다.

　목회자 및 평신도 3백여 명 이상이 살해당했는데 그중에는 여성도 상당수 포함되었다. 기독교 대학생들이 주요 테러 대상이 되었다. 그리고 때때로 정부군이 살해자가 되기도 했다. 어느 날, 주일예배를 드리던 교회에 해병대가 들이닥쳐서 회중들을 인질로 삼고 그 중 여섯 명을 밖으로 데리고 간 후 총으로 살해했다. 그리고 살해당한 이들의 가족들이 예배당에서 몰려나오면서 시체들에 걸려 넘어지게 만든 사건이 있었다.

이러한 위기 상황에서, 페루 복음주의 교회들은 집을 버리고 떠나야 했던 기독교 신자들을 위해 옥수수, 리마콩, 밀가루, 기름 그리고 의약품을 모았다. 작고 단순한 교회(small and simple churches) 내에 임시 거처를 마련했으며 병자와 임산부를 위한 임시 병원을 세웠다. 그리고 미망인과 고아들을 위한 장기적인 돌봄 계획을 수립했다. 페루 교회는 밀림 제거와 새로운 마을 설립을 통해 난민들이 새로운 공동체를 개척하도록 도왔다.

한편, "페루복음주의협의회"(CONEP)는 정부, 언론 및 시민들에게 선언문을 배포했다. 이 선언문은 진실을 담고 있을 뿐 아니라 당국이 행동에 나설 것을 촉구했다. 또한 지금 일어나고 있는 사태에 대한 신학적 기반을 제공했다.

"나타나는 모든 현상을 볼 때, 죄는 분열을 야기한다. 자기중심성, 교만, 거짓, 폭력, 살해 그리고 원주민에 대한 인종차별 … 모든 페루인들은 이념, 신분, 혹은 종교에 상관없이 인권이 보장된다(3)."

이 선언문은 하나님께서 사람을 그의 형상대로 창조하셨다는 창세기 1장을 인용했다. 그리고 "내 이름으로 일컫는 내 백성이 그들의 악한 길에서 떠나 스스로 낮추고 기도하여 내 얼굴을 찾으면 내가 하늘에서 듣고 그들의 죄를 사하고 그들의 땅을 고칠지라"는 역대하 7:14 말씀도 인용했다.

그리고 "살인하지 말라"는 십계명을 인용하면서 "이념이나 총이나 거짓이나 굶주림으로" 살인하지 말라는 내용을 덧붙였다. 하나님께서 가인에게 "네가 무엇을 하였느냐? 네 아우의 핏소리가 땅에서부터 내게 호소하느니라"(창4:10)고 하신 말씀도 인용했다.

예수께서 "화평하게 하는 자는 복이 있나니"(마 5:9)라고 하신 산상수훈의 말씀뿐 아니라 위대한 페루 사상가들의 말도 인용했다.

이러한 모든 것을 실행하기 위해, 교회 지도자들은 "평화와소망위원회"를 설립했다. 이 위원회의 명칭은 교회 지도자 중 한명이 "소망의 하나님이 모든 기쁨과 평강을 믿음 안에서 너희에게 충만하게 하사 성령의 능력으로 소망이 넘치게 하시기를 원하노라"는 로마서 15:13 말씀에서 영감을 받아 짓게 되었다. 20년이 지난 지금도 이 위원회는 지속 가능한 방식으로 도움이 필요한 페루 그리스도인들을 돕는 사역을 계속하고 있다.

미리암 애드니(Miriam Adeney), 『국경 없는 왕국: 전 세계 기독교의 밝혀지지 않은 이야기』(*Kingdom without Borders*, 2009, 88-93), 존 마우스트(John Maust)의 『시체들의 구석에서 평화와 희망』(*Peace and Hope in the Corner of the Dead*) 재인용

제11장
전쟁과 가난 그리고 브라질 선교사들

안토니아 반 데르 미어
(브라질복음주의선교센터 개발 코디네이터)

우리는 현재의 다양하고 극심한 고난의 상황이 지속되고 있고 복음주의 선교사들이 섬기는 세계 여러 지역에서 큰 고난에 직면하고 있음을 고려할 때, 그들을 이런 상황에 대응할 수 있도록 준비하게 하고 돌보는 방법에 있어 개선이 필요하다는 것을 깨닫는다. 다음의 연구는 선교사들의 견해를 반영하고자 했던 하나의 시도였다.

1. 선교사들이 섬기는 사람들의 주된 필요들

이 연구는 최근에 무서운 전쟁과 기근, 가뭄과 홍수를 겪은 국가에서 사역하는 선교사들을 대상으로 이루어졌다. 파괴와 가난으로 인한 질병, 신체적 장애, 적절한 도움의 결여는 여전히 충격적이었다. 선교사들의 주된 관심은 그들 자신이 아니라 그들이 섬기고 사랑하는 사람들의 고통과 관련된 것이었다.

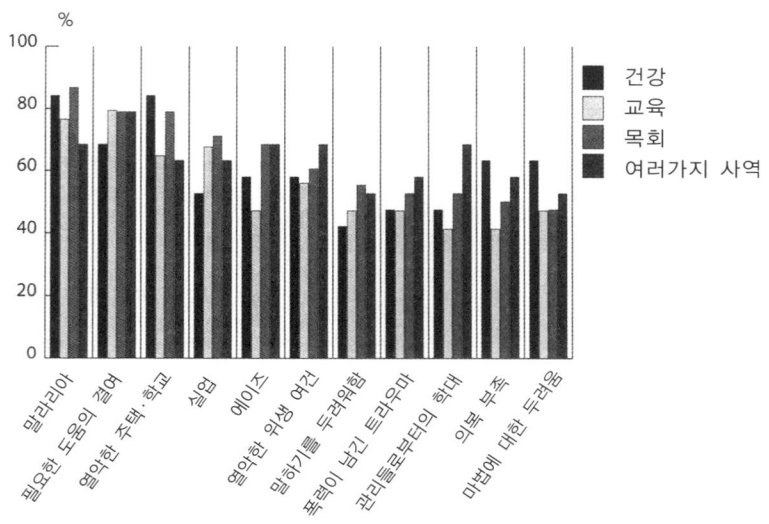

〈그림 1. 선교사들의 직종에 따른 현지인들의 필요〉

말라리아는 가난과 전쟁으로 고통받는 나라에서 여전히 심각한 문제이다. 말라리아는 많은 사람들을 죽게 하는데 왜냐하면 말라리아가 일반적인 약품에 대한 저항력이 생기고 있고 많은 사람들이 질병에 대한 저항력이 낮기 때문이다.

이러한 나라에 있어 가난과 더불어 끝없는 전쟁들은 주택과 학교의 구조적 결핍을 초래하고 있다. 플라스틱, 볏짚, 골판지, 풀, 그리고 진흙으로 지어진 집들은 기본적 위생 조건도 갖추지 못하고 있다. 심지어 열두 명이 작은 방 하나에서 기거하기도 한다. 지붕이나 칠판, 책상도 없는 학교에는 학생들이 의자 대신 빈 깡통을 가져와 앉고 무릎에 공책을 놓고 필기한다.

마법에 대한 두려움도 문제이다. 뱀의 독은 악령들을 조정해 다른 사람들을 죽이거나 해치는 데 사용되고 있다. 마법보다 더 나쁜 것은 비난에 대한 두려움인데 왜냐하면 상황이 어려워질 때 사람들은 누군가 그들을 대적해서 마법을 실행했다고 간주하면서 용의자를 찾기 시작한다. 가족들은 분열되고 사람들(심지어 아이들도)은 죄의 여부와 관계없이 정죄를 받는다. 에이즈(AIDS)도 심각한 문제지만 여전히 금기시하고 있다. 많은 환자들이 가족들로부터 버림을 받았다. 어떤 선교사들은 그들을 대상으로 사역한다.

2. 선교사 자신들의 필요들

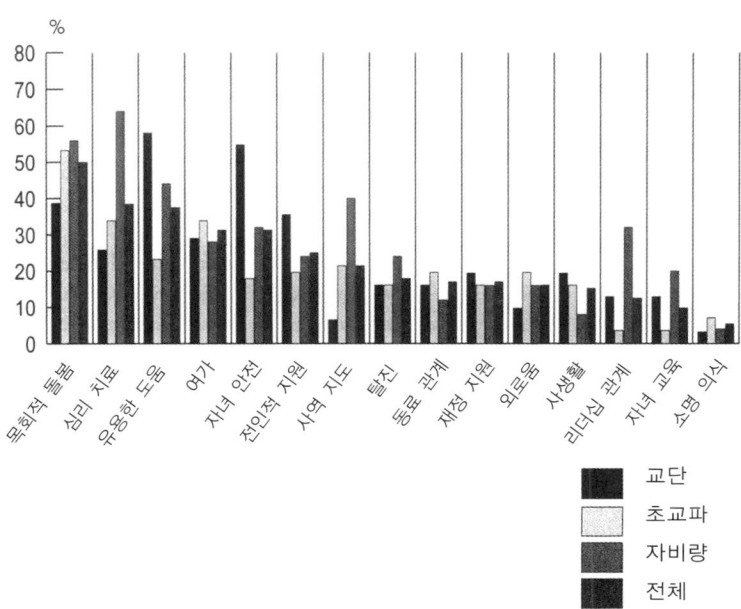

〈그림 2. 선교 단체 선교사들의 필요〉

1) 선교사들은 무엇을 필요로 하고 있는가?

교단 선교부 파송 사역자들은 목회적 돌봄을 받고 있다. 그럼에도 불구하고 38.7%가 이 필요가 있다고 말했다. 그들은 소명과 연관된 외로움과 의심의 영역에서는 고통을 덜 받고 있었다. 그러나 사생활의 부족(19.4%)을 느꼈고, 적절한 도움의 부족(58.1%), 자녀들의 안전의 필요(54.8%)에 대한 관심을 표명했다. 이러한 선교사들의 대부분은 가정을 가진 사람들이었다.

초교파 선교 단체의 선교사들은 보통 평균 이하로 필요를 표명했지만 그들은 여가 시간의 부족(33.9%), 목회적 돌봄의 필요(53.6%), 외로움(19.6%), 그리고 동료 관계에서의 갈등(19.6%)을 나타냈다. 위기 발생 시 적절한 도움(23.2%)에 대해서는 염려가 상대적으로 크지 않았다.

아무 단체의 지원도 없는 독립 선교사들은 지원에 대한 커다란 필요를 느꼈다. 그들은 목회적, 심리적 지원(각각 56%와 64%), 사역을 위한 오리엔테이션(40%), 그리고 자녀 교육(20%)필요에 대한 관심을 나타냈다. 32%는 현지 지도자들과의 관계에서 비롯되는 어려움을 지적했다. 그들이 선교지로 가는 전체 과정은 비공식적인 것이었다.

선교 단체와 교회들은 선교사 자녀들에 대한 특별한 돌봄을 제공하는 것에 대해 배우는 과정에 있다. 안전과 관련한 문제들은 불안정한 상황에서 해결하기 어렵지만 선교사들은 자신의 지도자들이 그들 곁에 함께 있을 때 버틸 수 있는 힘을 얻는 것으로 나타났다.

방문자들이 목회적 돌봄에 대한 관심을 갖고 선교 현장을 방문하는 것은 도움이 된다. 매우 긴장이 높은 상황에서 수년간 사역하는 어떤 선교사들은 지도자들의 짧은 방문을 받았는데 그들은 사역의 가능성에 대한 관심은 가졌지만, 선교사들과 함께 앉아 그들로부터 이야기를 듣고 함께 기도할 시간은 없었다. 모든 단체의 선교사들은 기도 지원이 고난의 상황에서 사역하는 사람들을 위해 절대적으로 중요하다고 느끼고 있었다.

2) 극심하고 지속적인 고난의 상황에 대해 선교사들은 어떻게 반응하는가?

고난의 상황에서 외로움, 우울, 슬픔은 독신 여성 선교사들과 자녀들 양육으로 선교 사역에 참여할 수 없는 부인 선교사들에게 있어 공통적으로 나타난 문제이다. 큰 고난의 상황에서는 많은 사람들이 무가치하고 무능력하게 느끼게 된다. 선교사들은 폭력과 전쟁의 상황에서 살아가는 어려움에 대해 거의 말하지 않았다. 그들은 사랑으로 섬기면서 이러한 고통스러운 상황에 기꺼이 직면할 준비가 되어있었다.

선교사들이 비록 탈진을 초래할 만큼 큰 스트레스를 받고 있고 자녀들의 삶에 대한 염려가 있음에도 불구하고, 다른 사람들의 필요에 관심을 갖고 그들을 사랑으로 섬기는 것을 보면 깊은 감명을 준다. 적절한 멤버케어, 목표가 분명한 훈련, 그리고 선교 사역의 고난에 대한 성경적 이해는 이러한 문제들을 다루는 데 도움을 줄 수 있다.

3. 본국사역과 재입국

본국사역은 선교사들에게 편한 시간이 아니다. 보통 그들은 본국으로 돌아와 적응하는 데 문제가 있을 것이라고 생각하지는 않지만, 자신이 얼마나 변했는지, 본국의 모든 것이 얼마나 낯설고 어색하게 느껴지는지 그리고 자신에 대한 본국 사람들의 얼마나 적은지를 발견하게 된다. 선교지의 커다란 위기들을 직면하는 것은 예상하지만, 일단 본국으로 귀환하면 그들은 돌봄을 받고 쉬고 재충전하기를 희망한다.

그런데 어떤 교회들은 "당신이 본국에 있다면 더 이상 선교사가 아니다"라는 생각으로 그들에 대한 지원을 중단하기도 한다. 어떤 교회들과 단체들은 선교사들이 휴식이나 의료적 돌봄을 받을 시간도 주지 않은 채 무거운 책임을 맡긴다. 이보다 더 큰 어려움은 교회가 그들이 돌아온 것에 대해 아무런 관심도 주지 않고 선교 경험을 나눌 기회도 제공하지 않는 것이다.

선교사들에게는 몇 가지 기본적인 필요가 있다.

어떻게 필요한 것을 구입하는가?

(본국의 물건들은 바뀌었고 선교지와 구입 방식도 다르다)

어른과 아이 그리고 십대에게 적절한 옷차림은 어떤 것인가?

재정 문제와 관련한 새로운 규칙들은 무엇인가?

선교사의 각종 필요들을 살피고 그들이 다시 융화되도록 도우며 자신의 모국에서 오히려 더 외국인처럼 느끼는 선교사 자녀들을 사랑으로 지지해주어야 한다.

4. 가족 문제

선교사 가족이 자유롭게 사역하기 위해서는 지원과 돌봄이 필요한데, 특히 자녀들을 잘 돌보는 것이 중요하다. 대부분의 아이들은 타문화에 잘 적응하고 성장하지만, 어떤 가족들은 갈등에 대응할 수 없어서 일시적으로 혹은 장기적으로 본국으로 귀환해 특별한 돌봄을 받아야 한다.

부부 관계에 있어 스트레스를 받을 때에도 돌봄이 필요하다. 회복의 시간을 위해 그 부부를 본국으로 돌아오게 하는 것이 좋을 수도 있다. 가족의 삶에는 스트레스를 더 많이 받아 취약해지는 시기가 있는데 예를 들어 자녀 출산(특히 첫아이)이나 자녀들이 십대가 되었을 때가 그렇다. 그들의 말을 들어줄 필요가 있고 필요한 경우에는 그들이 본국으로 돌아오도록 해야 한다.

5. 목회적, 심리적 돌봄

박해와 순교가 예상되는 지역에는 선교사들을 파송하기 전에 영적 성장과 감정적 안정감을 갖도록 지원할 필요가 있다. 이것은 멘토링과 제자 훈련, 목회적 돌봄, 심리학자들과의 그룹 활동 및 고난과 인내에 관한 성경 연구를 통해 이루어질 수 있다. 극단적인 고난 상황 속으로 사람들을 보낸다는 것은 커다란 책임이 있다. 그런 일에 소명이 있는 사람에게 적절한 훈련과 멤버케어를 제공할 때 그들은 그 상황에 대처하며 축복의 통로가 될 것이다. 그런데 선교지에 축복이 되고자 하는 소망을 갖고 갔다가 낙담해서 되돌아온 경우에는 일종의 비극이 아닐 수 없다. 또한 그들의 파송교회에도 비극인데 그 교회들은 앞으로 선교 후원에 대해 매우 주저하게 될 것이다.

6. 독신 여성들의 필요

독신 여성들은 큰 고난의 모든 현장에서 중요한 섬김의 역할을 한다. 독신 여성들의 주된 강점은 섬김, 여행, 지역 사람들과의 교류, 그리고 만일 그들이 기꺼이 댓가를 지불하고자 한다면 위험한 상황에서 더 많은 자유가 있다는 것이다. 그들은 보통 더 빨리 현지 상황에 적응하고 언어를 속히 배우며 현지인들과 좋은 관계들을 발전시키고 자신의 사역과 우정 관계에서 만족을 얻는다. 가족에 속하지 않았기 때문에 그들은 접근하기 쉬운 여자들로 보일 수 있다. 그래서 그들은 조심해야 하며 그 지역의 규칙들을 존중해야 한다.

독신 여성들을 스트레스와 박해와 순교의 상황으로 보내는 것에 대한 염려가 자주 제기되지만, 그들은 대개 잘 대처하고 사역을 잘 감당한다. 많은 독신 여성 선교사들을 멤버케어하고 있는 어느 노련한 지도자는 "보통 독신 여성들은 가족이 있는 선교사들보다 더 잘 대처할 수 있다. 지역사회가 그들을 돌본다. 그들은 외로움을 겪지만 독신 남성들이 더욱 힘들어하고 특별히 결혼한 여성들이 더 어렵다"고 말했다.

혼자 선교지로 나가는 독신 사역자는 많은 여성들에게 일종의 도전인데, 왜냐하면 대부분 비슷한 소명이 있는 남편을 찾아 결혼하고 싶은 갈망을 갖고 있기 때문이다. 어떤 이들은 다른 선교사나 현지인 기독교인과 결혼하기도 한다. 다문화 결혼은 축복일 수 있지만 우리는 독신 선교사들이 이러한 관계에 성급하지 않도록 준비시킬 필요가 있고, 그들은 이러한 결정을 내리기 전에 문화를 잘 이해할 필요가 있다.

7. 결론

나는 교회, 훈련 기관, 선교 단체들이 고난에 대한 성경적 관점을 회복할 필요가 있다는 것을 확실히 강조하고자 한다. 어떤 교회들은 고난을 믿음의 결여나 죄의 탓으로 간주하기도 한다. 그런 경우에 선교사들은 개인적 고초와 그들이 처한 상황이 주는 고통의 무거운 짐을 극복할 수 있게 하는 이해와 지원을 받기가 매우 어렵다. 교회가 선교사들에게 자비, 이해, 그리고 지원을 제공하도록 돕기 위해 고난과 제자도의 댓가에 대한 보다 균형 잡힌 성경적 이해가 필요하다.

선교사들이 어려운 상황에 직면할 때 어떤 이들은 지도자들이 자신들의 필요를 표현할 수 있는 기회를 주지 않는다고 불평한다. 나는 "사람들이 언제 우리들의 이야기를 들어주기 시작할까?"라고 질문하는 것을 들어왔다. 그래서 나는 그들이 필요와 고통을 표현할 수 있도록 돕기로 결심했다.

교회, 단체, 그리고 훈련 기관들은 그들의 선교사들을 단지 학문적으로만이 아니라 성숙한 성품을 갖게 하고 지속적인 제자로서의 삶에 깊이 헌신하도록 준비시켜야 한다. 그들은 선교사들로부터 듣고, 그들의 상황을 이해하고 멤버케어를 하며 실제적 지침을 주고 그들의 사역에 참여해야 한다. 우리들의 섬세한 돌봄이 선교사들로 하여금 기쁨을 갖도록 도울 수 있다.

토의 질문

1. 당신의 나라에서 파송한 선교사들이 위에 언급된 것과 비슷한 고통스러운 상황에 직면하고 있는가?

    그들은 어떻게 현지인들의 고통에 반응하고 있으며 그들의 필요는 무엇인가?

2. 당신의 교회와 단체는 본국사역을 위해 돌아오는 선교사들과 혹은 사역을 종료하고 돌아오는 선교사들을 어떻게 맞이하는가?

    당신은 그들의 실제적인 필요와 목회적 돌봄의 필요를 어떻게 도와주었는가?

3. 매우 어려운 상황들에서 살아가는 선교사들에게 당신의 교회나 단체는 어떤 지원을 하고 있는가?

    누가 그들의 이야기를 들어주는가?

    어떻게 그들에 대한 멤버케어를 개선할 수 있겠는가?

글쓴이

안토니아 반 데르 미어(Antonia Van der Meer)는 네덜란드계 브라질 사람으로 브라질과 앙골라에서 "국제복음주의학생회"(IFES)를 위해 수년간 일했다. 현재는 브라질의 "복음주의선교센터"(Evangelical Missions Center)에서 개발 코디네이터, 학감, 교수 및 멘토로 일하고 있다. 그녀는 상파울루에 있는 브라질침례신학교에서 신학석사, 필리핀 아신아신학교에서 선교학박사 공부를 했다.

미르는 여러 잡지와 책에 기고했다. 그녀는 포르투갈어로 여러 권의 책을 썼는데 특별히 고난의 상황에서 브라질 선교사들을 돌보는 것에 관한 책(『상처 입은 선교사들』[*Misionários Feridos*])의 저자이다.

제12장
나이지리아 선교사의 죽음 대비 훈련

루벤 E. 에제마두
(르완다 성베드로성공회교회 목사)

1. 나이지리아에서 그리스도의 증인으로 산다는 것의 의미

나는 요한계시록 2-3장을 통해 예수님께서 일곱 교회에 보낸 메시지를 묵상하면서 모든 교회를 대표하는 일곱 교회의 상황이 오늘날의 글로벌 교회와 비슷한 점이 있음을 발견했다. 예수께서 다섯 교회에 "나는 너의 행위를 안다"고 말씀하시는데 이는 교회의 존재 이유인 증인의 삶을 실천하지 않고 있다는 사실을 알고 계시다는 것이다.

그러나 서머나 교회에 대해서는 "나는 너의 환난과 궁핍을 안다"고 말씀하시는데 이는 박해, 투옥, 순교 그리고 그들이 겪는 많은 시험 즉 그들이 '경험'하고 있는 것을 알고 계신다는 것을 강조한다. 버가모 교회에 대해서는 "사단이 권세를 잡고 있는 곳에 너희가 살고 있음을 안다"고 말씀하신다. 이는 버가모 교회가 처한 상황과 그러한 환경 가운데 교회가 증인된 삶을 살고 있음을 알고 계신다는 것을 말한다.

오늘날 나이지리아에서 그리스도의 증인으로 산다는 것은 예수께서 서머나와 버가모 교회에 말씀하신 정황과 일치한다. 나이지리아는 환난과 궁핍, 핍박, 순교가 있고, 사단이 권세를 잡고 있는 곳이다. 나이지리아 북부에서는 아주 작은 사건을 빌미로 그리스도인들의 삶이 파괴되고 막대한 재산 피해를 입고 있다. 또한 방화로 인한 교회 건물 소실과 무슬림들이 지배하는 지역에서는 예배당 건축을 위한 장소 제공 거부, 그리고 그리스도인에 대해 편견을 가진 무슬림들로 인해 그리스도인들이 정부 기관에서 승진과 고용 차별 당하는 등의 상황은 그리스도를 위해 존재하며 증인의 삶을 사는 나이지리아 교회의 현실을 잘 대변해준다.

또한 우리가 나이지리아와 아프리카에서 선교 사역을 하고 있는 상황은 예수께서 마태복음 10장에서 하신 말씀과 일치한다. 예수님은 선교 사역을 할 때 겪게 될 도전, 위협 그리고 위험을 추수의 주인이신 예수님 자신이 공급하시는 축복, 안전, 그리고 보호와 대조하신다. 우리가 사역하는 지역은 대부분 극단적인 무슬림 저항 세력이 자리 잡은 서부 아프리카와 중부 아프리카나 라이베리아(Liberia)와 아이보리코스트(Ivory Coast)와 같이 전쟁으로 폐허가 된 지역들이다. 우리의 선교사들은 위협과 위험천만한 환경과 상황에서 사역하고 있다.

예수님 자신도 12사도와 70명의 제자들을 선교 사역을 위해 보내시기에 앞서 이에 대해 사전 교육을 하셨다. 그는 선교지는 어디든지 위험으로 가득하다고 지적하시면서 그의 부르심에 따르기로 선택한 자들과 그의 사역에 참여하는 데 지불해야 할 댓가에 대해서 말씀하셨다. 예수님은 그의 제자들을 "이리의 무리 속으로 양"을 보내는 것 같다고 하시며(마 10:16), 환영 받지 못하는 곳에서 핍박, 체포, 억류, 투옥(납치 포함), 최종적으로는 목숨을 잃게 되는(마 10:14-39) '위험이 지속될 것'에 대해 말씀하셨다. 이 구절은 환난, 궁핍, 핍박과 순교, 그리고 사단이 권세를 잡고 있는 상황에서 그리스도의 증인으로 산다는 것이 무엇인가를 잘 보여준다.

요한복음 17장에 보면 예수님이 그의 제자들을 위해 대제사장의 기도를 하시면서, 그들이 보냄을 받아 가게 될 곳은 위험과 사역의 어려움으로 가득한 세상임을 상기시키신다. 예수님은 아버지께 그들이 이 세상에서 사역하는 동안 지켜주실 것을 간구하셨지만, 그들을 세상에서 데려가 달라고 하시거나 그들이 당하게 될 공격으로부터 방어해달라고 하시지는 않았다(요 17:6-18).

2. 나이지리아에 온 선교사

나이지리아가 '어둠의 대륙'과 '백인들의 무덤'으로 알려지던 시대에 유럽과 북미 선교사들이 나이지리아에 왔다. 그들 중 많은 이들이 적대적이며 혹독한 환경 조건, 면역이 되지 않는 열대병, 아프리카 원주민들의 야만적 행위와 부족 간 전쟁의 희생물로 사망했다. 그들의 수고와 눈물, 땀과 피는 교회의 씨앗이 싹트고 자라게 하는 토양을 적셨다.

민족주의 정신의 출현과 전통 종교의 부활이 근본주의 이슬람의 등장과 맞물려 최근 기독교에 대한 적대감과 억압을 부채질하고 있다. 근본주의자들과 전통주의자들이 정부를 장악하면서 이들은 나이지리아로 들어오려는 해외 선교사의 인원 제한, 나이지리아에 머물고 있는 선교사 비자 유효 기한 연장 제한, 비자 연장 거부, 근거 없는 고소나 작은 사건을 빌미로 하는 선교사 추방, 신규 입국 및 거주 비자 신청 승인 연기나 거부와 같은 정책이나 조치를 마련해 나이지리아

외부로부터 오는 선교 사역을 차단하고 있다.

　이러한 조치들은 나이지리아로 오는 해외 선교사의 자국 경제 침체와 맞물려 나이지리아에서 사역하는 해외 선교사의 출국 증가 및 나이지리아로 입국하는 선교사 숫자의 감소로 이어지고 있다. 학교, 병원, 성경번역센터 등과 같은 선교사들을 폐쇄하거나 세운 기관들은 정부가 빼앗기도 했고 몇몇 무슬림이 지배하고 있는 북부 나이지리아 지역의 경우, 이슬람 단체로 바뀌기도 했다.

　이러한 현상은 어린 교회에 커다란 영향을 끼쳤다. 나이지리아 미전도 종족을 위한 교회 개척 사역이 감소되거나 전면 중단된 상태가 되었다. 성장하는 교회를 지속적으로 양육할 뿐 아니라 현지 교회가 물려받은 기관들을 잘 운영할 수 있도록 충분히 훈련 받고 준비된 인력이 부족했다. 해외 교회로부터 오는 도움과 지원도 파송교회의 자원을 전달하는 선교사들의 지속적인 출국으로 인해 감소했다. 이는 나이지리아 교회들로 하여금 내부로 시선을 돌리도록 했는데, 이러한 환경 가운데 "서아프리카복음주의교회복음선교회"(Evangelical Missionary Society of ECWA), "갈보리선교회"(Calvary Ministries, CAPRO), 그리고 "기독교선교재단"(Christian Missionary Foundation, CMF)과 같은 자생 선교 단체가 출범했다.

　예수께서 마태복음 10장과 누가복음 10장에서 제자들에게 보여주신 가르침, 교훈, 오리엔테이션 그리고 선교지 실상과 위험으로 가득한 사역 환경에 대한 안목은 요한계시록의 서머나와 버가모 교회처럼 고통과 가난, 박해와 순교로 가득 차고 사단이 다스리는 지역에 사는 우리들로 하여금 그리스도를 위해 살며 증인이 되도록 훈련받고, 무장되고, 준비하는 데 충분한 지침이 되었다.

3. 한정된 자원과 가난 중의 선교 사역

우리는 또한 '예산 없는' 선교 사역에 대한 예수의 가르침을 발견했다. 마태복음 10:9-10은 하나님만을 신뢰하는 오직 믿음에 근거한 선교를 가르치고 있다. 누가복음 10:5-8에 보면 예수는 궁핍한 환경에서 제자들이 증인의 삶을 지속할 수 있도록 '음식과 주거' 계획을 제시하신다. 이 제안은 원리와 실천에 있어 우리 선교사들이 외딴 지역에서 지속적으로 사역하거나 극심하게 가난한 환경 가운데서 살아남는 데 도움을 주고 있다. 그러므로 우리는 이러한 방법이 파송 선교사 훈련 및 준비에 중요하다는 점을 강조한다.

4. 박해와 순교의 필연성

주님은 또한 박해와 순교의 필연성을 언급하시면서(마 10:17-23), 박해와 순교에 직면할 수 있는 은혜와 신적인 보호하심이 있을 것임을 말씀하신다. 영적 전쟁은 사단이 다스리는 곳에서는 반드시 나타나게 되어 있다. 나이지리아 사회에서 복음 사역을 방해하는 매우 다양한 형태의 정사와 권세를 직면하지 않고는 그리스도의 증인으로 사는 방법은 없다.

이러한 영적 전쟁은 전통, 관습, 전통적인 통치자, 정부, 기관, 미디어를 통해 일어난다. 이러한 것들은 이 땅에서 그리스도를 위해 살며 증인이 되도록 부르심을 받은 이들 사이에서 활동하는 늑대들이다. 따라서 "뱀같이 지혜롭고 비둘기와 같이 순결하라"(마 10:16)는 예수의 명령에 주의를 기울여야 할 필요가 있다.

5. 죽음 대비 훈련

우리는 "기독교선교재단"(Christian Missionary Foundation) 소속 선교사로 사역하기 위해 선교사가 감당해야 할 위험에 대한 정책을 갖고 있는데 이는 마태복음 10장과 누가복음 10장의 말씀, 곧 주님의 정책에 기초하고 있다. 군대에 몸담게 되면 죽음을 각오하듯이, 우리 또한 죽음이 단기나 장기사역에 상관없이 선교사로서 지불해야 할 가장 가치 있는 댓가라고 본다. 우리는 선교사에게 죽음 훈련을 시킨다. 선교사 훈련과 오리엔테이션 그리고 헌신의 한 과정으로 우리는 선교사의 사명 중에는 위기, 위험뿐 아니라 궁극적으로 죽음에 이를 수도 있음을 강조한다.

그리하여 우리는 신임 선교사들을 위한 훈련 과정에 이러한 원칙들을 세웠을 뿐 아니라 이런 사안에 대한 정책을 공식화했다. 그 중의 하나가 "선교사는 반드시 죽음에 대비해야 하며 자신의 사역지에 묻혀야 한다. 그/그녀의 친척들이 그들이 원하는 장소에 선교사를 안치하기 위해 선교사의 시신을 인도받기 원하며 자신들이 비용으로 장례를 치를 경우에는 예외로 한다"는 내용의 "기독교선교재단 정책에 대한 서약과 승인 진술서"에 모든 예비 선교사들이 서명하게 할 뿐만 아니라 이 사실을 친척들에게도 알린다.

이러한 권리 포기는 결혼, 확대가족 관계, 부부가 낳아야 할 자녀의 수뿐만 아니라 후원 개발 및 분담에 대한 책임과 같은 아프리카 문화의 복잡하고 민감한 가족 문제의 관점에서 볼 때 사회적 책임이 연관된 다른 분야에까지도 확대된다.

6. 사역에서 직면하는 위험 가운데 생존하기

서머나 교회와 버가모 교회에 보내는 메시지에서, 주님은 그들에게 매일 직면하는 위험 가운데에서 흔들리지 말라고 격려하셨다. 마태복음 10장과 누가복음 10장에서 예수는 제자들에게 궁핍, 핍박, 고난, 순교는 적대적인 환경 가운데서 예수님을 위해 살며 증인으로 살아가는 그리스도인들의 현실이라고 말씀하셨다. 그리고 예수님은 제자들이 이런 환경을 잘 극복하고 살아남을 수 있도록 몇 가지 방안을 알려주셨다. 여기에는 앞서 언급한 예들을 포함하고 있다. 여기에는 먹을 것, 머물 곳, 팀으로 사역하는 것, 평안의 사람과 관계 맺기, 적대적 환경에서 벗어나는 것, 그리고 '뱀과 같이 지혜롭고 비둘기같이 순결할 것' 등이 포함되어 있다.

요한복음 17장에서 자신의 제자들과 믿는 자들을 위해 드리는 마지막 기도에서 예수님은 하나님 아버지께 제자들이 오랜 기간 이 세상에서 겪게 될 고난과 위험에 대해 언급하시는데 이 세상은 그가 오신 목적과 제자들을 보내시는 목적을 적대시하는 곳이라고 하셨다. 그는 아버지께 그들을 세상으로부터 데려가 달라거나 그들이 겪게 될 박해와 순교를 면하게 해달라고 기도하지 않으셨다. 오히려 예수님은 사단이 다스리고 있는 이 세상에서 그리스도인들이 증인으로 살면서 겪게 될 모든 위험을 직면할 때 그들의 생명을 지켜주시며 하나 되게 해달라고 기도하셨다.

선교사들이 위험으로 가득한 상황 가운데에서 사역하도록 하기 위해 우리는 이러한 방식과 원리를 지속적으로 가르칠 뿐 아니라 훈련을 통해 준비시킨다. 우리는 그들로 하여금 새 신자들도 동일한 방식과 원리를 받아들일 수 있도록 가르치고 돕도록 권한다. 왜냐하면 새 신자들도 회심으로 인해 선교사들과 동일한 위험에 직면하게 되기 때문이다. 우리는 또한 믿는 자들을 온전히 자유롭게 하며 능력을 주시는 하나님의 모든 말씀과 '전인적인 사람'을 목표로 사역하는 총체적 접근을 강조한다. 많은 경우에 있어서 총체적 접근은 사람들에게 다가갈 수 있는 기회를 제공하며 '평화'를 이끌고 적대적인 태도를 누그러뜨린다. 우리는 영적 전쟁의 실체를 무시하지 않는다. 우리는 모든 기도와 간구를 통해 믿음의 선한 싸움을 싸우며 영적 전쟁에 대비할 필요성에 대해 가르치며 삶에 녹아들게 한다.

7. 새로운 차원의 전쟁 등장

사단은 결코 포기할 줄 모른다. 나이지리아에도 사단은 매일 새로운 차원의 전술을 선보인다. 기독교 신자의 신앙이 성숙함에 따라 사단은 인종차별과 기독교 공동체에 분열의 씨앗을 뿌린다. 그리하여 많은 교단들이 교리적 차이와 부족 혈통에 따라 생겨나고 있다.

이러한 현상은 더 가혹한 경쟁과 심각한 박해를 초래한다. 추수 지역은 교단주의자들의 전쟁터가 되어 버렸다. 어떤 경우에는, 자신들이 어느 지역에 발을 들여놓기도 전에 이미 자신들이 '점유'한 곳이라고 선언하기도 한다. 이로 인해 몸의 하나됨이 훼손되고 있다. 공공의 적은 이 기회를 전쟁에 지친 교회 군사들에게 더 심한 핍박과 박해와 고통을 가하는 데 이용한다.

나이지리아 북부의 경우, 이슬람이 지배하는 어떤 지역에서는 근본주의 무슬림들이 정부를 빼앗거나 기독교 신자들이 신앙을 실천하고 공유할 수 있는 권리를 억누르고 있다. 나이지리아 북부 여러 지역에서는 이루 다 말할 수 없는 온갖 박해와 차별, 악용, 핍박이 신자들에게 가해지고 있다. 전 세계 여러 지역에서 일어나고 있는 이슬람 신앙과 관련된 사건들은 이 지역에 반기독교 정서를 유발하며 무슬림이 다수인 지역에서는 신자의 생명과 재산에 대한 부당한 파괴가 자행되고 있다. 무슬림이 지배하는 보안군과 정부 관련 기관들은 그들의 눈을 다른 곳으로 돌리고 있다.

많은 신자들이 추방당하거나 거세고 지속적인 공격으로 인해 그들의 전통적인 거주지에서 완전히 떠날 것을 강요받고 있다. 반서구 정서의 이슬람 단체인 "보코하람"(Boko Haram)이 북동쪽 마이두구리(Maiduguri)시에서부터 시작한 '종교 청소'(religious cleaning) 바람이 나이지리아 전 지역에 엄청나게 잔인한 기세로 퍼지면서 심각한 위협이 되고 있다. 매일 교회 건물과 신자들을 겨냥한 폭탄 공격이 일어나고 있다. 그러나 이러한 모든 것에도 불구하고, 어린양은 승리할 것이며 그의 교회는 계속 행진할 것이다!

토의 질문

1. 이 장에서 나이지리아에서 그리스도의 증인된 삶을 살고 있는 교회의 상황과 나이지리아 선교사들이 파송되는 지역의 상황에 대해 어떻게 설명하고 있는가?
우리가 속한 교회도 그들과 동일한 위험을 직면하고 있는가?
우리는 선교사들을 가난과 박해 등 희생을 요구하는 지역으로 보내고 있는가?

2. 외국 선교사에게 의존하던 것에서 자국 선교사를 파송해야 한다는 비전과 헌신을 하게 된 전환의 이유와 배경은 무엇인가? 나이지리아 선교사들은 선교지에서 매우 어려운 상황에 직면할 때를 대비해 어떻게 훈련받고 있는가?
그들로부터 우리가 배울 수 있는 것은 무엇인가?
3. 나이지리아 기독교 신자들의 상황은 최근에도 나아지지 않고 있다. 오늘날 그들에게 가장 큰 도전은 무엇인가?
그들은 어떻게 그 도전에 직면하는가?
우리는 어떻게 그들을 도울 수 있는가?

글쓴이

루벤 E. 에제마두(Reuben E. Ezemadu)는 "기독교선교재단"(Christian Missionary Foundation)의 국제본부 책임자이며, "아프리카국가주도운동"(the Movement for African National Initiatives)의 대륙 코디네이터이다. 그는 『21세기 아프리카 선교사 파송 및 후원』(2005)의 저자이며, 『교회 지도자』(The Church Leader)라는 아프리카 잡지에 "불경기 가운데 선교 후원하기"라는 제목의 글을 기고했다.

서른두 명의 손주 홀로 키우기

에스므 바우워스(Esme Bowers)가 진행한 "아프리카복음주의연맹"의 여성을 위한 워크숍에서 한 짐바브웨 여성은 에스메 보워스(Esme Bowers)에게 "저는 자녀가 열두 명이고, 모든 자녀들은 결혼했습니다. 그런데 제 자녀들뿐 아니라 그들의 배우자들도 모두 에이즈로 사망했습니다. 그래서 저는 지금 돌봐야 할 32명의 손주들과 함께 아주 작은 땅에서 살고 있습니다"라고 말했다. 그녀는 자신이 짊어지고 있는 무거운 짐에도 불구하고 의식 있는 기독교 지도자가 되기 위해 에스므의 워크숍에 참석했다.

미리암 애드니(Miriam Adeney), 『국경 없는 왕국: 전 세계 기독교의 밝혀지지 않은 이야기』(*Kingdom without Borders*, 2009, 37)

제13장
르완다 종족 이념의 순교자

앙투안 루타이사레
(르완다 성베드로성공회교회 목사)

이스라엘 하브기마나
자신이 설교한 대로 살고
자신의 신앙을 위해 죽다.
화해

이 문구는 1994년 4월 7일 총에 맞아 사망한 이스라엘 하브기마나 (Israel Havugimana)의 묘비에 새겨진 글이다. 그는 "아프리카복음주의 엔터프라이즈르완다"(African Evangelistic Enterprise-Rwanda)의 지도자였다. 그가 사망한 날은 르완다 투치족에 대한 대학살이 시작된 날이다. 이스라엘은 투치족(Tutsi)이 아니라 후투족(Hutu)이었다. 그러나 그는 기독교 신자로서 종족 갈등과 분열에 대항하고 도전했다. 이스라엘은 진정한 순교자로 자신이 설교한 대로 산 '증인'이며, 그는 "자신의 종교적 신념 때문에 살해당했다." 그는 종족주의(ethnicity)라는 우상에

절하기를 거부한 댓가로 핍박받은 많은 용기 있는 르완다 기독교 신자들 중의 한 명이다. 어떤 신자들은 협박과 언어폭력을 당했고, 어떤 이들은 매를 맺고 심지어 살해당했다. 몇몇은 이에 굴복했지만, 많은 사람들이 자신의 믿음을 지켰고 그 결과를 감당해야 했다.

이 사례 연구의 목적은 어떻게 이러한 순교자들이 1960년대부터 시작되어 1994년에 최고조에 달해 잔인한 대학살을 낳은 종족 갈등에 저항할 수 있었는지를 조사하는 데 있다. 1994년 4월 7일부터 7월 4일까지 약 100여 일간 투치족과 온건한 후투족 1백만 명 이상이 살해당했다. 이러한 대학살이 발생하게 된 상황과 원인에 대해 간략하게 소개하고 기독교 신자들이 보인 용기 있는 행동에 대한 다양한 사례를 제시하고 마지막으로 종족, 부족 그리고 인종 사이의 공존과 갈등이라는 다양한 상황에서 진행되고 있는 선교를 위한 교훈을 이끌어내고자 한다.

1. 대학살 사건

르완다는 아프리카 내륙국으로 후투족(Hutus), 투치족(Tutsis), 그리고 트와족(Twas)으로 구성되어 있는 1천만 명의 인구를 가진 작은 나라다. 전통적으로 투치족은 대부분 소를 사육해 왔으며 후투족은 토지를 경작했고 트와족은 사냥을 하거나 토기를 생산했다. 9세기경부터 르완다는 반이긴야(Banyiginya)부족으로부터 유래한 투치 왕들의 지도력 아래 하나의 큰 왕국으로 성장했다. 이 왕국은 1959년 벨기에 식민 정부의 선동과 후원을 받은 후투족이 투치 정권을 무너뜨린 1959년까지 정치권력을 장악하고 있었다. 이 사태로 인해 3만 명 이상 살해되었으며, 30만 명 이상이 주변 국가로 피난길에 올라 1994년까지 난민촌에 거주했다.

국가 없이 사는 것에 지친 난민 2세들은 "르완다애국전선"(the Rwanda Patriotic Front)을 형성해 1990년에 르완다를 공격했다. 이는 결국 도미노 현상을 일으켜 1994년 투치족 말살 정책으로 이어졌다. 후투, 투치 그리고 트와 '종족' 또는 '부족'이라고 하는 것은 잘못된 호칭이다. 왜냐하면 이 세 집단은 오래 전부터 같은 피부색은 물론 언어와 문화를 공유했으며 국가 전 지역에서 이웃으로 살아왔기 때문이다. 따라서, 후투 마을, 투치 마을, 트와 마을 같은 것은 존재하지 않았을 뿐만 아니라 후투, 투치 또는 트와 방언이나 관습이라는 것도 없다. 이러한 상황은 종족 집단, 인종 그리고 부족에 대한 모든 과학적이며 문화인류학적인 정의가 적합하지 않다는 것을 보여준다. 편의를 위해, 나는 이 글에서 '종족집단'(ethnic group)이라는 용어를 사용할 것이다.

어떤 이들은 각 종족에 대해 신체적으로나 언어적으로 구별이 어려운 가운데 어떻게 대학살(종족 말살)이 자행될 수 있었는지 종종 묻곤 한다. 르완다는 대부분 농촌 지역으로 같은 마을에 살고 있는 사람들은 서로의 조상이 누구인가를 쉽게 알 수 있다. 더욱이 식민지 제도로 이들은 종족별로 구별된 신분증을 발급받았다. 이러한 제도는 르완다가 독립한 이후에도 계속 유지되었으며 이는 대학살 기간 동안 누구를 살해하며 누구를 살려둘지를 결정하는 결정적인 기준이 되었다.

2. 기독교와 종족 정체성 문제

기독교가 르완다에 처음 소개된 것은 20세기가 시작될 무렵으로 1994년 대학살이 일어났던 당시 르완다 국민의 90%는 기독교 신자들이었다. 이들 중 63%는 가톨릭 신자이며, 27%는 개신교 신자였다. 대부분이 기독교 신자들인 르완다에서 대학살이 일어난 것에 대한 이 나라의 기독교에 대해 많은 질문이 제기되었다.

> "어떻게 종족 문제가 기독교 신앙보다 더 강력할 수 있을까?"
> "어떻게 기독교 신자들이 서로 다른 종족에 속해 있다는 이유로 다른
> "신자들에게서 등을 돌릴 수 있을까?"
> "신앙을 지키며 자신들의 주님을 부인하지 않은 신자들이 있었는가?"
> "그들의 형제와 자매를 위해 기꺼이 죽음을 감수한 신자들이 있었는가?"
> "무엇이 그들로 하여금 희생을 감당하게 했는가?"
> "무엇이 그들을 담대하게 했는가?"
> "우리가 그들로부터 배울 수 있는 교훈은 무엇인가?"

이러한 질문들에 대한 답을 이 글에서 제시하고자 한다. 초기 가톨릭 선교사들은 '토착민 족장들을 개종시켜 현지인들에게 보다 쉽게 다가가려는 분명한 사명'을 갖고 르완다에 왔다는 기록이 잘 보존되어 있다. 선교사들은 투치족 족장들을 공개적으로 우대했을 뿐 아니라 그들의 자녀들에게는 선교사들이 제공하는 교육 혜택을 받게 했다. 그 이후로 첫 번째 로마 가톨릭 대주교였던 레온 클라쎄(Leon Clasee) 주교는 '르완다 종족주의(father of ethnicity)의 아버지'로 알려지게 되었다(Muzungu, 2010, 4).

이렇게 잘 계산된 정책으로 1941년에는 무타라 루다히기와(Mutara Rudahigwa) 왕이 세례 받기를 원했고, 레온 클라세 주교의 노력과 지도에 무타라 왕은 1946년 만왕의 왕이신 그리스도께 르완다를 바치는 결과를 얻었다. 이 두 사건으로 인해 '국가적 회심'이 일어나 대부분의 족장 및 부족장들이 무타라 왕의 선례를 따라 세례도 받았다. 그 후 많은 일반 국민들도 성품이나 삶에는 큰 변화가 없는 명목상의 그리스도인이 되었다.

선교사들 중 일부는 이러한 움직임이 초래한 위험을 감지하고 의문을 제기했으나 이 흐름을 막을 수는 없었다(De Lacger, 1962). 혼합주의적인 명목상의 기독교가 일반화되었다. 후투족, 투치족 그리고 트와족 간의 정체성에 대한 문제는 제기되지 않았는데, 이 문제가 마침내 교회로 들어왔다. 예를 들어 같은 교회에 출석하는 투치족과 후투족이 상대 종족 자녀와의 결혼에 반대하는 것이 당연시되었다. 그리고 이 두 종족이 트와족 신자들과 성만찬을 함께 나누는 것은 상상할 수도 없는 일이 되어 버렸다.

그러나 1959년 후투족이 정권을 잡으면서 종족주의가 점차적으로 국가 이념으로 자리 잡게 되었고 이에 따라 교회가 저지른 가장 큰 잘못이 명백하게 드러났다. 클라세 주교가 무타라 왕에게 한 것처럼 신임 대주교인 앙드레 페라우딘(Andre Perraudin) 주교는 신임 후투족 통치자인 그레고리 크야이반다(Gregory Kyaibanda)에게 동일한 역할을 했다. 그레고리는 처음에는 앙드레 주교의 개인 비서였지만 나중에 자신의 정치적 후배이자 제자가 되었다.

교회의 수장이라고 할 수 있는 주교가 직접 종족 차별주의자와 종족 분열자의 입장에서 쓴 글을 읽는다는 것은 매우 놀라운 일이다. 나중에 종족 대학살로 끝난 이 종족 이념은 결국 교회 지도력의 보호 아래 자라났다(Gatwa, 2005; Muzugu, 2010). 종족 차별이 사회적 현실에서 정치 이념으로 바뀌면서 인권과 기독교 신앙의 이름으로 종족 차별을 반대했던 이들은 박해를 받거나 심지어 살해당했다.

로마 가톨릭교회가 정치에서 자신의 몫을 확보하게 됨에 따라 다른 교회들은 아무 말도 하지 못했다. 불공평한 제도에 반대하거나 저항하는 목소리를 높이는 교회들을 거의 찾아 볼 수 없었다. 이러한 현실에 반대하던 주교들은 엄청난 핍박을 받았다(Muzungu, 2010).

1960년대에 이미 알로스 비기럼와미(Aloys Bigirumwami) 주교는 새로운 종족 이념 전개에 강한 반대를 표했으나 식민지 강대국뿐 아니라 신임 후투 정권과 마찰을 빚고 있던 그의 상관 앙드레 페라우딘 주교는 이러한 반대 세력을 저지하려 했다. 비기럼와미 주교는 자신의 강력한 입장을 결코 포기하지 않았으며 이로 인해 그는 결국 조기 은퇴를 강요받았고, 콩고민주공화국과 르완다 사이에 있는 해발 1,460m에 위치한 키부 호수 피정의 집(retreat house)에서 지내다 외로운 죽음을 맞이했다.

이런 끔찍한 사례는 버나드 만유레인(Bernard Manyurane) 주교에게도 일어났다. 버나드 주교는 자신이 속해 있던 교회 지도자에 의해 살해된 것이 명백하다. 비공식적인 견해에 의하면, 버나드 주교는 그가 종족 이념을 거부한 이후 독살된 것 같다고 한다. 종족 이념을 따르지 않는 후투족 주교는 용납될 수 없었다(Muzungu, 2010, 58).

이러한 상황은 1990년도에 이르러 종족 정체성이 분쟁의 중심이 되면서 더 악화되었는데, 난민촌에서 형성된 "르완다애국전선"(RPF)이 자신들의 고향으로 돌아가기 원한다는 평화적 제안이 받아들여지지 않자 무력을 사용하기로 했기 때문이다. "르완다애국전선"은 종족 분열을 정치적 선동을 목적으로 사용하지는 않았지만 정권을 잡은 후투 정부는 종족적인 구분에 따라 국민을 분열시키기 위해 모든 수단을 동원했다. 종족 혐오에 대한 정치적 선전이 인쇄물은 물론 공공 연설, 심지어 교회에서조차 설교를 통해 확산되었다!

모든 기독교 신자들의 정체성이 시험대에 올랐으며, 이 때 진정한 순교자들이 많이 등장했다. 투치족은 자신들이 투치족이라는 이유로 핍박당하고 살해당했으나, 이 상황에서는 순교자로 여겨지지는 않을 것이다. 많은 후투족이 종족 혐오와 종족 분열 이념을 거부했다는 이유로 고난을 당했다. 어떤 이들은 개인적인 확신에 의해서, 어떤 이들은 이러한 사상에 반대하는 정치적 성향 때문에 그리고 어떤 이들은 기독교 신앙 때문에 반대했다.

나의 저서『고난 받는 믿음: 담대한 그리스도인 이야기』(*Faith under Fire: Stories of Christian Bravery*, Rutayisire, 1996)에서 대학살 중에 다른 이들을 죽음에서 구하기 위해 스스로 위험을 자초한 기독교 신자들의 간증을 수집하고 문서화했다. 여기에 두 가지 사례만 소개하고자 한다.

"이스라엘은 자신이 설교한 대로 살았다. 그리고 그는 종족 분열과 종족 혐오를 반대하는 설교를 자주했다. 1972년부터 1973년까지 투치족 학생 학살 기간 동안, 그는 시요그웨(Shyogwe)중학교에서 투치족 친구를 보호하기 위해 폭력배들로부터 자신의 몸으로 친구를 감싸 앉은 채 대신해서 매를 맞았다. 1990년부터 1994년까지 벌어진 종족 갈등은 결국 대학살로 이어졌다. 그러나 이스라엘은 자신의 기독교 신앙을 굳게 지켰으며, 르완다 전역에 걸쳐 화해 사역을 위해 선봉에 나섰다. 그러나 그의 입장과 시들지 않는 투치 형제 및 자매들과의 우정은 후투 극단주의자들의 분노를 샀다. 매주 화요일 저녁 자신의 집에서 여러 종족이 함께 성경 공부를 하던 모임이 르완다애국전선(RPF)을 돕기 위한 정치적 회합이라는 오해 받게 되었다. 1994년 2월, 경고의 표시로 수류탄이 그의 거실에 날아들었다. 그러고 나서 우리는 더 이상 이스라엘을 위험에 노출시키지 않게 하기 위해 성경 공부 모임을 중단해야 할지에 대해 논의하기 위해 모였는데, 이스라엘은 다음과 같이 말했다. '그들의 공격 대상이 되었다고 해서 우리가 그리스도 안에서 한 형제와 자매 된 자들을 피한다면 신자가 된 증거가 무엇이겠는가? 나는 지금껏 화해에 대해 설교했고 이로 인해 죽임을 당하게 될지언정 이것을 포기할 수 없다!' 두 달 후에, 투치족에 대한 대학살 첫날 그는 그의 말대로 세 자녀와 그를 방문한 아버지, 어린 하인과 신원이 밝혀지지 않은 사람과 함께 총에 맞아 순교했다."

"쟝 보스코 무니야네자(Jean Bosco Munyaneza) 신부는 대학살이 시작되던 당시 무카랑게(Mukarange) 로마 가톨릭 교구의 보좌 신부였다. 그 지역에 거주하던 대부분의 투치족은 교구로 피난가기로 결정했는데 이는 과거 학살이 일어났을 때 교구 건물로 피했던 이들은 피해를 입지 않았기 때문이다. 그러나 이번에는 달랐다! 군인과 무장 단체는 교회를 공격했다. 그들은 후투족인 보스코 신부에게 교회를 떠나라고 했다. 그들은 그에게 사정했지만 그는 단호했다. '하나님께서 나에게 돌보라고 맡겨주신 양들이 있습니다. 만약 그들이 죽어야 한다면 나는 그들과 함께 죽겠습니다. 여러분들이 내 생명을 살리기 원하신다면, 그들의 생명도 함께 살려주십시오.' 그의 강경한 입장에 분노한 무장 단체는 뒤로 물러나서는 그와 함께 있던 무리들을 향해 수류탄을 던졌다. 많은 이들이 다쳤고 신부는 몇 분 후에 죽음을 맞이했다."

나의 저서에 소개된 여러 이야기들을 자세히 살펴보면 사회적 불의와 종족 간 충돌에 대해 기독교 신자들 사이에 다양한 반응이 있음을 알 수 있다. 세 가지 유형으로 살펴보자.

첫째, 극단적으로 부정적인 입장으로, 교회 지도자와 신자들 중에 신앙을 버리고 자신이 속한 종족 편에 서게 될 자들이 있다는 것이다. 대부분의 경우, 이러한 부류는 종족 정체성은 강화되었지만 자신의 신앙에 대해서는 결코 고민해보지 않은 이들이다. 그들은 외형만 그리스도인이지 그들의 내면은 거룩한 하나님 나라의 백성이기보다는 자신이 속한 종족 집단의 일원에 더 가깝다.

둘째, 대부분의 경우에 중간 입장을 취한다. 그들은 두려움 때문에 적극적으로 참여하지도 않을 뿐더러 도움을 주려는 시도조차 하지 않는다. 이러한 방관자들은 때가 되면 도망갈 것이다. 사악한 이들이 사용하는 최상의 무기는 이러한 선한 이들을 수동적인 방관자로 만들고 있다(Staub, 1989).

셋째, 적극적으로 종족차별 이념과 폭력에 대항하거나 박해받는 자들과 묵묵히 함께 하며 그들을 숨겨주거나 도망갈 수 있도록 돕는다. 믿음의 순교자는 항상 이러한 마지막 유형에서 나온다. "순교는 사랑의 행위이다"라는 것은 이들을 두고 한 말이다. 이웃 사랑과 하나님에 대한 믿음으로 충만한 이들은 심지어 죽음을 불사하고서라도 이 잘못된 제도에 대항한다. 이러한 유형에 대해 자세히 살펴보면 공통된 특징을 볼 수 있다. 그들은 자신들이 믿는 하나님을 알고 있으며 위험한 상황에서도 예수 그리스도의 증인으로 부르심을 받았음을 알고 그리스도 안에서 자신들의 정체성에 대한 확신이 있다는 것이다.

3. 결론

　르완다 사태를 통해 많은 교훈을 얻을 수 있다.

　첫째, 기독교 신자들이 대다수인 상황에서 부족 또는 종족 간 충돌은 선교의 실패로 받아들여야 한다는 것이다. 예수 그리스도를 영접할 때 '새로운 피조물'이 되었다는 것에 대한 인식이 없거나 헬라인, 유대인, 후투족, 투치족 또는 트와족이든 구별 없이 거룩한 하나님 나라의 백성이 되었다는 인식이 없는 가운데 신자가 되면, 선교를 수행하는 과정 중에 어디선가 잘못된 것이다.

　그리스도께서 그의 제자들에게 기대하시는 성품의 변화에 대해서는 간과하면서 얼마나 많은 이들이 개종하고 세례를 받았는가에 대해 기뻐하기는 쉽다. 우리 조상의 피가 예수 그리스도의 피보다 더 진할 때, 우리는 문제가 많은 신자로서의 정체성을 갖고 살게 된다. 종족주의, 부족주의, 인종차별주의, 그 외 '-주의'(ism)는 분명한 성경적인 신자로서의 정체성이 없는 기독교라는 종교에 나타나는 현상이다. 우리가 속한 공동체에서의 분열을 치유하기 위해 십자가의 메시지를 사용하지 않는다면 기독교 신자로서의 사명은 실패할 수밖에 없다.

　둘째, 그리스도인들은 자신이 속한 사회에서 자신들의 정체성과 사명에 대한 신학을 분명히 표명할 수 있는 훈련과 가르침을 받아야 한다(Frost, 2006).

　셋째, 적절히 상황화된 화해의 메시지를 전파하는 것이 선교의 중요한 과제이어야 한다. 종족 이념이 내재되어 있는 과거의 상처를 치유하는 것이 미래의 종족 폭력 사태를 방지할 수 있는 유일한 길이다.

토의 질문

1. 교회는 어떻게 종족주의에 근거한 국가 이념에 영향을 받게 되었는가?
비성경적인 관점을 갖게 된 원인은 무엇인가?
교회 지도자들은 이러한 건강하지 못한 기독교 권력의 확장에 어떻게 관여했는가?
2. 기독교 신자들은 종족 혐오와 종족 간의 폭력 사태에 어떻게 반응했는가?
그리스도께 대한 헌신 때문에 순교자가 된 자들의 삶의 특징은 무엇이었는가?
그들은 신자로서 어떤 댓가를 지불할 준비가 되어 있었는가?
3. 종족 이념 때문에 기독교 신자들이 다른 신자들을 살해하는 비참한 이야기에서 선교에 헌신된 자들이 배워야 할 교훈은 무엇인가?
그리스도의 부르심에 신실하게 반응했던 자들로부터 배워야 할 교훈은 무엇인가?

참고 문헌

- De Lacger, L. 1962 *Rwanda*. Kabgayi: Imprimerie de Kabgayi.
- Forst, M. 2006 *Exiles: Living Missionally in a Post-Christian Culture*. Peabody, MA; Hendiricson
- Gatwa, T. 2005. *The Churches and Ethnic Ideology in the Rwandan Crises 1900-1994*. Oxford: Regnum Books International

- Muzungu, B. 2010. Eglise CAtholiques pendant le genocide. In *Cahiers Lumiere et Société* 43(March).
- Rutayisire, A. 1995. *Faith under Fire: Stories of Christians Braver*. Buchurst Hill. Essex: African Enterprise.

글쓴이

앙투안 루타이사레(Antoine Rutayisire)는 르완다 수도 키갈리(Kigali)의 레메라(Remera)에 위치한 성베드로성공회교회의 목사다. 그는 아내 페니나(Penina)와 네 자녀와 함께 살고 있다. 그는 1998년부터 2011년까지 "르완다화해와통합위원회"(the Rwanda National Unity and Reconciliation Commission)를 섬겼다. 글로벌 리더십 석사 학위가 있으며, 현재 미국 풀러신학교 선교학박사 과정 중에 있다.

제14장
중국 교회와 국가의 관계

"밥" 푸

(대화원조협회 대표)

근대 중국 교회를 연구하는 많은 서구 전문가들에게 어려운 질문 중 하나는 중국에 종교적 박해가 있느냐에 대한 것이 아니라 어떻게 그리고 왜 박해가 존재하는가에 대한 것이다. 한 서구 복음 전도자가 2009년 베이징에서 약 193km 떨어진 남부의 한 대형 교회에서 1만 명에게 복음을 전할 수 있었다는 보고가 있다(Christian Post, 2009). 반면, 중국 정부는 2011년 5월 베이징쑤왕교회(the Beijing Shouwang Church)의 1천 명의 신자들을 탄압하기로 결심한 것처럼 보였다(Jacobs, 2011).

이러한 사례들은 지역이나 시기 또는 정부 관료에 따라 차이가 나는 것인가 아니면 지금까지 이어져오는 중국 교회와 국가 간의 관계라는 차원에서 보아야 하는가?

이 장에서는 오늘날 중국 교회와 정부와의 관계에 대한 폭넓은 관점에서 왜 교회와 국가 간의 갈등이 불가피한 것인지 그리고 어떻게 갈등이 일어나고 있는지에 대해 살펴보고자 한다. 그리고 중국 교회의 미래를 위해 어떻게 이러한 상황을 개선해 나갈 것인가에 대해 몇 가지 제안을 하고자 한다.

635년 네스토리우스(경교) 선교사들이 중국에 파송된 이후, 중국 교회와 정부 당국 간의 갈등과 대립은 멈추지 않고 있다.[1] 저명한 현대 중국 교회 역사가인 조나단 차오(Jonathan Chao)는 중국 교회와 정부의 전통적인 관계에서 항상 국가가 종교보다 우위에 있어 왔음을 발견했다(Chao, 1989, 8).

중국 종교의 역사는 1950년 이후로 "정부와 중국 공산당의 통제, 간섭 그리고 탄압이라는 주제로 단단히 뒤엉켜져 있는 것"으로 보인다(Bays, 2004, 34). 정부가 우위를 선점하는 형태와 마르크스주의, 레닌주의, 마오 사상만이 공식적인 정통(official orthodoxy)으로 간주되는 것은 공산주의(전체주의) 국가인 중국에서 지금도 여전히 지속되고 있다. 교회는 반드시 중국 공산당(CCP)의 종교 정책과 정부의 법령 하에서만 운영되어야 한다. 중국의 공식 정통 즉 마르크스주의, 레닌주의, 마오 사상, 그리고 제15회 중국공산당대회 이후 추가된 덩샤오핑(Den Xiaoping)의 사상과 장쩌민(Jiang Zemin)이론 등은 중국 공산당이 선전하고자 하는 것이다. 이 외 다른 이념이나 사상은 이단으로 간주한다(Kindopp, 2004, 12).

---

1 중국 기독교 역사를 보면 교회와 정부의 관계가 상대적으로 좋았던 세 번의 짧은 기간이 있었다. 첫 번째 시기는 경교가 당나라 시절(618-907) 정치 권력을 잡은 유학이 불교에 대한 엄청난 탄압을 가한 후인 서기 845년 중국에서 완전히 없어질 때까지 210년간 폭넓게 수용되는 경험을 했다. 두 번째 평화로웠던 시기는 예수회 선교사인 마테오 리치(1552-1600)가 16세기 후반 중국에 들어왔을 때이다. 그 이후로 가톨릭은 약 100년간 번성했다. 마지막 시기는 쑨원이 혁명을 통해 중국인민공화국을 수립한 1911년부터 중국공산당(CCP)이 중국 본토에서 권력을 잡은 1949년까지이다(Chao, 1999, 10-17 참고).

중국에서 마르크스주의는 '정통'인데 반해 기독교, 가톨릭, 불교, 도교, 이슬람과 같은 종교는 '이단'이다. 그럼에도 이러한 종교들은 정부의 감독과 통제를 받는 선에서 종교적 활동이 허용되고 있다.

종교를 통제하는 기관으로는 "중국공산당연합전선동부서"(the United Front Work Department of the Party), "중국국가종교국"(the Religious Affairs Bureau of the state), 그리고 "애국종교단체"(patriotic religious organizations) 등이 있다. 이러한 기관들의 통제 하에 이루어지는 교회 활동은 '정상적인 종교 활동'으로 인정되어 합법적 신분을 얻게 된다. 8개 주요 애국 종교 단체만이 중국 공산당 통제하에 합법적으로 활동하도록 허용되고 있다.[2]

정부의 통제에서 벗어난 종교 활동 즉 애국 단체에 속하지 않는 종교 단체들의 활동은 이념적으로 이단 취급 받을 뿐 아니라, '불법 종교 활동'으로 간주되어 검찰에 기소될 수 있는데 이는 합법적인 탄압의 형태로 보일 수 있다. 국가에 등록하기를 거부하는 개신교 가정교회와 친바티칸 비공식 가톨릭교회(pro-Vatican unofficial Catholic churches)는 "삼자애국운동"과 "중국가톨릭애국협회"에 소속되지 않고 활동하기 때문에 '불법 종교 활동'으로 분류되고 있다. 복음의 확장에 적극적인 몇몇 가정교회 조직의 경우 '사악한 사교 집단'으로 분류되어 정부

---

2 8개 주요 애국 종교 단체들은 다음과 같다. "중국도교협회"(China Daoist Association), "중국불교협회"(Buddhist A ssociation of China), "중국개신교삼자애국운동위원회"(Three-Self Patriotic Movement Committee for the Protestant Church of China), "중국기독교협회"(National Christian Conference of China), "중국가톨릭애국회"(Chinese Patriotic Catholic Association), "중국가톨릭주교단"(Chinese Catholic Bishops College), "중국가톨릭교회행정위원회"(National Administrative Commission of the Chinese Catholic church), "중국이슬람협회"(Islamic Association of China)이며 더 많은 자료는 Leung(2005, 11)을 참고하라.

의 주요 공격 대상이 되고 있다.[3]

1. 중국 종교 정책

물론 중국 헌법은 모든 인민들에게 종교의 자유[4]를 보장하고 있으나, 정부 조례 및 비밀문서에 나타난 실제적인 종교 정책과 이러한 정책의 시행을 통해 정부가 모든 종교 활동에 대해 행정적으로 통제하려는 그들의 의도가 잘 드러나고 있다. 빠르게 성장하는 개신교는 주요 통제 대상인데, 순회 전도자 사역과 가정교회 개척은 중국 정부가 아직 정복하지 못한 '두 개의 고지'(hilltops)이다(Fu, 2003, 10). 중국 헌법이 보장하는 중국 인민의 종교의 자유는 조작된 수사학적 표현에 불과한 것으로 변질되었다(Newman, 1991, 112).

2. '사회주의 교리의 수용' – 애국교회와 가정교회의 입장

장쩌민 국가주석은 1990년에 종교에 대한 새로운 정책을 추진했

---

3 중국인민주의공화국에서 자행되는 종교 박해를 다룬 막대한 분량의 문서가 있으며 여기에는 국제사면위원회 자료(1992)도 포함되어 있다(Richard C. Bush Jr., 1970; Ho Kai-Lin, 1990).
4 중국 헌법 36조는 다음과 같다. "중화인민공화국 공민은 종교와 신앙의 자유를 가진다. 어떠한 국가기관과 사회단체와 개인도 공민의 종교를 신앙하거나 신앙하지 않도록 강제할 수 없고 종교를 신앙하거나 신앙하지 않는 공민을 차별하여서는 안 된다. 국가는 정상적인 종교 활동을 보호한다. 어떠한 사람도 종교를 이용해 사회질서를 파괴할 수 없으며 공민의 신체 건강에 손해를 주어 국가 교육제도의 활동을 방해해서는 안 된다. 종교 단체와 종교 사무는 외국 세력의 지배를 받을 수 없다."

다. 그가 추진한 삼구화(三句話)의 기본 전략 중 하나는 "종교가 사회주의 체제에 적응하도록 적극 유도한다"[5]는 것이다. 전국 종교 업무 담당 책임자들은 이 정책 수용이 근본적인 종교적 신념의 변화를 반드시 필요로 하는 것은 아니라고 한다. 그러나 "마르크스주의는 어떤 유신론적 세계관과도 양립할 수 없다"[6]는 핵심 사상을 가진 철학을 어떻게 종교가 수용할 수 있는지에 대해서는 의심하지 않을 수 없다. 이 정책을 따른다면 결국 모든 종교는 사라지게 될 것이다.

이 정책의 목표에 대해 중국 공산당 학자인 뤄 수제(Luo Shuze)는 다음과 같이 말한 바 있다.

> "종교가 사회주의 사상을 수용한다는 것은 애국종교단체와 종교 지도자들이 사회주의의 관점에서 교리와 성경을 이해하고 해석해야 한다는 것을 의미한다. 또한 신자들로 하여금 국가 발전과 사회 진보에 불리한 부정적인 입장을 수정하도록 독려하고 안내하도록 하는 것이다"(1996).

이러한 정치적 요구에 대한 반응으로, 소위 '이념 수립' 운동이 정부가 공식적으로 인정한 "삼자애국운동"(TSP)과 "중국기독교협회"(China Christian Council)에 의해 1998년에 시작되었다. 중국 기독교 신자들은 '냉소적이고, 편협하며, 비이성적이고 반인류적인 신학 이

---

5 다른 두 가지 종교 정책 기조는 다음과 같다. "당의 종교 자유 정책을 전면적으로 철저하게 관철하고 집행한다", "법에 의한 종교 사무 관리를 강화한다"(Xiaowen, 2000, 4-9).

6 브릿치(Britsch), 『Supra Note 7(Cox 372)』, 이 백서에는 다음과 같은 글이 있다. "종교는 사회와 조화를 이루어야 하고, 이것은 종교의 존재와 발전을 위한 보편 법칙이다. 현재 중국 공민은 중국 고유의 특성을 가진 중국 현대사회를 건설 중에 있다. 중국 정부는 종교가 이러한 현실에 적응할 것을 주장한다."

념'으로 여겨지는 '보수적이며 부정적인 요인들'을 제거하라는 요구를 받고 있다(Lao, 2004, 133). 특히 딩광순(Ding Guangxun) 주교는 사회주의 사상과 기독교 신앙을 잘 결합한 공로로 칭송을 받았다. '믿음에 의한 칭의' 대신 '사랑에 의한 칭의'라는 그의 독특한 신학과 "인간 본성은 선하다"는 이념, 그리고 몇몇 중국 공산당 순교자들도 하늘나라에 받아들여졌다는 그의 주장은 이념 수립 운동을 지지하기 위한 것이었다(136-137).[7] 이는 "삼자애국운동"과 "중국기독교협회"를 이용해서 기독교를 통제하려는 것으로 독립 교회와 정부 간 갈등의 근본적인 원인 중 하나이다(Lambert, 1991, 281).

3. 종교 활동의 법적인 금지를 통한 합법적 박해

앞서 언급된 중국 교회와 국가의 관계와 중국 종교 정책이라는 틀에서 볼 때, 합법적인 기독교 활동은 '애국 단체'의 하나인 "삼자애국운동"에 소속되어 활동하는 것이다. 순회 전도와 자발적인 성장을 통해 성장하는 독립 교회들은 불법으로 간주되고 있다.

스피겔(Spiegel)에 의하면, 중국 정부가 종교에 대한 통제를 시행하기 위해 사용하는 주된 방식은 "국가종교사무국"(RAB)이 관장하는 등록 절차를 통해서다. 이 사무국을 통해 정부는 "종교 단체, 모임 장소, 종교 훈련, 성직자 선출, 출판과 후원금 모금을 감독한다"(Spiegel, 1997, 1).

---

7 『딩광순(Ding Guangxun) 전집』이라는 책이 1998년에 출판되었으며, 이 책은 이념 수립 운동을 신학적으로 채택하기 위한 교재로 사용되기 위해 삼자애국운동교회와 신학교에 배포되었다. 그의 글에는 어떻게 사랑의 하나님께서 편협한 마음으로 중국 인민들을 위해 많은 선한 일을 한 레이펑(Lei Feng)과 장 사이드(Zhang Side)와 같은 중국공산당의 순교한 영웅들은 지옥에 보낼 수 있겠느냐는 수사학적 질문을 사용한다(Ting, 2004, 621).

일반적으로 가정교회가 "국가종교사무국"에 등록할 때 반드시 "삼자애국운동"에도 가입해야 한다. 1999년 이후, 파룬궁[8] 등장으로 인한 염려로 중국 정부는 독립 종교의 신도나 단체를 '사악한 사교 집단'이라는 이름으로 단속하고 있다. "인민대표회의"(The People's Congress)와 "인민최고법원"(the People's Supreme Court), 그리고 "인민최고검찰원"(People's Supreme Procurate)은 '사악한 사교 집단'의 지도자들 및 신자들에 대한 체포, 기소, 고발, 판결에 대한 새로운 해석, 정의와 소송절차 법안을 통과시켰다.

중국 정부가 '사악한 사교 집단'을 단속하기 위해 내세운 새로운 정책은 신자들이 정부 통제하에 있는 종교에 소속되지 않았다는 이유만으로 그들을 '범죄자' 취급해서 이들을 탄압하기 위한 연막작전이다(Shixiong an Fu, 2002, 4). 종교 단체를 '사악한 사교 집단'으로 낙인찍는 전략과 이들이 등록하기를 거부하면(등록하려고 시도해도 등록할 수 없는 상황), 법에 따라 처벌하는 것이 1990년 후반부터 크게 증가하고 있다. 이는 정부 대변인으로 하여금 체포되고 수감된 신자들은 제한적인 종교법에 저촉된 것이 아니라 공공 및 사회질서붙을 침해한 범죄자라는 날조된 주장을 할 수 있게 해 준다(Peng, 2009, 380).

---

8 파룬궁(파룬따파)은 리훙쯔(Li Hongzhi)가 1992년 창시한 유사 종교다. 파룬궁 수련생들은 비난과 불공정한 언론에 대해 평화로운 시위를 통해 대응하고자 시도했다. 1999년 4월 톈진(Tianjin)에서 벌어진 시위 이후에 약 1만 명의 수련생들은 정부 지도자들의 관저가 있는 중난하이(Zhongnanhai)에서 침묵시위를 펼쳤다. 1999년 7월에 중국공산당은 파룬궁을 금지했으며, 전국적인 단속은 물론 파룬궁 수행을 반대하는 다차원적인 선전활동을 펼쳤다. 1999년 10월 파룬궁을 '사악한 사교'(evil cult)로 선언했다.

4. 조화로운 미래

과거와 현재, 중국의 교회와 국가의 관계는 정부가 교회에 대해 지배적인 우위에 있는 것으로 요약할 수 있다. 다니엘 H. 베이스(Daniel H. Bays) 교수는 다음과 같이 말한다.

> "지난 천 년의 중국 역사를 뒤돌아볼 때 오늘날 중국 정부와 종교의 관계에 있어서 새로운 변화는 거의 찾아 볼 수 없다. 비록 비정규적으로 시행되고 있다고 할지라도 정부 등록과 종교 활동의 감시는 과거뿐 아니라 오늘날에도 변함없이 계속되고 있는 것이 중국 종교가 처한 현실이다"(Bays, 2004, 25).

정부의 지배적인 이러한 양상은 오늘날 중국에서 교회와 정부의 갈등을 유발하는 가장 큰 원인이다. 중국 공산당은 종교 정책과 종교 단체에 대한 행정적 통제를 시행하기 위해 교회 안팎에 체계적인 법률 및 조직 체계를 구축해오고 있다. 권위의 경계를 넘어서서 중국 정부는 중국 헌법과 국제 규범이 보장하는 종교의 자유를 심각하게 해치고 있다(Peerenoom, 2005, 71; 100-103).

교회와 정부 간의 지속적인 충돌과 갈등보다는 만약 중국 공산당 지도부가 소위 '조화로운 사회 건설'을 진지하게 생각하고 있다면 나는 중국 공산당 지도부가 고려할 만한 세 가지 가능한 제안을 제시하고자 한다.

첫째, '중립 조화 모델'(Neutralized Harmony Model)이다. 이 모델의 예는 어떻게 파룬궁의 영적 운동이 중국에서 박해와 탄압을 받게 되었는지를 보면 된다. 중국 정부는 가톨릭교회를 포함한 등록되지 않는 교회를 '사악한 사교 집단"으로 선언하기로 선택할 수 있다. 그리고 이러한 집단을 금지할 뿐 아니라 명령을 무시하는 모든 이들을 감옥에 보낸다.

둘째, '강제 합병 조화 모델'(Forced Merger Harmony Model)이다. 중국 정부는 모든 비공식 교회들로 하여금 공식 교회에 합류하거나 해산을 요구하는 정책을 수행하기로 선택할 수 있다.

셋째, '원칙에 입각한 다원주의 조화 모델'(Principled Pluralism Harmony Model)이다. 정부의 사회단체 관리 제도에 규정되어 있는 등록에 관한 법적 기준에 의하면, 중국 정부는 공식 및 비공식 교회뿐 아니라 다른 종교 단체를 모두 동일하게 대우하기로 선택할 수 있다. 모든 교회들은 동등한 종교 단체로서 자발적으로 등록할 수 있게 될 것이다. 이 모델을 수립하기 위해서는 "중국종교관리국"(the State Administration for Religious Affairs)과 각 "지역종교관리부"(religious affairs bureaus)를 폐지해야 하며 정부는 공식 애국 단체를 보호해주는 역할을 그만두어야 한다.

과거 중국과 전 세계 기독교 역사에서 일어날 일들을 볼 때, 중국이 현행 모델과 앞에 언급된 처음 두 모델을 유지해나가려 한다면 이에 대한 값비싼 댓가를 치러야 할 것이다. 우리가 확신을 갖고 기도하는 것은 중국 정부가 세 번째 방안을 고려하는 현명한 결정을 내리는 것이다. 최근 중국 가정교회 지도자들이 "전국인민대회"(National People's Congress)에 제출한 "종교의 자유에 대한 청원서"를 인용하면서 마무리하고자 한다. 이들은 자신들의 청원의 취지를 설명하기 위해 현 정부의 다음과 같은 슬로건을 인용한다.

"우리는 국가와 교회 사이의 갈등이 깊어지는 것을 피하기 위해 정부가 조사위원회를 구성해 쇼우왕(Shouwang) 교회 사태를 이성과 지혜를 가지고 '인민 우선과 법치 정책 기조'를 바탕으로 주민을 섬기는 자애로운 마음으로 해결할 수 있기를 바란다'(Jacobs, 2011).

토의 질문

1. 푸(Fu)의 분석에 의하면, 중국 정부가 급증하고 있는 가정교회를 통제하기 위해 사용하는 주요 수단은 무엇인가?
이러한 수단은 얼마나 성공적인가?
2. 푸(Fu)는 중국에서 종교에 대한 박해와 탄압은 공산주의 이전 시대부터 있어 왔다는 사실을 지적하고 있다. 오늘날 중국 그리스도인들에게 있어 이러한 사실은 어떤 의미를 담고 있는가?
3. 신뢰할 만한 자료를 통해, 푸(Fu)는 삼자애국운동(TSPM)과 대형 가정교회 운동 사이의 극명한 차이를 보여준다. 푸의 개인적 경험은 그의 이러한 관점에 어떻게 기여하는가?
이 두 조직 간의 관계에 대한 다른 견해가 있는가?
이 두 조직의 구성원들 사이에 건강한 관계를 맺을 수 있는 가능성이 있는가?
다른 나라의 기독교 신자들은 어떻게 이 두 조직에 관여해야 하는가?

참고 문헌

- Amnesty International. 1992. *Freedom of Religion in China*. Washington, DC: Human Rights Watch, Asia Watch Committee.
- Bays, D. H. 1989. *Church and State in Socialist China, 1949-1988*. London: Oxford Center for Mission Studies.
- _____. 2004. Tradition of state dominance. *In God and Caesar in China: Policy Implication of Church-State Tensions,* ed. J. Kindopp and C. L. Hamrin, 25-34. Washington, DC: Brookings Institution.
- Bush, R. C., Jr. 1970. *Religion in Communist China*. Nashville, TN: Abingon.
- Chao, J., ed. 1989. *The China Mission Handbook: Aportrait of China and its Church*. Hong Kong: Chinese Church Research Center.
- Chao, J. 1999. The gospel and culture in Chinese history. In *Chinese Intellectuals and the Gospel*, ed. S. Ling and S. Bieler. 10-17. Phillipsburg, NJ: P and R Publishing.
- *Christian Post*. 2009. Franklin Graham preaches to 10,000 at China megachurch. October 19. http://www.christianpost.com/news/franlkin-graham-preaches-to10-000-at-chinese-megachurch-41488.
- *Constitution of the People's Republic of China*. 1982. Foreign Language Press. http://english.people.comcn/constitution/constitution.html.
- Cox, L. 2007. Freedom of religion in China. *Asian-Pacific Law and Policy Journal* 8, no. 2:372.
- Fu, X. 2003. Religion and public security in China, 1999-

2002. *Chinese Law and Government 36*(March-April):10.
- Information Office of the State Council of the PRC. 1997. *White Paper: Freedom of Religious Belief in China.* http://www.fmprc.gov.cn/ce/ceun/eng/zt/dqwt/t28618.htm.
- Jacobs, A. 2011. Chinese Christians rally around underground church. *New York Times.* May 12. http://www.nytimes.com/2011/05/13/world/asia/13china.html.
- Kai-lin, H. 1990. *Laogaiying Zhong de Taianju Erleu [Children of God in the labor camp].* Taipei: Guangqi Press.
- Kindopp, J. 2004. Fragmented yet defiant: Protestant resilience under Chinese Communist Party rule. In *God and Caesar in China: Policy Implications of Church-statetensions*, eds. J. Kindopp and C. L. Hamrin, 12. Washington, DC: Brookings Institution.
- Lambert, T. 1991. *The Resurrection of the Chinese Church.* Littleton, CO: OMF Books.
- Leung, B. 2005. *China's Religious Freedom Policy: The Art of Managing Religious Activity.* Hong Kong: Lingnan University.
- Luo, S. 1996. Some hot issues in our work on religion. In *Theoretical Journal of the Chinese Communist Party.* Reprinted in Spiegel, supra note 9, app. I.
- Newman, J. 1991. *On Religious Freedom.* Ottawa: University of Ottawa Press.
- Peerenboom, R. 2005. Assessing human rights in China: Why the double standard? *Cornell International Law Journal* 38 (2005): 71, 100-103.

- Peng, L., ed. 2009. Chu xiabai, jiating jiaohui mianlin de hefa xing wenti [The issue of legitimacy of house churches]. In *Zhongguo Jidujiao jiating jiaohui wenti yanjiu [Chinese Christian House Church issues studies]*. Beijing Pacific Social Science Institute.
- Shixiong, L., and X. Fu, eds. 2002. *Religion and National Security in China: Secret Documents from China's Security Sector*. Bartlesville: VOM Publishing.
- Spiegel, M. 1997. *China State Control of Religion*. Human Rights Watch.
- Ting, K. H. 2004. *God Is Love: Collected Writings of Bishop K. H. Ting*. Colorado Springs, CO: Cook Communications Ministries International.
- Xiaowen, Y. 2000. Shiji zhijiao zhongjiao gongchuo de Sikao [Reflections on the religious work at the change of millennium]. *Zhongguo Zhonjiao* [Religion in China] 20, no.1: 4-9.

학문 자료 및 중국정부 정책 관련 홈페이지

- Berkley Center for Religion, Peace and World Affairs: Religion in China and the United States: http://berkleycenter.geogetown.edu/projects/religion-in-china-and-the-united-states.
- CECC: http://www.cecc.gov.
- ChinaAid: www.ChinaAid.org; www.MonitorChina.org.
- Holy Mountain Institute: http://shengshan.org(중국어).

- Pew Forum: Religion in China: http://pewforum.org/PublicationPage.aspx?id=971.
- Pushi Institute for Social Science: http://www.pacilution.com(중국어).
- USCIRF: http://www.uscirf.gov.

중국정부의 종교정책

- http://english.people.com.cn/92824.92845/92875/644436.html.
- http://www.chinadaily.com.cn/english/doc/2004-12/20/content_401602.htm.

글쓴이

"밥" 푸(Xiqiu "Bob" Fu)는 중국 내 종교의 자유 향상과 중국 기독교 신자의 지속되는 박해에 대한 전 세계적인 관심을 일으키기 위해 2002년에 설립된 "대화원조협회"(China Aid Association)의 대표이다. 푸(Fu)는 기독교 신자가 되기 전인 1989년 "천안문민주화운동"의 학생 지도자였다. 가정교회를 이끄는 것이 중국 정부에 큰 위협이 된다는 것 때문에 푸와 그의 아내 하이디(Heidi)는 1996년 중국을 탈출하기 전 약 두 달 정도 수감되었으며, 1997년 미국으로 망명했다.

제15장
스리랑카의 박해와 순교 이야기

갓프리 요가라쟈
(WEA 종교자유위원회 대표)
로시니 위크레메신히
(스리랑카복음주의연맹 법률 디렉터)

스리랑카 남부 지방의 작은 마을에서 사역하는 어느 목사는 말했다.

"나는 그들이 예수를 보기 원합니다. 만약 내가 그들에게 보복을 한다면 그들은 나에게서 어떤 다른 점도 볼 수 없을 것입니다. 그래서 나는 그들이 주님을 보게 될 때까지 견딜 것입니다."

그는 아내와 세 아이와 함께 살고 있으며 그들이 사는 작은 오두막집의 양철 지붕은 군데군데 부서져서 몬순 기간에 비가 오면 몇 가지 안 되는 살림살이를 다 적시곤 한다. 그러나 지난 5년간, 가난은 그들이 직면한 문제 중 아주 사소한 것에 불과했다. 괴한이 그들의 집에 침입해 몇 안 되는 가구들을 집어 던지며 망가뜨렸고 마을을 떠나지 않으면 살해하겠다는 협박을 하기도 했다. 그리고 누군가 식수로 사용하는 우물에 질병을 일으키는 오염 물질을 의도적으로 집어넣기도

했다. 또한 이 목사는 자신을 핍박하는 자들로부터 공개적으로 거지라는 모욕을 당하기도 했다. 그럼에도 하나님의 충성된 이 종은 마을을 떠나라는 요청을 거절했으며 주께서 그로 하여금 섬기도록 부르신 그 곳에서 복음을 계속 전하고 있다.

1. 종교적 다양성

스리랑카는 약 3천만 명의 인구를 가진 나라로 불교, 힌두교, 이슬람 그리고 기독교를 포함한 세계의 모든 주요 종교를 믿고 있다. 그러나 스리랑카 헌법상 불교는 '가장 중요한 위치'를 차지하며, 불교에 대한 '보호와 장려' 의무를 헌법에 명시하고 있다(1979, 조항 9). 불교는 기원전 247년 스리랑카에 처음 소개된 이후 전체 인구의 70%가 믿고 있는, 스리랑카에서 가장 큰 종교일 뿐만 아니라 문화, 언어, 정부 그리고 스리랑카 국민들의 삶의 모든 영역에서 지배적인 영향을 미치고 있다.

기독교는 1505년과 1948년 사이에 스리랑카를 침략한 포르투갈, 네덜란드, 그리고 영국에 의해 스리랑카에 들어왔다. 기독교 인구는 식민 지배 이후 줄어들고 있다. 가장 최근에 실시된 국가인구조사에 의하면, 스리랑카 기독교 인구는 6.89%라고 한다. 스리랑카인에게 기독교는 여전히 식민주의의 상징이며 '서양' 종교다. 식민 지배 당시 현지인에게 자행된 만행과 차별은 기독교에 대한 부정적 인식에 영향을 주었으며, 불교 민족주의자들은 이러한 부정적 시각을 강화하는 데 앞장서고 있다. 1990년 이후 스리랑카에서 반기독교 정서, 폭력 그리고 기독교 예배 방해가 급증하고 있다.

2. 종교와 종족주의

스리랑카의 주요 종족인 싱할라족(Sinhalese)은 불교를 신봉하는 데 반해, 가장 큰 소수 종족인 타밀족 대부분은 힌두교인이다. 기독교는 이 두 종족을 하나로 묶는 유일한 종교로 싱할라족과 타밀족 기독교 신자의 수는 거의 비슷하다. 지난 2009년까지 20년이 넘는 내전을 통해 양 진영에서 수십만 명이 목숨을 잃은 상황을 고려한다면 그리스도를 따르는 자들을 연합하는 일은 개인과 공동체의 상처를 치유하며 화해를 이루는 데 있어서 매우 중요한 과제이다.

물론 종교가 전쟁의 원인은 결코 아니었지만 막대한 재산 손실, 죽음, 고통은 종교를 가진 모든 자들의 삶에 영향을 미쳤다. 북부에 사는 타밀 기독교 공동체는 내전의 공포와 집단 이주의 아픔을 견뎌야 했다. 2009년 5월 내전이 종식될 무렵, 내전으로 피폐해진 지역에 있던 수 백 개의 교회들이 파괴되었으며, 10여 명 이상의 교회 지도자들과 많은 신자들이 죽었다. 내전에서 살아남거나 죽은 목회자들 중 많은 이들이 도망가지 않고 갈 곳이 없는 그들의 양 떼를 돌보기 위해 전쟁으로 파괴된 곳에 남기로 선택했다.

비록 내전은 북부 지역에서 격렬하게 일어났지만, 다른 지역에서도 납치, 강제 실종, 살해가 발생했다. 희생자 대부분은 타밀족이었으며, 싱할라족의 경우에는 기자, 변호사, 국제 구호 요원 등 반대 의견을 가진 자들이 공격 대상이 되었다. 정의와 평등 그리고 평화에 대한 성경적 원리를 강하게 믿는 두 종족에 속한 많은 기독교 신자들의 반대 의견이 묵살 당하는 상황에서 반대의 목소리를 내는 것은 매우 위험했으며, 이 시기를 살아내는 것 자체가 고난과 고통이었다.

3. 종교의 정치화

앞서 언급한 것처럼, 불교는 스리랑카 국민들의 삶의 모든 영역에 영향을 미치고 있다. 최근 몇 년간 정치에 있어서 종교의 영향력이 매우 눈에 띄게 나타나고 있다. 21세기 정치 지도자들은 종교가 선거의 승패를 가름할 강력하면서도 정서적인 세력으로 보고 있다.

지난 10년간 스리랑카는 "불교승려당"(the Jathika Hela Urumaya)의 활동을 지켜보았다. 불교 승려들이 창당한 이 정당은 2005년 처음 선거 유세를 벌였을 때 불교 국가 수립과 더불어 종교 개종을 금지하는 법안 제정을 약속했다. 스리랑카 선거 역사상 처음으로 2005년과 2010년 주요 대통령 후보자들은 선거공약으로 종교 문제를 다루었다.

4. 차별

지방에 있는 많은 교회의 신자들은 예배를 위해 자신들의 집에서 소규모로 모일 수밖에 없다. 정부가 발표한 새로운 방침에 따르면, 새로운 예배 장소를 짓기 위해서는 "종교부"(the Ministry of Religious Affairs)의 승인을 얻어야 하는데 "종교부"는 종래와는 다른 복음주의교회의 건축 신청을 계속 거부하고 있다. 많은 지역에서 지방 정부 관계자와 경찰은 정부의 방침을 오용해서 심지어 기존 교회조차 예배하지 말라고 경고하고 있다. 2010년 초, 정부는 불교를 보존하기 위한 다섯 가지 새로운 법안이 국회에 상정될 것이라고 발표했다. 이 법안에는 주요 불교 성직자가 불교와 관련된 사안에 대해 정부에 조언을 하는 위원회 설치, 불교 보호 및 종교적 화합이라는 명목하에 반개종법을 다시 도입하기 위한 방법의 일환으로 종교의 개종을 다루는 조항의 신설이 포함되어 있다.

5. 순교

앞서 언급된 내용들은 스리랑카에서 기독교가 차지하는 복잡한 위치를 잘 보여준다. 이러한 복잡성은 박해, 차별, 폭력 심지어 죽음이라는 온갖 형태로 그리스도를 따르는 이들이 매일 경험하는 것이다. 닐 에디리싱헤(Neil Edirisinghe) 목사와 그의 아내 시로미(Shiromi)는 스리랑카 동부 해안에 위치한 암파라(Ampara) 마을에서 사역했는데 이들은 반쯤 짓다 만 작은 집에서 살았다. 이 부부는 극심한 경제적 어려움을 잘 견뎌냈을 뿐 아니라 수차례의 위협과 반대에 직면했다.

그러나 이러한 형편이 이들을 낙심시키거나 복음을 위한 헌신과 열정을 방해하지는 못했다. 2008년 2월 17일 밤, 그의 가족이 잠자리에 들 준비를 하는 동안 누군가 자신들의 집으로 다가오는 소리를 들었다. 그 침입자는 닐(Neil) 목사에게 총을 겨누고는 여러 발을 발사했다. 닐(Neil) 목사가 바닥에 푹 쓰러지자, 그는 이제 막 걷기 시작한 아들을 필사적으로 보호하고 있던 시로미(Shiromi)에게로 향했다. 두 발을 맞은 그녀는 땅에 쓰러져 일어날 수 없었고 총에 맞아 피범벅이 된 채 미동도 없이 누워있는 남편에게 갈 수도 없었다. 아이는 공포에 떨며 그 장면을 지켜보았다.

닐(Neil) 목사는 즉사했다. 그의 아내가 병원에서 의식 없이 누워 남편이 순교했다는 사실조차 알지 못하는 사이에 그는 그동안 사역해왔던 암파라(Ampara)에 묻혔다. 그로부터 거의 한 달 후에 다시 살아나지 못할 것 같던 시로미가 의식을 회복했다. 그녀는 남편이 언젠가 했던 "그리스도를 위해 순교자의 죽음을 맞이하는 것은 얼마나 위대한 일인가"라는 말을 회상했다.

의사들은 시로미가 결코 다시 걸을 수 없을 것이라고 진단했음에도 불구하고 그녀는 전 세계 수백만 기독교 신자들의 간절한 기도의 응답으로 두 번째 기적을 경험했다. 개인적 비극, 오랜 약물 치료, 몇 차례의 수술, 극도의 육체적 고통과 슬픔의 와중에서도 그녀는 엄청난 용기와 자신과 아들을 살려주신 하나님께 대한 헌신을 보였다. 그녀는 말했다.

"하나님께서 나를 살려주신 목적이 있습니다. 나는 남편이 자신의 목숨을 바친 그곳으로 돌아가서 그가 주님을 위해 시작한 사역을 계속할 것입니다."

그 사건이 발생한지 3년이 지났지만 시로미는 여전히 척추에 총알이 박힌 채 살고 있다. 그러나 그녀의 믿음과 주님에 대한 헌신은 흔들리지 않았다. 그녀는 남편의 피와 땀 그리고 눈물로 세워진 암파라 교회의 교인들을 위해 사역하고 있다. 하나님께서 그녀의 신실함에 복을 주셔서 교회는 부흥과 성장을 경험하고 있다.

스리랑카 남부의 함바토타(Hambanthota)에는 3백여 명의 교인이 출석하는 생기 넘치는 교회가 있다. 이 교회의 담임 목사는 랄라니(Lalani)이며, 그녀의 남편은 스리랑카의 첫 번째 순교자로 1988년 사망했다. 라이오넬 자야싱허(Lionel Jayasinghe)는 한 절의 승려였는데 전도지를 통해 주님을 알게 되었다. 바이블 스쿨(Bible school)을 졸업한 후, 그는 스리랑카 최남단에 위치한 티싸마하라마(Tissamaharama)에서 사역을 시작했다. 당시 이 지역에는 기독교 신자가 한 명도 없었다. 그와 그의 아내는 엄청난 고난과 박해를 당했지만 결코 포기하지 않았다.

5년 후 라이오넬(Lionel) 목사와 그의 아내 그리고 11개월 된 아들이 집에서 저녁 식사를 준비하는 동안, 두 남성이 그들의 집에 침입해서는 당황한 아내와 아이가 지켜보는 가운데 라이오넬 목사의 입에 총을 겨누고는 발사했다. 라이오넬 목사가 살해당하기 한 주 전에, 그의 살해를 선동한 자들은 말했다.

> "우리는 이 포도나무(그의 사역)가 아직 어렸을 때 우리 손으로 꺾어버렸어야만 했다. 그러나 지금은 도끼를 사용해야만 한다."

랄라니(Lalani)는 안전한 곳으로 피신하기를 거부하고 그녀의 아이와 함께 복음을 위해 남편이 목숨을 바친 그 곳에서 섬기기 위해 머물기로 했다. 그녀는 비난, 살해 위협, 방화, 교회 모든 신자들을 살해할 수 있는 정도의 위력적인 폭발 위협 등으로 어려움을 겪었다. 그러나 하나님은 그녀와 함께하셨다. 요한복음 12:24에서, 예수께서 말씀하셨다.

> "내가 진실로 진실로, 너희에게 이르노니 한 알의 밀이 땅에 떨어져 죽지 아니하면 한 알 그대로 있고, 죽으면, 많은 열매를 맺느니라"(요 12:24).

오늘날 이 담대하고 신실한 여성을 통해 하나님께서 돌보시는 거대한 믿음의 나무를 꺾을 수 있는 자는 아무도 없다. 순교 당한 남편의 겸손한 사역을 통해 현재 이 지역에 여러 지교회가 세워졌으며 천 명이 넘는 성도의 교회로 성장했다. 이 교회는 인간의 노력이나 사단의 능력으로는 감당할 수 없을 정도로 성장했다.

6. 결론

지난 수백 년 동안 많은 교회들이 끔찍한 박해를 견뎌야 했으며 그러한 박해에도 불구하고 성장했음을 볼 수 있다. 물론 어떤 교회는 박해로 소멸되기도 했다. 무엇이 이러한 차이를 만들었을까?

하나님의 말씀에 대한 올바른 가르침의 견고한 바위 위에 세워지고 그리스도 안에서 양육된 교회는 박해를 견딜 준비가 되어 온갖 어려움을 견디며 성장할 것이다. 그러나 피상적인 가르침으로 모래 위에 세워진 교회는 박해를 받을 준비가 되어 있지 않으며 박해 때에 조류에 휩쓸리게 될 것이다.

예수 그리스도를 주님으로 고백하며 대위임령을 수행하기 위해 궁핍, 폭력, 고난, 심지어 죽음을 감당하는 신실한 주의 형제와 자매들이 바로 예수 그리스도가 한 "내가 이 반석 위에 내 교회를 세우리니 음부의 권세가 이기지 못하리라"(마 16:18)는 약속의 살아 있는 본보기이다.

토의 질문

1. 이 장에서 논의한 역사와 분석 그리고 사례들에서 얻은 교훈을 나누어 보라.
2. '종교의 정치화'는 스리랑카만의 독특한 현상인가 아니면 보편적 추세인가?
3. 순교자의 아내가 보인 위대한 용기에 대해 어떻게 설명할 수 있겠는가? 그 결과는 무엇인가?

4. 박해를 당한 교회들 중 왜 어떤 교회들은 부흥하고 어떤 교회들은 사라지는지에 대한 당신의 견해는 무엇인가?

참고 문헌

- 『스리랑카민주사회주의공화국헌법』(Constitution of the Democratic Socialist Republic of Sri Lanka). 1978.

글쓴이

갓프리 요가라쟈(Godfrey Yogarajah)는 세계복음주의연맹의 "종교자유위원회"의 대표이자 "스리랑카복음주의연맹"의 사무총장이다. 인도 푸네(Pune)에 위치한 유니온성경신학교(Union bible Seminary)를 졸업했으며 "애드보케이츠인터내셔날"(Advocates International)로부터 '선한 사마리아인 상'과 "핀란드순교자의친구들"(Friends of the Martyrs Finland)로부터 'Pro Fide' 상을 수상했다.

로시니 위크레메신히(Roshini Wickremesinhe)는 스리랑카 콜롬보대학에서 법학을 전공했으며 현재 변호사로 활동 중이다. 로시니는 "스리랑카복음주의연맹"의 법률 디렉터로 11년간 섬기고 있다. 또한 아시아복음주의연맹의 "종교자유위원회" 대표로 섬기고 있다.

제16장
인도 교회를 위한 새로운 카이로스의 순간

리차드 하웰
(아시아복음주의연맹 총무)

　초대 교회 신자들은 그들이 예수 그리스도의 복음의 청지기라는 것을 알았다. 그들은 복음이 단순히 한 시대, 장소, 혹은 한 민족만을 위한 것이 아니라 모든 시대와 온 세상을 위해 나아가게 되어있음을 진심으로 깨닫고 있었다. 결과적으로 교회는 곧 국가와 문화의 경계를 넘었고 범세계적인 신앙이 되었다.
　전승에 의하면 인도의 해변에도 그 복음이 이르렀다. 기독교 신앙과 인도와의 첫 만남은 도마 사도가 남인도, 특히 주후 52년에 말라바 남부에 왔을 때 이루어졌고 그 지역에 많은 기독교 공동체가 세워졌다. 주후 72년에 도마 사도가 순교한 곳에는 그리스도에 대한 그의 신실한 증거의 삶을 기리기 위해 교회가 하나 세워졌다(Brown, 1982 참조). 인도에 있는 그 교회는 기독교 자체의 역사만큼 오래 되었으며, 또한 그 박해와 순교의 이야기와 함께하고 있다.

1. 복음 메시지의 번역

오순절에 모인 사람들이 "우리가 다 우리의 각 언어로 하나님의 큰 일을 말함을 듣는도다"(행 2:11)라고 외친 것처럼 하나님께서는 복음이 모든 사람들의 각각의 언어로 전달되도록 계시하셨다. 타종교는 여전히 그들의 경전의 언어는 번역될 수 없는 것으로 여기고 있다. 예를 들어, 무슬림들은 아직도 아랍어로 기도하고 브라만의 힌두 계급은 아직도 산스크리트(Sanskrit)어로 주문을 외우고 시크교도들은 구루무크(Gurumukhi)어를 사용하고 대승불교의 언어는 팔리(Pali)어이다.

오직 기독교 신앙만이 그 대상이 되는 사람들의 언어로 성경을 번역하는 특징이 있는데, 그것은 기독교 신앙이 하나님의 성육신을 믿기 때문이다. 그 신앙은 창시자인 예수 그리스도의 언어로 전파된 것이 아니었다. 예수는 아람어로 말씀하였고, 성경은 성령에 의해 영감을 받아 헬라어로 기록되었다. 하나님은 모든 언어를 이해하시고 말씀하신다는 사실은 종교와 문화가 다양한 인도의 상황 가운데서는 하나의 혁명적인 가르침이었다. 라멘 사네(Lamen Sanneh)는 다음과 같이 말한 바 있다.

"기독교는 문화적으로, 지리적으로 범세계적인 시각을 갖게 되었다"(2008, 3).

최초의 개신교 선교사인 바르톨로매우스 지겐발크(Bartholomäus Zigenbalg)와 하인리히 플룻챠우(Heinrich Plutschau)는 1706년 7월 9일 남인도에 있는 트란퀴바(Tranquebar)라는 한 작은 덴마크의 정착촌에 상륙했다. 지겐발크는 브라만 카스트의 일부 사람들이 힌두 사회의 낮은 카스트를 무시한다고 공개적으로 비판했다. 그러한 이유 때문에 적어도 한 집단이 그를 죽이려고 계획했다. 그러나 그의 사역으로 만난 사람들은 일반적으로 비우호적인 대중들은 아니었다.

첫 신약성경은 1714년 트란퀴바에 있는 한 작은 선교 출판사에 의해 출판되었다. 이 개척자적인 선교사들은 독일 출신의 루터교 신자들로서 경건한 덴마크의 왕의 보증을 받고 영국 기관이었던 "기독교진리전파협회"(Society for Promoting Christian Knowledge, SPCK)의 후원을 받았다.

그 다음의 위대한 개척 선교사인 영국 침례교 선교사 윌리암 케리는 1793년 11월 11일에 도착했다. 그도 역시 세람포어(Serampore)의 한 덴마크 정착촌에서 사역을 시작했다. 그는 성경을 뱅갈어, 산스크리트어, 그리고 수많은 다른 언어와 방언들로 번역했다. 이사야 54:2-3을 본문으로 한 케리의 설교는 "하나님으로부터 위대한 것을 기대하라, 하나님을 위하여 위대한 것을 시도하라"는 말을 반복해서 강조했는데, 이는 그의 가장 유명한 말이 되었다.

4,635개의 서로 다른 민족 집단과 수많은 언어들로 이루어진 인도는 다양성 속의 연합이 있는 나라다. 약 300여 개의 민족 집단에는 기독교 신자들이 있는데, 대부분 달리트와 부족민 출신들이다. 라잉(Laing)은 기록하고 있다.

> "대중운동 이전에는 인도의 교회는 높은 계층의 회심자들로 구성된 극소수 엘리트 집단으로 존재했었다. 수많은 무식한 시골 사람들이 교회 안으로 들어오게 되자 교회 구성원 통계에 심대한 영향을 끼쳤다. 교회의 중심이 도시에서 시골 마을로 옮겨진 것이었다"(2001, 92).

2. 복음에 대한 부족들의 반응

북인도에서의 기독교 전파는 19세기로 거슬러 올라간다. 선교사들은 외지고 열악한 지역에서 전도하기 위해 셀 수 없이 많은 난관을 극복해야만 했다. 락숌 바띠아(Lakshom Bhatia)는 "헤드 헌팅, 종족 간의 습격, 동물 제사의 풍습과 갖가지 축제들은 선교사들에 의해 죄로 드러났고, 그들의 속죄의 첫걸음은 성령 앞에서의 고백이었다"고 말했다(2010). 그 고백들은 기독교 공동체의 거대한 성장으로 이어졌다.

기독교 신앙은 북인도의 다른 주들에서도 깊이 뿌리를 내렸다. 전통적인 미조(Mizo)족 사회에서 횡행했던 노예의 바위(Bawi) 제도는 무너졌고 평등, 형제애, 상호 존중과 사랑과 같은 기독교 정신으로 대체되었다. 선교사들은 미조족의 둘리안(Dhulian) 방언을 위해 문자를 소개했는데, 그것이 공용어가 되었고, 결과적으로 문해와 교육에 급속한 발전을 이끌었다.

3. 천민 계층과 기독교의 만남

힌두 카스트 내에서 브라만 계층에만 집중해온 전통적인 방식은 천민 계층(Dalits)들을 하찮게 여기는 경향이 있다. 그들은 천민 계층을 버림받은 자들이요 부정한 자들로 여긴다. 카스트 제도는 모든 인간은 평등하게 태어나는 것이 아니라는 차별과 불평등의 원리에 근거하고 있다. 그것은 인도 사회의 가장 경직되고 제도화된 야만적인 사회 구조이다. 선교사들이 와서 천민 계층을 교육하는 급진적인 시도를 한 이후에 카스트라는 개념은 비로소 심각하게 도전을 받게 되었다.

비록 인도 사회가 관용을 추구하지만, 다른 한편으론 비관용적이고 잔인한 사회로 유지되고 있다.

누가 카스트 계층을 떠나서 관용의 유익을 주장할 수 있다는 말인가? 사실 누가 더 높은 카스트 계층을 위해 도전하고 갈망하며 변화를 기대할 수 있단 말인가?

1927년 성탄절에 천민 계층 지도자인 암베드까르(Ambedkar) 박사는 브라만이 카스트를 정당화하고 불가촉성의 기원으로 여겼던 가장 신성하고 기본이 되는 문서인 마누 스미리띠(Manu Smiriti)를 공개적으로 불태웠다. 인도의 예수운동(The movement to Christ)은 인간의 존엄성과 자기 존중, 그리고 자신의 정체성을 선택하는 능력을 얻기 위해 천민 계층의 편에서 했던 노력을 대표하는 것이었다.

그리스도를 예배하기 시작한 천민 계층은 정부가 오직 힌두 천민 계층에게만 제공하는 조건부 혜택에서 제외된다. 이것이 차별이다. 그리스도께 회심한 높은 카스트의 힌두인 벵갈 착카라이(Vengal Chakkarai)는 교회는 '삶의 현장에서 힌두교에 대항해야' 한다고 옹호했다. 그가 의미한 것은 카스트의 억압과 착취에 대항해야 한다는 것이었다.

19세기의 기독교의 성장은 인도의 식민지 상황에서 국민적인 각성과 함께 일어난 것이었다. 기독교의 성장은 외국 자본으로 설립되었고 서구 선교사 단체들이 주도했다. 서구 선교단체들은 우리가 소위 말하는 주류 교회들을 탄생시켰는데, 이 교회들은 서구 교회의 구조와 예배 의식을 무비판적으로 모방한 것으로서, '교회의 라틴 포로 시기'로 불린다.

4. 현대 인도 교회의 성장

현대 인도교회의 성장에 있어서 그 강조점은 이제 더 이상 유럽식의 생활양식이나 교회법, 예배 의식이나 신학 따위를 수입하거나 모방하지 않는 현지 교회의 성장을 말하는 것이다. 교회들은 점점 더 인도의 문화적 상황에 뿌리를 내리고 있다. 지금은 진실로 인도 교회를 위한 새로운 기회(Kairos)의 순간이다. 인도의 토착 문화가 기독교와 예수 그리스도를 만났다. 호전적인 반기독교적인 세력이 다시 일어나고 있는 와중에도 인도인들이 기독교에 대해 긍정적으로 반응을 하고 있다는 사실은 복음의 상황화에 대한 가능성을 보여주고 있는 것이다.

현대 인도교회의 성장은 탈 식민주의적이며, 호전적인 힌두교의 민족주의나 서구의 조직적인 도움이 없이 일어나고 있다. 그리고 이러한 성장은 만연해 있는 불안정한 상황 가운데서 일어나고 있다. 이는 '인도 기독교'의 성장이라고 말할 수 있다. 새로운 신자들의 비형식적인 모임들이 계속해서 일어나고 있다. 교회는 새롭게 교회의 본질적인 의미에 대해 정의(定意)를 시도해 나가고 있다.

5. 그리스도인의 박해

역사는 인도 사회에서 광범위한 종교적 갈등이 있었다는 사실을 보여주고 있다. 종교적인 언어는 종족 갈등이나 종교 갈등의 불에 기름을 붓는 결과를 초래했다. 종교적인 언어의 전쟁은 종종 정치적인 목적을 위해, 전쟁보다도 더 사람들과 자원들을 잘 연합시키고 동원하여 행동을 취하도록 동기를 부여하는 도구로서 사용되기도 했다. 종교적인 언어가 갈등으로 이어지기 위해서는 경건한 사람들이 우주적인 갈등이 인간의 언어로 인해 나타날 수 있다고 믿는 것이 필수적이다.

> "질서와 무질서, 선과 악, 빛과 어둠, 정의와 불의의 우주적 갈등을 지상의 갈등과 동일시함으로써 정치적인 선동가들과 종교 지도자들은 폭력적인 수단을 사용하는 것을 정당화하는 보편적인 사고방식으로 활용한다"(Juergensmeyer, 1991, 386).

힌두교인들은 본능적으로, 종교적으로 비폭력적인 사람들이라는 19세기의 신화에도 불구하고 종교적인 불관용은 힌두교에서 낯선 것이 아니다. 이 신화의 시작은 막스 뮬러(Max Müller)와 같은 학자들이 인도의 과거를 로맨틱한 이미지에 투영하면서부터이다(Thapar, 1994, 19ff).

그러나 1998년 인도가 "인도인민당"(Bharatiya Janata Party, BJP)이 주도한 연정을 통해 처음으로 힌두 민족주의 정부를 가지기까지는 기독교 신자들이 정치적인 희생물이 되지는 않았다. 독립한 인도는 1998년 12월 구자라트(Gujarat) 주의 당스(Dangs) 지역에 있는 기독교 신자들에 대해 최초로 대규모적인 무차별 공격을 가했다.

1999년 1월 호주 선교사인 그레함 스테인즈(Graham Staines)와 그의 두 아들이 오리싸(Orissa)의 컨자르(Keonjhar) 지역에서 산 채로 불태워졌었다. 1995년 후반부에 구자라트 주의 당스 지역에 도착한 이래로 힌두 민족주의 조직인 상그 빠리와르(Sangh Parivar)의 스와미 아씨만드(Swami Aseemanand)는 그 지역에서 일하는 기독교 선교사들을 공격하는 사명을 자신이 해내고 말 것이라고 말했었다. 그 고백 이후에, "힌두극단민족주의운동"(Vishwa Hindua Parishad)과 "인도민족주의 강경파"(Bajrang Dal)는 수비르(Subir)에서 크리스마스 축하 행사를 막기 위해 1998년 성탄절에 큰 집회를 조직했다. 2006년 아씨만드는 당스에 "샤브리쿰브"(Shabri Kumbh)를 조직하였다. 그들은 "기독교로 회심한 모든 개인은 국가에 한 사람의 적을 더하는 것이다"는 슬로건을 내걸었다. 당스에서 아씨만드가 주도한 이 반기독교 민중 운동은 깐드하말(Kandhamal)에서 스와미 락스만다 사라스와띠(Swami Laxmanananda Saraswati)에 의해 되풀이되었다.

사라스와띠가 모택동주의자들의 손에 죽은 후 상 빠리와르 소속 노동자들은 42일간이나 기독교 신자들에게 폭력을 행사해 100여 명을 죽이고 147개의 교회를 불태우고 4만8천여 명의 주택을 파괴했고 수녀 한 명을 강간했다. 주 정부는 자신을 방어할 수 없었던 무고한 기독교 신자들을 보호해야 할 의무를 전혀 행하지 않았다. 경찰은 방관했고 때로는 상(Sangh) 폭도들의 폭력에 가담하기도 했다. 오리싸의 기독교 신자들에 대한 잔학 행위들은 기록된 인도의 기독교 역사상 최악의 사건이었다.

카르나따까(Karnataka)에서의 경우도 같은 이야기다. 그 주는 전례 없는 기독교 박해의 물결하에 있으면서 50일간 1천 건이 넘는 공격을 당했다. 인도공화국의 날을 기념하는 2010년 1월 26일에 카르나따까의 마이소르(Mysore)에서 천 번째 공격이 벌어졌다. 지난 몇 년간 인도 복음주의 선교회에 의해 기록된 기독교 신자에 대한 공격은 한 해에 천 건이 넘었다. 인도의 7개 주의 종교 자유법에서는 개인이 그리스도를 예배하고 그의 제자가 되기로 결정하기 전에 해당 정부 관리로부터 허락을 받도록 요구하고 있다.

인도의 기독교 공동체는 그들이 비록 폭력의 희생자이기는 하지만 종교적인 폭력에 관여한 역사가 없다. 그들은 인간의 비참함과 불의를 해소하기 위해 노력하고 있다. 왜냐하면 그들은 하나님이 모든 사람들을 평등하게 사랑하시며 모든 사람을 위한 공의를 원하신다는 것을 믿기 때문이다.

6. 신자의 정체성으로서의 고난

교회는 박해와 순교를 교회 생활의 일부로 받아들여야 한다. 선교와 믿음의 전파에 대한 놀라운 성경적인 가르침은 전투보다는 축복, 폭력과 미움보다는 화해와 평화를 추구하고 있다. 폭력에 의한 정신적 고통과 상처를 입은 자들은 그들의 기억에 대한 치유가 필요하다. 교회는 박해와 순교에 대해 어떻게 반응해야 하는가?

우리는 냉담하고 끈질긴 분노와 복수에 대한 굶주림을 품고 화가 난 동물처럼 반응을 해야 할 것인가?

자유로운 인간으로서 반응하기 위해서는 우리는 감정을, 심지어 복수하고자 하는 욕구까지도 인정해야 한다. 그러나 우리는 하나님께서 우리 마음에 심어주신 도덕적인 요구 조건들을 또한 다루어야만 한다. 교회로서 우리는 우리의 이웃, 심지어 상대가 우리의 적으로 행동할지라도 그들을 사랑하라고 한 명령을 간과하지 않도록 결단해야 한다. 피해자들은 과연 정말 죄가 있는 가해자들이 그들이 받아 마땅한 엄격한 인과응보적인 공의에 따라 처벌을 받을지에 대해 의문을 품을 수 있다. 국가는 하나님의 일반 은총의 선물이며, 법과 질서를 유지하고 사회의 악을 막기 위한 권위가 주어졌다(롬 13:1-7). 그렇지만 원수를 향한 사랑은 공의에 대한 관심을 배제하지 않아야 하지만 거기서 더 나아가 용서와 화해로까지 가야 하는 것이다.

토의 질문

1. 기독교 성경의 '번역 가능성'(translatability)은 언어적인 적용 가능성(applicability)보다 더 광범위한 것인가?
2. 카스트제도와 기독교 복음 사이의 피할 수 없는 충돌의 요소들과 결과들에 대해 토론해보자.
3. 하웰이 "호전적인 반기독교적인 세력이 다시 일어나고 있는 와중에도 인도인들이 기독교에 대해 긍정적으로 반응을 하고 있다는 사실은 복음의 상황화에 대한 가능성을 보여주고 있는 것이다"라고 한 말의 의미를 생각해 보라.
4. 오늘날 인도에서 증가하는 박해에 대한 신자들의 반응에 대한 하웰의 글을 요약해 보라.

참고 문헌

- Bhatia, L. 2010. Contraiction and change in the Mizo society. In *Margins of faith: Dlit and Tribal Christianity in India*, eds. R. Robinson and J. M. Kujur. Thousand Oaks, CA: Sage Publications.
- Boyd, R. 1975. *India and the Latin Captivity of the Church*. New York: Cambridge University Press.
- Brown, L. 1982. *The Indian Christians of St. Thomas*. Cambridge: Cambridge University Press. First published in 1956.
- Laing, M. 2001. The consequences of the "Mass Movements": An examination of the consequences of mass conversion to

Protestant Christianity in India. *Indian Church History Review* 35, no. 2 (December).
- Sahheh, L. 2008. *Disciples of All Nations*. Oxford: Oxford University Press.
- Thapar, R. 1994. Syndicated Hinduism. In *Hinduism Reconsidered*, eds. G Sonteimer and H. Kilke, 19. New Delhi: Manohar.

글쓴이

리차드 하웰(Richard Howell)은 인도 뉴델리 출신으로 "인도복음주의선교회"(EFI)와 "아시아복음주의연맹"(AEA)의 총무이다. 그는 "글로벌크리스천포럼"(GCF)의 회원이며, 1990-1996년 사이에 인도 우타 프라데쉬에 있는 알라하바드신학교의 학장이었다. 그는 인도에서 학사, 석사, 박사 학위(Ph. D.)를, 그리고 캐나다에서 신학석사, 네덜란드에서 박사 학위를 받았다.

묵상

"그들이 돌로 스데반을 치니 스데반이 부르짖어 이르되 '주여 이 죄를 그들에게 돌리지 마옵소서' 하고"(행 7:59-60).

스데반이 죽은 후 신자들에 대한 박해는 폭력적으로 변했다. 그러나 사도들은 사람들의 필요를 채워주면서 예루살렘으로부터 땅

끝에 이르는 모든 사람들에게 계속해서 설교하고 그리스도를 증거했다. 그들의 증거를 통해 많은 사람들이 그리스도를 그들의 주와 그리스도로 받아들였다.

사도행전은 초기 그리스도인들, 특히 사도들이 여러 번의 위협으로 고난을 당했으나 심지어 눈앞에 닥친 죽음이나 감옥도 그들이 예수의 이름을 선포하는 것을 멈추게 할 수 없었다는 것을 분명히 하고 있다. 스데반은 그리스도에 대한 그의 믿음을 증거 하면서 순교의 고난을 당했고 예수 안에서 그는 정복자 그 이상이었기 때문에 끝까지 믿음을 버리지 않고 그의 부르심에 충성했다.

브라질의 아론 로드리고 바티스타(Aron Rodrigo Batista)의 묵상

제17장
인도의 순교자가 된 선교사 그레함 스테인즈

아비지뜨 나야크
(인도 OM 선교사)

"순교자의 피는 교회의 씨앗이다."
- 터툴리안 교부-

    1999년 1월 23일, 호주 침례교 선교사 그레함 스테인즈(Graham Staines, 1941-1999)와 그의 두 아들 필립(Philip)과 티모티(Timothy)는 인도 오리싸(Orissa)의 마노라푸르(Manoharpur)의 시골에서 그들의 자동차에서 자고 있었다. 성난 폭도들이 그들의 차를 둘러싸고 가솔린을 붓고 세 사람을 불태워 죽인 때는 이른 아침이었다. 불행하게도 스테인즈의 순교는 단지 하나의 영웅적인 이야기로만 남게 되었고 그가 시골 지역에서 가난하고 곤궁에 빠진 사람들, 문둥병자, 그리고 불가촉천민들 가운데서 행했던 30년(1965-99)에 걸친 희생적인 일은 잊혀 버렸다.
    대부분의 미디어, 인권 행동가, 그리고 기독교 단체들은 스테인즈 가족의 순교에 대해 흥분했지만 며칠 지나서는 관심을 잃어버렸다. 그리

하여 스테인즈 가족의 사역과 순교의 영향은 제대로 알려져 있지 않다.[1]

이 글의 주제는 스테인즈 가족의 순교의 결과로 직접적으로 혹은 간접적으로 기독교 공동체와 인도 사회에서 일어난 복음 전파의 변화들에 대해 평가하기 위한 것이다.

1. 퀸즈랜드에서 마유르반즈

그레함 스테인즈는 1941년 호주 퀸즈랜드(Queensland)의 팜우즈(Palmwoods)에서 태어났다. 그레함은 열 살 때 고(故) 알란 커닝함(Alan Cunningham)에 의해 그의 지역교회에서 개최된 전도 집회 때 주님을 영접했다. 그레함의 십대 초기의 여러 과정에서 선교 사역을 위한 하나님의 부르심을 느꼈으며 그의 삶에 대한 하나님의 목적에 대해 확신했지만 구체적으로 어디로 가야 하는 지는 몰랐다.

15살 때 스테인즈는 호주에 있었는데 그와 동갑이면서 심한 나병환자인 마유르반즈(Mayurbhanj) 소년인 조시아 소렌(Joshiah Soren)의 사진을 보게 되었다. 1956년 바리빠다(Baripada)에 사는 산따누 사뜨빠띠(Santanu Satpathy)의 펜팔 친구가 되었을 때부터 오리싸에 대해 관심을 가지기 시작했다(Satpathy, 1999, 8).

---

1 예를 들어, 그레함 스테인즈에 관해서 다음과 같은 책들이 출판되었다. Vishal Mangalwadi, *Burnt Alive* (1999). V. P. Mathaikutty, *From Golgotha to Monoharpur* (2000), Voice of Martyrs, *Hearts of Fire* (2003), 그리고 Niranjan Sahu에 의한 미출판된 연구 보고서, *Commitment and Servide: A Study of the Life and Works of Graham Stuart Staines among the Santhal Tribe in Mayurbhanj District of Orissa* (2000)가 있다. 이들 작품들은 스테인즈가의 삶과 사역을 인상적인 방법으로 드러내고자 했지만 기독교 선교와 사람들의 관점에서 스테인즈가의 순교의 임팩트를 살펴보는 것에는 미흡했다. 나는 본고에서 스테인즈 가족의 순교의 영향을 주로 내부자의 관점으로 살펴보고자 시도했다.

퀸즈랜드 성경학교에 들어가기 전 6년간 그레함은 목회자로 일했다. 그곳에 있는 동안 그는 기도하면서 인도의 오리싸 마을로 부르시는 하나님의 강한 부르심을 느꼈다. 하나님의 부르심에 대한 확인은 성경말씀(막 1:35-42)을 통해서였다. 그의 소명과 더불어 나병으로 고통당하는 사람들에 대한 지속적인 안타까움으로 그는 1965년에 오리싸에서 선교사가 되기 위해 마유르반즈에 있는 "복음주의선교회"(Evangelical Missionary Society, EMSM)에 허입 원서를 냈다. 스테인즈는 "EMSM"에서 '힘의 돌기둥'으로 알려졌고, 그가 나환자를 섬기든, 회계 일을 하든, 로터리클럽에서 섬기는 일을 하든, 혹은 동물들을 돌보는 일을 하든 그가 하는 일들에 신실한 종으로 알려졌었다(Rolly, 1996, 63).

스테인즈는 그의 아내 글래디스(Gladys)를 1981년 그녀가 "인도 OM선교회"에서 일하는 동안에 만났다. 그들은 사랑에 빠졌고 1983년 8월 6일 호주에서 결혼을 했다. 그들의 딸 에스더(Esther)와 두 아들 필립과 티모티는 오리싸에서 태어났다. 글래디스는 그와 함께, 그리고 나중에는 그의 자녀들과 함께 그를 도와 나환자들과 가난한 사람들, 그리고 오리싸 지역 마유르반즈의 오지에 있는 고아들을 돌보는 데 헌신했다.

글래디스는 지금 호주에서 의학을 공부하고 있는 에스더와 함께 살고 있다. 그녀는 오리싸에 있는 "EMSM"을 계속 후원하고 있다. 그레함의 삶은 하나의 목적만 갖고 있었고 그는 부지런히 그 목표를 지켰으며, 사람들에게 소금과 빛이 되고자 했다(Cameron, 1999, 5). 그와 두 아들이 죽은 후에도 글래디스는 오리싸의 오지 사람들을 위한 그레함의 비전과 사명을 이루기 위해 여전히 열정적이고, 에너지가 넘쳤다. 그레함의 비전은 절망적인 사람들과 나환자들, 그리고 가난한 사람들이 변화되고 그들이 잘 돌봄을 받는 것을 보는 것이었다.

2. 그때와 지금

"전인도선교와전도협의회"(All Indian Congress on Mission and Evangelism)는 스테인즈가 순교하기 수십 년 전에 박해와 순교가 일어날 것을 예측했다.

"우리는 종교적인 근본주의의 부활로 인해 박해가 증가할 것으로 예측한다 … 우리의 사랑하는 자들 중에 많은 사람들이 순교자로 부름을 받을 것이다"(AICOME, 1988, 147).

박해는 언제나 많은 선교사들의 추방과 기독교에 대한 두려움과 불신 등을 포함해 전도와 교회의 확장에 어느 정도 부정적인 영향을 끼쳐왔다는 사실은 의심의 여지가 없다. 동시에, 박해 가운데 있는 신자들은 더욱 깊은 헌신을 했고 이것은 오히려 더 많은 사람들을 믿음에 이르게 했다. 나는 스테인즈의 순교로 인한 영향을 알아보기 위하여 2008년 5월부터 12월 사이에 지역 조사를 실시했다.[2]

인도의 전도자들, 그리스도인들, 그리고 타종교 사람들은 모두 스테인즈의 순교에 충격을 받았다. 전도자들은 오리싸에 박해가 있을 때에도 그들의 믿음이 견고해져서 복음을 전파해야 할 책임을 더욱 느끼고 있었다. 내가 진행한 연구에 의하면 97%가 넘는 현지인 선교사들이 "복음 사역에 열정적이며 박해에 대해 두려워하지 않는다"고 말했다. 타종교의 70% 넘는 사람들이 "그레함 스테인즈의 삶은 참된

---

2 편의에 따른 샘플로서 105명의 정보 제공자들이 선정되었다. 응답자들은 다음과 같은 범주로 나누었다. 스테인즈가 속한 단체의 사역자들, 교회 목사들, 현지 선교부 지도자들, 그리고 타종교 사람들. 개인과 그룹 인터뷰에서는 구조화된 질문들을 사용해 인터뷰와 설문 조사가 수행되었고 MP3에 녹음도 했다. 더 자세한 것을 위해서는 Nayak(2009)을 보라.

그리스도인의 모범이다"라고 말했다. 그레함은 그가 죽을 때 자기 믿음을 공적으로 고백할 기회를 얻지 못했다. 그러나 그의 순교는 그 자체가 타종교의 사람들에게 하나의 증거였으며 간증이었다.

지난 10년간 교회와 기독교 선교에 대한 지속적인 공격에도 불구하고 오리싸 주에서는 교회가 성장하고 있다.[3] 그레함의 친구 중 한 사람은 "전도적인 노력에 있어 괄목할 만한 성장이 있으며 사람들은 기독교 신앙으로 들어오고 있다. 최근, 타종교의 사람들 중 9명이 우리 교회에서 기독교 신앙을 받아들였다"고 말했다. 스테인즈 순교의 영향력은 막강하며 그것은 30년 넘게 그가 했던 모든 활동들보다 더 많은 열매를 맺고 있다.

순교자의 삶과 죽음이 우리에게 가르쳐 주는 것은 그리스도의 삶과 죽음의 본을 따라 주어지는 고난은 신자의 믿음 속에 내재되어 있다는 것이다. 인도의 가장 강력한 힌두교 근본주의 집단인 아리야 사마즈(*Arya samaj*)의 한 주요 힌두 지도자인 스와미 아그니베쉬(Swami Annivesh)는 이렇게 말했다.[4]

> "마노하르뿌르에서 그레함 스테인즈 박사와 그의 두 아들을 죽인 사람은 바로 인도의 양심을 불태웠다. 근대 역사에 있어 이 비인간적인 행동만큼 강하고 충동적이며 전체적인 분노를 불러일으킨 사건은 별로

---

3 2010년의 "세계기도정보"(Operation World)에 의하면 "거센 반대에도 불구하고 교회 성장이 배가되었다." 인구센서스는 오리싸 주의 크리스천을 2.4%라고 하지만, 어떤 그룹은 (기독교와 힌두르바) 28%혹은 그 이상이라고 주장한다. 오리싸의 기독교에 대해서 더 자세한 내용과 도전에 대해서는 Mandryk (2010)을 보라.

4 인도에서 가장 오래되고 가장 유명한 힌두교 근본주의 그룹 중의 하나는 1875년 4월 10일 봄베이에 있는 스와미 다야난다 사라스와띠에 의해 창설되었다. 기본적으로 이 조직은 종교 간 개혁과 종교 간 대면, 사회사업, 그리고 힌두교 전파에 관계하고 있다. 그 사업과 이데올로기에 대해서 더 많은 설명을 위해서는 Matthew(2001, 63-107)를 보라.

없다"(아그니베쉬, 1999, 217).

스테인즈의 순교는 말씀의 씨앗을 흩뿌리게 한 하나의 태풍이었으며, 씨를 뿌리는 자와 거두는 자를 많은 들판으로 흩어 보냈다. 이것은 순교자의 피는 교회의 씨앗이라는 것을 보여 준다. 이것은 그의 왕국을 확장시키는 하나님의 방법이다. 박해는 종종 선교를 불러온다.

"선교는 순교로 이끌고, 순교는 선교가 된다. 순교와 선교는 함께한다는 것이 우리가 경험을 통해 배운 것이다"(von Campenhausen, 1974, 71).

다른 말로 하면 순교와 선교는 불가분의 것이다. 현지 기독교 신자들과 외국 선교사, 그리고 인도 사회에 대한 스테인즈의 순교의 영향력은 지대하다. 인도라는 상황에서 그리스도를 증거 하다가 죽은 스테인즈의 순교로부터 많은 교훈들을 배우게 된다.

그레함은 오리싸의 곤궁에 처한 사람들과 불우한 사람들, 나환자들 사이에 잘 알려진 인물이었다. 그는 이제 가난한 자를 일으켜 세우고, 병자를 고치고, 나환자를 치료하기 위해 헌신했던 그의 헌신으로 인해 기억되고 있다. 그는 길가의 나환자를 보고 아무것도 하지 않을 수가 없었다. 그래서 그는 "나환자의 집"(Leprosy Home)에 그들을 데려와서 치료했다. 그는 카스트와 종교와 지위에 상관없이 만나는 모든 사람들을 사랑했다. 그는 나가서 사람들을 '회심'시킨 게 아니고, 그의 삶과 사역이 증거가 되게 하고 사람들을 예수님께 이끌리게 했다. 그레함의 순교와 글래디스의 사랑과 용서의 메시지는 인도의 신자들로 하여금 그들도 복음을 위하여 고난을 받을 준비를 해야 하며 예수의 복음을 타종교의 사람들에게 전해야 한다는 메시지를 전해주었다.

토의 질문

1. '순교자'와 '순교'라는 말의 정의를 간단히 말해보고, 오늘날 무엇이 '순교'를 일으키는지 설명해 보라.
2. 터툴리안은 "순교자의 피는 교회의 씨앗이다"라고 했다. 이 말은 어떤 의미가 있는가?
   순교가 교회의 소멸의 결과를 가져 오기도 하지 않았는가?
   당신의 관점을 설명해 보라.
3. 죽임을 당한 스테인즈가 외국 선교사라는 사실이 무슨 차이가 있는가?
   만약 죽임을 당한 자가 인도 기독교 목사나 선교사였다면 그 영향에 있어 무슨 차이가 있었겠는가?
   만약 차이가 있다면, 서구 세계와 인도에서 그것은 어떻게 다르게 해석될까?

참고 문헌

- Agnivesh, S. 1999. Hailing the spirit of Gladys Staines. *Vidyajyoti* 63, no.3:217-18.
- AICOME, 1988. *Persecution in Missions*. Pune, India: EFI.
- Cameron, R 1999. Tribute to Graham Staines, *AIM* (March).
- Mandryk, J. 2010. *Operational World*. Colorado Springs, CO: Biblica.
- Matthew, C. V. 2001. *The Saffron Mission*. New Delhi:

ISPCK.
- Nayak, A. 2009. *The Impact of the Staines' Martyrdom on Christian Mission and Society in the Mayurbhanj District of Orissa.* MTh diss., Union Biblial Seminary, Pune, India.
- Rolly, A 1996. *Mayurbhanj Messeners.* Chermside, Austrailia: EMSM.
- Satpathy, S. 1999. Graham Staines: My Pen Friend. *AIM.*
- Von Campenhausen, H. 1974. Das jartyrium in der mission. In *Die Alte Kirche,* ed. H. Frohnes. Kaiser: Munchen.

글쓴이

아비지뜨 나야크(Abhijit Nayak)는 인도 오리싸 출신이며, 캘리포니아 파사디나에 있는 풀러신학교 선교대학원의 박사(Ph.D.) 과정 학생이다. 그는 1997-2003년 사이 인도 OM 소속 타문화 선교사였으며 2005-2007년 사이에는 캘커타 바이블 칼리지에서 교수 요원이었다. 그는 출판 예정인 책, 『뜨거운 불 속을 걷다: 다시 만나는 그레함 스테인즈의 삶과 사역, 그리고 순교』*(Walking through the Blazing Fire: Australian Missionary Graham Staines's Life, Work and Martyrdom Revisited)* (Secunderabad: OM Books, 2011)의 저자이다.

고난과 시험

어떤 자녀들은 하나님께서 축복하셔서 행복을 누린다. 그들은 하는 일마다 성공을 하고, 하나님께서는 그들과 함께하신다. 그들에게 좋은 사람들을 붙여 주시고 그들이 하는 일마다 성공하고 인정을 받는다. 그렇다. 하나님은 그들에게 다른 사람들을 다스릴 큰 권세를 주시고, 그들을 통해 자신의 일을 이루신다. 물론 대부분의 사람들은 고난과 시험의 시간을 통과해야만 한다. 그러나 악한 사람들이 그들을 해하려고 할 때 하나님께서는 언제나 그것을 선으로 바꾸어 주신다. 그러나 그의 자녀 중 어떤 사람들은 하나님께서 고난으로 축복하셔서 순교도 한다.

디트리히 본회퍼(Dietrich Bonhoeffer) in Andachtshilfe zu
"1 Mose 39, 23" (May 24, 1944, 1996b, 653f)

제18장
베트남에서의 사역

레그 레이머
(WEA 선교위원회 위원)

나는 30년 넘게 베트남의 박해받는 그리스도인들을 위해 열정을 바쳐왔다. 이는 내가 다양한 국제적 사역을 하는 동안에도 지속되었다. 그것은 우연히 그렇게 된 것이 아니었다. 내가 소년이었을 때 아버지가 당신의 생생한 기억을 두려움 가운데 말하는 것을 들었다. 아버지가 5살 아이였을 때 할아버지와 삼촌이 1917년 공산 혁명이 발발한 당시 남러시아(우크라이나)를 공포로 몰아갔던 무정부주의 약탈자들에 의해 집에서 암살당하는 것을 목격했던 것이다. 총살 후에도 끔찍한 일은 계속 일어났다. 그의 경건한 할머니가 은신처에서 나와서 그 남편과 아들의 시체 위에 쓰러지면서 소리를 질렀다.

"하나님은 없어, 하나님은 없다고!"

그 다음 날 두 시신을 급하게 매장하고 마을을 떠났다.

비록 종교적인 박해가 주는 큰 교훈이 있다는 것을 배워야 했지만, 우리 가족사의 이 부분은 내게 깊은 인상을 남겼다. 다른 박해에서와 마찬가지로 그 원인은 복합적이었다. 나는 더 많은 것을 배우기 위해 1960년대 대학에서 러시아 역사를 공부했다. 이때 나는 마이클 부드로(Michael Bourdeaux)의 걸작들을 탐독했다. 마이클 부드로는 영국에 있는 케스톤 칼리지(Keston College)가 출판한 저널을 통해 소비에트 시대에 소련연방공화국에 있었던 기독교 신자들이 경험한 끔찍한 박해에 대해 지칠 줄 모르고 글을 써나갔다.

1966년에 우리 가족은 베트남에 선교사로 섬기기 위해 왔다. 8년 후 공산주의자의 승리(1975년) 후에 우리는 강제로 그 나라를 떠나야 했다. 우리 가족의 역사와 소련 연방의 무자비한 박해에 대한 나의 연구는 베트남에 있는 기독교인들도 아주 어려운 시간을 맞아하게 될 것임을 말해주었다. 과연 그렇게 되었다.

베트남이 공산화된 후 얼마 안 되어 우리는 선교 단체로부터 태국에 가서 새로 공산화된 베트남과 라오스, 캄보디아에서 도망 온 난민들을 위해 일하라는 임무를 받았다. 우리가 만난 난민들 중에는 기독교 신자들도 있었는데, 그들은 우리에게 이들 나라에 드리워진 어두운 10년 세월을 바라보는 창문이 되어주었다. 그것은 모든 사람에게 깊은 상실의 이야기이며 기독교 신자들에게는 심한 박해의 이야기였다.

우리는 그 난민들을 돕기 위해 헌신했다. 그들은 위험한 국경과 해적이 들끓는 거친 바다를 건너 필사의 도주 끝에 살아남은 행운아들이었다. 난민들은 정기적으로, 그러나 태국 정부가 대부분 기독교 NGO의 후원으로 감당할 만한 숫자만큼만 들어왔다. 1979년 말까지는 그랬다. 그 후 크메르 루즈(Khmer Rouge)에 의해 국경 지역이 공격을 당하자 화가 난 베트남은 살인적인 크메르 루즈 정부를 전복해 버렸다. 수천수만의 절박하고도 굶주려 죽어가는 캄보디아인들이 태국으로 들어왔고, 얼마간 우리를 완전히 압도해 버렸다.

1980년 7월 어느 날 아침 커피를 마시면서 나는 방콕 광고를 보았는데 그것은 최초의 사회주의 국가인 베트남으로의 외국인 관광객 모집 광고였다. 나는 바로 신청했다. 그 단체 관광객에는 우리 일행 8명과 당황스러울 정도로 무례한 영국 가이드가 있었다. 그러나 우리 중 아무도 단순한 여행객은 없었다. 우리들 중에는 저널리스트, 적십자사 대표, 정보 요원 부부, 그리고 선교사 한 명이 있었다.

아주 감시가 심했던 우리 여행 일정 중 일요일은 휴일이었다. 우리 일행을 감시하던 정부 경호원에게 내가 그리스도인들과 예배를 드리고 싶다고 알렸을 때 이상한 듯이 쳐다보았지만 안 된다고 하지는 않았다. 트란 홍 다오 블러바드(Tran Hung Dao Boulevard)에 있는 커다란 복음주의 교회에 내가 도착했을 때 거기에는 수백 명의 사람들이 예배에 참석하고 있었다. 나는 제법 많은 수의 친구들과 아는 사람들을 알아보았다. 그러나 아무도 나를 알아봐 주지는 않았다! 성찬을 나눌 때 나는 그 성찬을 나누어주는 사람을 통해서 그날 설교했던 목사와 메모를 교환할 수 있었다. 나는 그를 잘 알고 있었다. 그가 전한 작은 종이에는 "해질녘 교회 옆에 있는 길가로 와서 당신을 지켜보고 있는 어느 여성의 지시를 따르십시오"라고 간단하게 쓰여 있었다.

내가 지시대로 왔을 때 나는 커다란 빌딩의 뒷문을 지나서 방으로 들어가는 계단으로 인도를 받았다. 그 방에는 네 명의 목사들이 나를 기다리고 있었다. 감동적인 재회 후에 나는 그들이 그 나라 전역에 걸쳐 박해받고 있는 그리스도인들의 고난에 대해 그들의 마음을 쏟아놓는 것을 들었다. 많은 지도자들이 감옥에 있고 어떤 사람들은 죽었고 목자 잃은 많은 그리스도인들은 두려움 가운데 살고 있었다. 그 방에 침묵이 덮이자 내가 물었다.

"제가 무엇을 해 주기를 원하십니까?"

곧 바로 베트남복음주의교회 대표인 돈 반 미엥(Doan Van Mieng) 목사가 말했다. "바깥 세상에 우리 목소리를 들려주십시오. 우리는 우리 자신을 위해 말할 수가 없습니다!" 이 요청은 결정적인 순간이 되었다. 그것은 내 마음과 정신을 불태웠다. 나는 그때 새로운 부르심을 받았다는 것을 알았다. 비록 그것이 얼마나 소모적이고 복잡한 일이 될 것인지 그때는 생각도 못했지만 말이다. 바로 그 다음 날 나는 감옥에 있었던 내 친한 친구인 미엥 목사 아들의 아내와 아이들을 '우연히' 쳐다보게 되었다. 그들은 내가 삼륜차를 타고 지나갈 때 아파트의 아래 발코니에 서 있었다. 우리 눈이 마주쳤지만 나는 단지 알아보았다는 뜻에서 내 손을 움직이는 정도밖에는 아무것도 할 수 없는 그런 상황이었다.

이 감동적인 순간이 나의 첫 활동을 시작하게 했다. 나는 감옥에 있는 자들의 가족들을 도와야 한다는 것을 알게 되었고 그래서 나는 이 목적을 위해 돈을 모으기 시작했다. 놀랍게도 내가 속한 선교회나 내가 섬겼던 구호 단체 어디에서도 기부금을 내주지 않았다. 그들은 이 활동을 '정치적인' 것으로 보았던 것이다. 나는 의심할 바 없이 이 고난 받는 가족들을 도와야 하고 그들이 가끔씩 감옥에 있는 남편과 아빠들을 위해 줄 수 있게 허용된 가족의 지원 물품(care package)을 만드는 일에 기여해야 할 책임을 느꼈다. 나는 길을 찾았다. 이 경험은 내가 만나게 될 대변자의 역할에 대한 다른 복음주의자들의 양면성과 오해를 미리 보여주는 것이었다.

그 첫 방문 이후 30년간 최소 100번 넘게 베트남을 방문했다. 나는 목소리를 낼 수 없는 사람들을 위한 지원 활동가의 역할을 하는 자들에게 필요한 것이 무엇인지에 대해 종종 시행착오를 통해 배웠다. 또한 내가 베트남에서 배운 것들이 지원 활동가의 역할을 이해하거나 혹은 그런 사람이 되기를 원하는 다른 사람들에게 적용할 수 있는 무언가가 된다는 것을 깨닫게 되었다.

1. 점진적인 발전

지원 활동에 대해 논하기 전에 베트남의 종교의 자유에 대해 살펴보겠다. 공산주의하에서 통일된 베트남에서의 첫 10년(1975-85)은 '어두운 10년'으로 불리게 되었다. 모든 베트남의 소수 종족 목사들은 감옥에 갇혔고 교회들은 해체되었다. 베트남 소수 종족의 기독교 신자들도 역시 궁핍과 투옥으로 고난을 당했다. 많은 신자들이 공적 예배로 모이는 것을 중단했다. 작은 교단들은 자발적으로 가장 큰 교단인 "남베트남복음주의교단"으로 들어갔다. 이 기간이 끝날 무렵이 되면서 상황은 약간 호전되었다. 중요한 것은 기도와 영적 부흥을 통해 두려움 가운데 있었던 많은 그리스도인들이 담대함을 얻었다는 것이다.

1986년부터 2004년까지 18년 사이에 베트남에서는 종교가 일련의 법령들에 의해 지배를 받았다. 1986년에 베트남은 '도이 머이'(Doi Moi) 또는 '재정립'의 시기로 공표했다. 그것은 마르크스주의 경제의 많은 부분을 버리고 무역을 위해 외부 세계와 관계를 맺기로 결정한 것을 포함했다. 이 정치적인 관점의 변화는 종교에 관한 베트남의 엄격한 정책과 실행에 대해 밝혀내고 일부를 개선하는 데 도움을 주었다.

이 시기는 또한 가정교회 운동의 시작과 활발한 성장을 보인 시기이다. 이때 교단들이 배가되었다. 베트남의 중부 고원지대와 북서부 산악 지역은 1990년대 소수 종족들 가운데 개신교가 거의 폭발적으로 성장했다. 당국자들은 성장하는 신자들을 '박멸'하기 위한 종합 계획을 만들어내었는데, 그것은 신앙을 부인(否認)할 것을 강요하는 잔인한 정부 시책을 포함하고 있었다.

이후의 기간은 2005년부터 시작되었다고 볼 수 있다. 강력한 국제적인 압력이 새 종교법 제정을 이끌어내는 데 어느 정도 도움을 주었다. 변화된 정책 중 하나는 교회를 등록하는 데 있어 보다 많은 자유를 약속했다. 새로운 법률은 또한 신앙을 부인하도록 강요하기 위해 사용되었던 대규모의 체계적인 수단들을 불법으로 만들었다. 다행히도 그 시책은 멈추었다. 2010년에는 아홉 개의 교회가 1975년 이전부터 그들의 뿌리가 있었던 것을 정부에 확신시킴으로써 등록할 수 있게 되었다.

그러나 수백 명의 회중을 대표하는 다른 수십 개의 조직체들은 아직 등록되지 못한 채 남아있다. 상황은 향상되었지만, 등록이 되었든 아니든 모든 교회들은 현재 베트남의 종교 관할 사무소의 엄중한 감독하에 남아 있다. 베트남 기독교 신자들은 국제적인 지원 활동이 긍정적인 변화에 가장 큰 기여자라고 단언했다. 그들은 이 지원 활동을 계속해 주기를 요청했다.

이 모든 제약에도 불구하고 개신교는 1975년의 16만 명에서 2010년에는 약 140만 명으로 성장했다. 그것은 35년 사이에 900% 성장한 것이다! 베트남에서는 박해가 성장을 야기했다기보다는 교회가 성장하는 곳에 박해가 왔다(아직도 오고 있다)고 말하는 것이 더 정확하다.

2. 지원 활동을 위한 제안들

30년 이상 경험을 통해 배웠던 몇 가지 지원 활동에 관한 전략과 방법들을 제안하고자 한다. 먼저 지원 활동가가 그 나라로 들어갈 수 있다는 것을 전제로 그 나라 안에서 일하는 것으로 시작한다. 그 다음에 국제적인 차원에서의 지원 활동 방안을 설명할 것이다. 마지막으로는 내가 배웠던 개인적인 교훈들을 나눌 것이다. 그중 몇 가지는 어쩌면 놀라운 것이 될 것이다.

1) 국내에서

첫째, 박해받는 신자들이나 그들과 제일 가까운 사람들과 아주 견고한 신뢰의 관계를 형성하라. 이것은 지원 활동가들로 하여금 정확한 정보를 확보하게 해 준다. 정보의 정확성이 절대적으로 필요하다. 부주의하거나 잘못된 것으로 쉽게 드러날 수 있는 정보를 주는 것보다 더 빠르게 지원 활동 자체를 빗나가게 하거나 지원 활동가들의 명예를 실추시키는 것은 없다. 할 수만 있다면 정보를 다수의 출처를 통해 교차 점검하라.

둘째, 현지인으로 하여금 박해에 관한 정보를 신중하게 직접 수집할 수 있도록 훈련하라. 이름 있는 지원 단체들이 개발한 행동 강령과 모델 설문지들을 참고하라.[1]

---

[1] "국제기독교연대"(Christian Solidarity Worldwide)나 "오픈도어즈", "순교자의 목소리"(Voice of Martyrs)와 같은 단체들은 그런 행동 강령과 설문지들을 갖고 있다. 덧붙여서, Lausanne Occasional Paper 32, *The Persecuted Church*에는 "출판과 지원 활동을 위한 리포트의 가이드라인"(95-99)이라는 부분이 실려 있다. 이 글은 www.lausanne.org에서 다운로드가 가능하다.

셋째, 지원 활동가는 박해받는 그리스도인들의 사례를 출판하기 전에 그들의 허락을 확보해야 한다. 실제로는 이것이 가능하지 않을 수도 있다. 그 다음의 최선으로는 가족들이나 지역교회의 허락을 확보하는 것이 될 것이다. 언제나 감독의 책임을 지고 있는 현지 기독교 지도자와 함께 전략적으로 일해야 한다.

넷째, 그 나라에 있는 국제적인 단체와 연대하라. 이것은 인권을 모니터하게 되어 있는 서구 대사관의 직원들을 포함하여, 국제적인 뉴스의 전송 작업을 하는 통신사들(로이터 등)과 TV(BBC 등)를 포함한다. 때로는 이들이 그 나라에 지부를 두고 있거나 혹은 해외에서 방문한 언론가들이 박해받는 자들 혹은 그 가족들과의 모임이나 인터뷰를 주선하는 데 돕는 역할을 한다. 이 일은 소심하거나 충동적인 사람이 할 수 있는 일이 아니다! 높은 분별력과 지혜가 필요하다.

다섯째, 국제적인 연대는 또한 기독 실업인이나 기꺼이 '창의적인 활동 방안'을 시도하고자 하는 선교사들을 포함할 수 있는데 이때는 그야말로 극도의 분별력을 발휘해야 한다. 만약 지원 활동가가 그들과 개인적인 관계를 잘 맺고 있다면 그런 모든 관련자들은 더욱 큰 잠재력을 갖게 된다. 국제적인 인사들이 자주 임지를 옮기는 것이 이렇게 하는 데 있어서는 특별한 어려움이 되기도 한다. 나는 여러 해 동안 자주 바뀌는 수많은 외교관들에게 박해 문제에 대해 다시 설명을 해야 했다.

요약하자면, 국내에서 가장 중요하고 어려운 일은 박해받는 자들에 대한 사실을 출판하거나 그 나라가 행동을 바꾸도록 압력을 행하는 데 사용할 수 있는 사람이나 기관들이 어디 있는지 그 정보를 정확하게 수집하는 것이다.

2) 국제적인 영역에서

첫째, 박해받는 자들에 대한 정확한 정보들은 기도와 다른 지원을 위해 전 세계 교회에 알려야 한다. 이것은 박해받는 교회 문제들을 전문으로 하는 "콤파스 디렉트"(Compass Direct)와 같은 통신사들을 통해서 할 수 있고, 박해받는 그리스도인들이 관련된 교단들을 통해서도 가능하다. 또한 고난과 박해를 받고 있는 교회들을 특별히 섬기는 단체들(예를 들면 "오픈도어즈", 순교자의소리", "국제기독교연대" 등)을 통해서도 될 수 있고, 종교 자유 위원회를 갖고 있고 박해받는 교회를 위한 세계 기도의 날(IDOP)을 지원하고 있는 세계복음주의연맹과 같은 국제적인 단체들을 통해서도 가능하다.

둘째, 12개 국 이상에 회원 조직을 갖고 있는 "종교자유연대"(Religious Liberty Partnership)는 지원 활동을 국제화하기 위한 중요한 과업을 이루는 데 있어 아주 큰 도움이 된다.

셋째, 정보들은 또한 국제 인권 감시 단체인 "휴먼라이츠워치"(Human Rights Watch)나 "국제엠네스티"(Amnesty International)와 같은 세속적인 인권 기관에 제공할 수도 있다.

넷째, 신분의 보안 장치가 마련된 개인 사례에 관한 정보는 서방 국가들의 외교부에서 좋아한다. 이것들은 글로 제공되기도 하겠지만, 누군가 보고서를 갖고 찾아가서 그 나라 공무 집무실에 앉아 있는 정부 관리와 직접 관계를 맺는다면 더 좋다. 현지 지원 활동가의 오랜 경험과 정기적으로 해당자와 접촉을 통해 이루어진 신뢰성은 외교관들이 상당한 무게를 갖고 받아들인다.

다섯째, 박해받는 교회를 지원하는 공동체에는 법적 전문성과 UN 관계 부처와 EU 사무실과 같은 정부 간 기구들(Intergovernmental Organizations)의 주요 인물들과 관계를 가진 전문가들이 있다. 그러한 활동가들은 현장 중심 지원 활동가들의 1차 자료들을 취하여 그것이 최대 효과를 내도록 전문적인 문제 제기를 하는 사람들이다.[2]

3. 때로는 힘들게 배우기도 하는 교훈들

첫째, 박해받는 자들을 위해 대변하는 지원 활동가들은 먼저 아주 조심스럽게 경청해야 한다. 그들이 그 상황을 잘 이해해 그 박해받고 있는 당사자에게나 그들의 가족들에게 전략을 제공하면 당사자들이 어떻게 해야 할지를 결정하게 될 것이다. 가장 위험 부담이 많은 자는 당사자와 그들의 가족들이라는 사실을 언제나 존중하라.

둘째, 지원 활동가는 서로를 연결시키는 마음 자세를 갖는 것이 중요하다. 연결되는 사람들의 신뢰와 분별력이 필수적이다. 그러나 그런 관계가 형성되면 지원 활동가가 관계자들을 직접 연결시키고 중간에서 빠져나오는 것이 가장 좋다. 주요 지원 활동가들은 언제라도 박해자들에 의해 발견될지도 모르고, 혹은 내부로부터 배반을 당해 결국 그들의 일을 제한해야 하기 때문에 이것은 실제적인 문제다.

셋째, 지원 전략과 방법들 중에는 여러 가지 수준이 있기 때문에 종종 두 극단 사이에 긴장이 있기도 한다. 박해의 악함에 대해 폭로하는 것을 전문적으로 하는 사람들은 친절함과 존중감을 갖고 박해자들과 관계해 일하는 지원 활동가들에 대해 의심스럽게 여길 수 있다. 폭로 자체만으로는 불충분하며 관계해서 변화시키는 것을 더욱 어렵게 할

---

2 영국 주재 "Christian Solidarity Worldwide" 단체가 좋은 예가 된다.

수 있기 때문에 '관계하는 자들'(engagers)은 '폭로하는 자들'(exposers)에 대해 화가 날 수도 있다. 양쪽 전략이 다 필요하고 유용하며 그 중간 지점에 있는 전략들도 그렇다. 효과적인 지원 활동가는 다양한 지원 철학과 방법들을 이해하고 존중하며 활용하고 그것들 중 하나만 고집하지는 않아야 한다는 것을 배우게 될 것이다.

넷째, 지원을 위한 공동체 중에는 박해에 대해 정확하지 않고, 성의 없이, 혹은 지나치게 선정적인 보고를 하는 사람들이 있는데 이들과 직면하는 것은 어렵지만 꼭 필요하다. 그러한 보고들은 그 성격상 종종 아주 많은 관심을 쉽게 끌기는 하지만 지원 공동체 전체를 손상시키거나 책임 있고 장기적인 지원의 노력에 대해 심각하게 해를 끼칠 수 있다.

다섯째, 지원 활동가들은 반대자들과 비판자들을 만나게 될 것이다. 비평가들은 종종 허황되며 지원 활동가들을 직접 대면하기보다는 오히려 소문을 퍼뜨릴 것이다. 대부분의 것들은 상황에 가깝지도 않고 쉽게 무시할 수도 있다. 그러나 지원 활동가들은 그들이 관심을 갖고 있는 정당한 문제들에 대해서는 개방적이어야 한다. 심지어 실속 없는 비판보다 더 힘든 것은 명백한 배반의 가능성이 항상 존재한다는 사실이다. 배반자들 중에는 슬프게도, 만약 그들이 지원 활동가를 신고하면 개인적인 유익을 얻을 수 있다고 약속하는 당국자의 유혹에 빠져 타협하는 기독교 신자들이 있을 수 있다.

여섯째, 복음적인 공동체 중에는 박해에 대한 낭만적인 관점을 갖고 있어서 실제로 지원 활동을 반대하기도 한다. 박해는 박해받는 자들의 믿음을 더 강하게 할 수 있고 때로 박해받는 교회는 성장하기 때문에, 박해 문제를 해소하기 위해 노력하는 활동은 교회를 확장시키고 믿음을 더하시는 하나님의 방법을 간섭하는 것이라고 주장한다. 그러한 생각은 내게는 인간의 존엄성을 중요하게 여기는 근거가 '하나님의 형상'임을 이해하지 못한 것처럼 보인다.

　하나님께서 악을 선으로 바꾸실 수 있기 때문에 우리는 그저 피동적으로 악을 용납해야만 하는가?

　그러한 사고방식대로라면, 극심한 암이 때로는 사람들로 하여금 하나님께로 돌아오게 하거나 그들의 믿음을 더하게 하므로 사람들에게 암을 그대로 방치하라고 할 것인가?

　일곱째, 내가 발견한 것은 그들 자신이 극한 박해를 받았던 사람들, 즉 그 경험 가운데서 깊고도 유익한 영적 교훈을 배웠던 사람들은 바로 다른 박해받는 사람들을 위한 지원 활동을 제일 먼저 요청하는 사람들이라는 사실이다.

4. 일관성 있는 지원 활동의 결과

　내가 경험하고 관찰한 몇 가지 결과들은 다음과 같다.

　첫째, 박해받고 있는 사람들을 위해 지원 활동을 하다보면 금방 상호 지원이 일어난다. 그 가운데 하나는 진정한 숭고한 정신으로 지원 활동을 펼쳐 서로 돕기 시작한다는 것이다. 내가 박해받는 사람을 처음 만난 때부터 나는 언제나 겸손하고 축복받은 사람들과 함께하게 되었고, 종종 주는 것보다 내가 더 많이 받는다고 느꼈다. 나는 적어도 박해받는 자들이 우리의 개입을 필요로 하는 것만큼 서구에 있는 우리도 참으로 박해와 순교에서 비롯되는 영성에 대해 이해하고 받아들여야 할 필요가 있다고 믿는다.

　둘째, 지원 활동은 종교적 자유가 있는 나라의 교회들이 "너희도 함께 갇힌 것같이 갇힌 자를 생각하고 너희도 몸을 가졌은즉 학대 받는 자를 생각하라"는 히브리서 13:3을 실현하는 것을 돕는 하나의 가교 역할을 할 수 있다. 이것은 머리로 기억하라는 것 이상의 부르심으로서, 지원 활동가는 사람들을 흔들어 깨워 그들의 자유에 대해 감사하게 하는 것이 아니라 박해받는 자들을 위해 구체적인 행동을 하도록 인도할 수 있어야 한다는 것을 의미한다.

셋째, '함께함의 사역'은 아주 의미심장한 것으로서, 박해받는 자들과 함께하기 위해 단지 무언가 노력하는 것만으로도 그들과의 연대를 보여주는 것이 된다. 몇 년 전에 베트남에 있는 몇몇 친구들이 내 일에 대해 나를 명예롭게 해주었다. 나는 한 형제의 말을 결코 잊을 수 없을 것이다. 그는 "가장 어려운 시기에 우리와 함께하기 위해 기꺼이 찾아와 주었던 당신에 대해 감사합니다"라고 말했다. 나는 많은 것을 '행했다.' 그것은 기억한다는 것을 의미하는 '함께함'에서 비롯된 것이다.

넷째, 우리는 베트남에 대해 온 세상의 수많은 교회들의 관심을 불러일으켜 기도와 다양한 형태의 지원 사역을 하게 했다.

다섯째, 지속적이고 꾸준한 나의 지원 활동의 직접적인 결과로 몇몇 박해받던 신자들이 감옥에서 풀려났으며 억울하게 감금당했던 정신병원에서 풀려나게 되었다. 이 사람들 대부분은 이 석방을 위해 내가 했던 역할에 대해 알지 못하지만, 그 사실은 내 기쁨이나 만족을 조금도 낮추지 못한다.

여섯째, 장기간의 힘든 연구 조사, 보고서 작성, 그리고 분석은 베트남에 대한 서구 국가의 외교적 압력을 가하는 데 있어서 기초 자료로 사용되었다. 그 결과로 기독교 신자에 대한 몇 가지 가혹한 정책이 완화되었다. 더 자세한 것들을 나누기에는 아직 시기상조다.

일곱째, 어떤 자료는 베트남의 최고 권력자들에게로 흘러 들어갔다. 최고 지도자들에게 진실이 알려졌고 이것은 종교의 억압이 베트남이 국제사회의 일원으로서 더욱 존중받는 국가가 되기 원하는 목표에 별로 도움이 안 된다는 사실을 이해하는 온건파 정당과 정부에 분명히 도움이 되었다.

여덟째, 한 장소에서의 장기적이고 일관성 있는 지원 활동과 이를 통해 쌓아온 신뢰는 마침내 내가 지원 사역을 위한 다양한 조직체들의 노력을 최고의 효과를 위해 조정하는 것을 도울 수 있게 해주었다.

지원 활동은 장기적인 사역이다. 그것은 하나의 큰 전쟁에 돌입하는 것이 아니고, 오히려 수천의 작은 전투들을 모아 가장 귀한 자유, 즉 한 개인의 믿음을 선택할 수 있는 자유를 얻게 하는 목표를 위해 기여하는 것이다.

토의 질문

1. 저자로 하여금 베트남에 있는 박해받는 그리스도인들을 위해 열정적인 지원 활동가가 되게 만든 몇 가지 요소들은 어떤 것들인가?
2. "지원 활동은 장기적인 사역이다"라는 저자의 결론은 그의 경험과 어떤 연관성이 있는가?
3. 저자의 간증과 경험에 의하면 효과적인 지원 활동가의 중요한 자질들은 어떤 것들인가?
4. 선교사들 중에 특정 지원 활동을 위해 강하게 부르심을 받지는 않았지만 그들이 섬기는 지역에서 요구되는 지원 활동을 위해 여기서 배울 수 있는 교훈들은 어떤 것이 있는가?

글쓴이

레그 레이머(Reg Reimer)는 캐나다인으로서 전도, 구제와 개발, 화해 사역, 협력 증진, 종교적 자유를 위한 옹호 활동에 있어 국제적으로 일했다. 그는 자신을 묘사할 때 무엇보다도 1966년에 베트남에 가서 그의 사역을 시작했고 지금도 깊이 참여하는 선교사로서 그리고 있다. 그는 그곳의 오순절 운동에서 지도자로 여겨지고 있다. 『베트남의 그리스도인들: 환란 속에서의 성장의 한 세기』(Vietnam's Christians: A Century of Growth in Adversity)라는 그의 책은 2011년 7월에 나왔다.

레그는 1984-1994년 사이 월드 릴리프 캐나다의 회장이었다. 그 후에 그는 세계 복음주의연맹의 시니어 스태프로 섬겼다. 현재 복음주의협회 캐나다의 "국제파트너십" 고문과 "국제파트너십협회"의 동남아 조정관으로 섬기고 있다. 그는 베트남의 종교적 자유를 진흥시키기 위한 여러 단체에서 정기적으로 자문 요청을 받고 있다. 레그는 WEA의 "선교위원회"의 장기 참여자이다. 그는 사회복지사인 라돈나와 결혼했다. 라이머 부부는 캐나다 BC 애보츠포드에서 산다. 그들의 두 자녀는 캄보디아와 대한민국에서 섬기고 있다.

우리는 이웃을 나 자신처럼 사랑한다.

예수께서는 그의 제자들이 이 계명을 율법에서 두 번째로 큰 계명으로서 지키라고 부르셨다. 그 후 그 요구를 "나그네를 너 자신처럼 사랑하라"에서 "네 원수를 사랑하라"로 더 급진적으로 심화시키셨다(레 19:34; 마 5:43-4).

우리 이웃을 향한 그러한 사랑은 우리가 모든 사람들에게 복음의 마음으로 그리스도의 계명을 순종하면서 그리스도의 모본을 좇아 반응할 것을 요구한다. 우리 이웃을 향한 이 사랑은 타종교의 사람들을 끌어안고, 우리를 미워하고, 욕하고, 박해하며, 심지어 죽이기까지 하는 자들에게로 마음을 넓히는 것이다. 예수께서는 사람들을 그에게로 이끌고 악의 고리를 끊기 위해 우리가 거짓에 대해 진리로, 악을 행하는 자들에게는 선한 행위로, 폭력에 대해서는 자비와 용서로, 그리고 제자들을 죽이는 자들에게는 자기희생으로 반응하라고 가르치셨다.

우리는 특별히 복음을 전하는 데 있어 폭력의 방법을 거부했고 우리에게 악을 행하는 자들에게 복수하고자 하는 유혹을 저버렸다. 그러한 불순종은 그리스도와 신약의 모본과 가르침에 맞지 않는 것이다(마 5:38-39; 눅 6:27-29; 23:34; 롬 12:17-21; 벧전 3:18-23; 4:12-16). 동시에, 우리의 고난당하는 이웃에 대한 사랑의 의무는 우리로 하여금 악행자들을 징벌하시는 하나님의 종으로서의 역할을 하고 있는 법과 국가 권력자들에게 적절한 호소를 함으로써 그들을 대신해서 공의를 추구할 것을 요구하신다(롬 13:4).

케이프 타운 헌신, 1부, 7항. "우리는 하나님의 세상을 사랑한다"
D 문항
www.lausanne.org/ctcommitment

제19장
에빈수용소에서 살아남기

샘 예그나자르

(Elam 설립자)

1. 인터뷰로 만난 이들

그들은 예수 그리스도를 사랑했고 따랐기 때문에 종신형과 교수형의 두려움도 극복해야만 했다. 그들은 이란 관리들과 종교 지도자들에 의한 수 주간의 고통스런 감금과 심문 가운데에서도 강하게 살아남아야 했다. 그들은 수 개월간 열악한 생활 조건과 쇠약한 질병 중에서 견뎌야만 했다.

2009년 테헤란(Tehran)에 있는 악명 높은 "에빈수용소"에서 259일 간의 시련을 겪은 후 처음 하는 인터뷰에서 마르얌 로스탐포르(Maryam Rostampour, 29)와 마르지아 아미리자데(Marziah Amirizadeh, 32)는 샘 에그나자르(Sam Yeghnazar)에게 수용소에서의 삶의 실상과 그들이 어떻게 그 시련 가운데 살아남았는지를 말했다.

2. 교수형의 그림자

질문 1

당신에게 일어난 가장 나쁜 일은 무엇이었습니까?

마르지아: 하나는 내 수용소 동료 두 명의 교수형이었습니다. 나는 그런 일을 경험한 적이 결코 없었어요. 죽임을 당한 사람 중 한 명은 나와 한 방에서 생활했었어요. 우리는 많은 시간을 같이 보냈었지요. 그런데 어느 날 그들은 그녀를 데려가 교수형에 처했던 것입니다. 일주일간 나는 인간을 죽이는 일이 그렇게 쉽다는 것에 놀라 충격 속에 지냈습니다. 그녀는 우리와 함께 살았었고 존엄한 인간이었으며 나는 그녀를 매일 보았고 우리는 그녀에게 "안녕"하고 인사했었지요.

그 다음 날 그녀는 더 이상 거기 없었어요. 교수형 후에 슬픔과 죽음의 영이 수용소 위에 드리워졌습니다. 모든 사람들이 죽음의 두려움에 억눌려 지냈습니다. 슬픔은 이루 말할 수 없었어요. 우리는 서로 빤히 쳐다보았지만 말할 힘조차 없었습니다. 이것이 제일 나쁜 경험이었어요. 그것은 공포였고 현실이었어요.

마르얌: 내게 가장 나쁜 일도 수용소에서 가장 친한 친구가 되었던 서린(Shireen)의 교수형이었습니다.

질문 2

당신은 교수형을 두려워한 적이 있습니까?

마르얌: 결코 교수형에 대해 생각하지는 않았습니다. 나는 우리가 종신형을 받을지 모른다고 생각했었죠. 왜냐하면 그것이 배교의 선고를 받은 여인들에 대한 형벌이었으니까요. 나는 이것이 우리가 지불해야만 하는 댓가라고 생각했습니다.

마르지아: 수용소에 가기 전에 우리는 교수형에 대해 얘기했지만 우리가 수용소에 갔을 때 그것에 대한 두려움을 경험하게 되었고 우리는 말하는 방식을 바꾸었습니다. 우리가 체포되었던 바로 그 첫 날 밤에 그들이 우리를 위협했을 때 우리는 정말로 겁에 질렸었어요. 우리는 우리가 겁에 질리게 되리라고는 결코 상상해 본 적이 없었어요. 우리는 이런 것들에 대해 전에 이야기를 해보았었거든요.

그러나 그곳의 분위기와 우리에게 벌어졌던 일은 예상 외로 우리를 겁에 질리게 했습니다. 우리들은 어둡고 더러운 방에 감금되었고 두려움으로 온 몸이 마비가 될 지경이었어요. 우리는 서로의 얼굴에서 두려움을 볼 수 있었어요. 우리는 기도했습니다. 그러자 하나님의 임재와 그분이 주신 평화가 우리를 잠잠케 해주었답니다.

내가 주님을 위해 내 삶을 드리고, 그분을 위해서라면 무엇이든 할 수 있고 심지어 죽기까지 할 수 있다고 말하는 것은 쉬운 것이라고 생각해요. 나는 언제나 주님을 위해서 내 삶을 드리는 것은 하나의 특권이라고 생각했거든요. 사람들은 이런 얘기들을 합니다. 나는 만일 우리에게 이런 일이 닥친다면 우리는 궁극적으로는 기뻐하게 될 것을 확실히 알고 있었어요. 그러나 인간적인 두려움이 우리를 사로잡았습니다. 주님의 능력이 이 두려움을 극복할 수 있도록 우리를 도와주었어요. 우리가 경찰서에서 기도했을 때 하나님께서 우리의 두려움을 없애 주시고 우리에게 새 힘을 주신 것과 꼭 마찬가지로 말이죠.

2. "부정한 배교자"로부터 "나를 위해 기도해 주세요"까지

질문 1

간수들은 당신을 어떻게 대했습니까?

마르지아: 우리가 체포되었을 때 대부분의 간수들은 아주 심하게 대했으며, 특히 우리가 전도했었다는 것을 알았을 때 더욱 그랬습니다. 그들은 우리를 저주했고 공중 음수대에서 물을 마시는 것도 못하게 하고 대야를 이용하지도 못하게 했어요. 그러나 점차 이런 것이 변했고 결국에는 그들이 우리에게 자기들을 위해 기도해 주기를 부탁했습니다.

질문 2

다른 수감자들은 당신을 어떻게 대했습니까?

마르지아: 어떤 사람들은 우리를 "더럽고 부정한 배교자들"이라고 불렀어요. 그러나 그들은 잘못을 뉘우치고 용서를 구했습니다. 우리는 그들에게 하나의 모범이 되었고 그들은 우리 편을 들어주었지요.

마르얌: "에빈수용소"에 있는 교육을 잘 받은 정치계 사람들과 사업가들이 우리를 '부정한 변절자'(*mortad kasif*)라고 불렀습니다. 그러나 한 달도 못 되어서 모든 것이 변했어요. 그들이 우리를 알아가게 되자 우리의 믿음에 대해 호기심을 가졌습니다. 그들은 우리를 존중했고 그들 사이에서 일어난 논쟁을 해결해 달라고 우리를 불렀답니다.

질문 3

　다른 수감자들 중 믿음을 갖게 된 자가 있습니까?

　마르지아: 예. 그리스도를 영접한 자들이 있었습니다. 우리가 끌려갔던 첫 교도소였던 보자라(Vozara)에 있었을 때 우리는 많은 창녀들과 함께 기도했습니다. 그들은 각자 자신을 위해 기도했고 우리는 그들을 위해 기도했습니다. 그러나 그들 중 어떤 사람들은 너무나 겁이 나서 자신의 믿음을 고백하지 못했습니다. 기독교 신자의 영향을 받은 사람들은 많았습니다.

3. '희망'을 준 편지들

질문 1

　당신이 교도소에 있었을 때 당신을 위해 기도해 주었던 수많은 사람들에게 당신은 무슨 메시지를 나누고 싶습니까?

　마르지아: 그들의 기도와 후원, 그리고 그들이 우리에게 보내주었던 편지들로 인해 감사를 드리고 싶습니다. 이 기간에 감옥에 갇혔던 자는 단지 마르얌과 마르지아뿐만이 아니었습니다. 이 모든 기도 용사들도 함께 있었던 거죠. 이것은 우리에게 큰 격려였습니다. 우리는 그들이 우리 곁에 함께하는 것을 느꼈어요. 그러니 부디 감옥에 있는 자들을 위해 계속 기도해 주세요. 그들의 믿음과 아프가니스탄과 파키스탄, 그리고 다른 지역에 있는 신자들을 위해 기도해 주세요. 당신의 기도가 절대로 하찮은 것이라고 생각하지 마세요.

> **질문 2**
> 당신이 받은 수천 통의 편지는 어떻게 되었습니까?

마르지아: 사람들이 수용소로 우리에게 편지를 보내왔다는 말을 들었지만 우린 하나도 받지 못했어요. 사람들이 우리에게 편지를 보내왔다는 그 말을 듣는 것만으로도 큰 격려였어요. 그리고 흥미로웠던 것은 우리 편지들을 열어서 성경 구절과 기도문들을 읽은 간수들이 충격을 받았다는 것입니다. 우린 그들이 우리에게 이것을 말해 주고 복음서의 몇 구절들을 언급해 주어서 알게 된 거에요. 저는 기도해 주고 편지를 보내 주었던 분들이 누구인지 제대로 다 알 수 없습니다. 그저 저의 온 마음을 다해 "감사합니다"라고 말할 수 있을 뿐입니다.

마르얌: 그들에게 정말 감사합니다. 그들이 보낸 편지를 우리가 보지 못한 건 맞아요. 그러나 우리를 지지하는 커다란 공동체가 있다는 것을 우리는 알게 되었어요. 이것은 우리에게 큰 격려였고 우리로 하여금 굳게 설 수 있게 도와주었어요. 우리는 간수들로부터 매일 우리에게 40 혹은 50통의 편지들이 왔다고 들었답니다. 그들은 기독교 신자들이 다른 신자들을 지지하기 위해 함께 서 있다는 것을 보았던 것입니다. 이것이야말로 우리에게 희망을 주었습니다.

토의 질문

1. 두려움과 고난에 대한 아주 실제적인 이 글은 우리가 비슷한 상황에 있는 형제자매들을 이해하고 지원하도록 어떻게 도움을 주고 있는가?
   이 여인들이 나눈 것에 대해 당신은 어떻게 생각하는가?
2. 그들의 존재와 증거가 간수들과 동료 수감자들에게 끼친 영향에 대해 생각해 보라. 무엇이 그들의 태도를 바꾸었다고 생각하는가? 그것을 통해 우리는 무엇을 배울 수 있는가?
3. 수많은 편지를 받는 것에 대한 확신이 어떻게 수감자들을 돕고 간수들에게 영향을 주었는가?
   감옥에 있는 그리스도인들을 어떻게 더 잘 섬길 수 있겠는가?

글쓴이

샘 예그나자르(Sam Yeghnazar)는 "Elam"의 창설자이며 대표이다. 이 단체는 이란의 그리스도인들이 자기 나라 사람들을 전도하고 제자화하도록 훈련하고 지원하는 사역을 하고 있다.

마르얌 로스탐포르(Maryam Rostampour)와 마르지아 아미리자데(Marzieh Amirizadeh)는 그들이 그리스도를 증거한 것 때문에 감옥에 갇혔던 이란 여성들이다.

피가 낭자한 어깻죽지와 평화로운 얼굴

콰지 압둘 카림(Qazi Abdul Karim)의 오른쪽 어깨에서 피가 심하게 뿜어져 나왔다. 그의 어깨에서 찢어진 살점이 너덜거렸다. 집행관이 칼을 늘어뜨리면서 벽을 마주보고 기다리고 있었다. 콰지는 비틀거렸다.

"'알라 외에는 신이 없고 무함마드는 그의 선지자'라고 신조를 외우시오"하고 판사가 명령했다. 고통의 물결 속에서 콰지는 한 가지 진리만 붙들고 있었다. 예수가 그의 삶의 중심이었다.

"예수님이 모든 것입니다" 그가 숨을 몰아쉬었다. "왼쪽 팔을 잘라 내시오"하고 판사가 집행관에게 소리쳤다.

한 아프간 무슬림 판사의 아들인 콰지는 파키스탄 국경선 바로 너머에 있는 병원에 직장을 구했다. 거기서 그는 기독교 신자가 되었다. 쉬는 시간에 그는 국경선을 쭉 따라가며 예수님에 대해서 증거했다. 마침내 그는 체포되었다. 그는 예수님을 부인하지 않았기 때문에 35킬로그램이나 되는 사슬이 그의 목에 둘러쳐지고 그의 입에는 재갈이 씌워졌다. 그는 칸다하르에서 카불까지 300마일을 끌려갔고, 가는 길 내내 학대를 당했다.

그가 처음 오른쪽 팔을 잃고 그 후에 왼쪽 팔도 잃은 곳은 카불이었다. 두 팔을 잃은 채 그는 여전히 그 이슬람 신조를 암송하는 것을 거부했고, 그를 사로잡은 자들은 그의 목을 베었다.

25년 후에 한 아프간 사람이 이란에 있는 기독교 신자를 만났다. "그날 그 재판장에 내가 있었습니다"라고 그가 말했다.

"나는 그때 열 살인가 열두 살이었는데, 그 사건을 결코 잊을 수 없었습니다. 나는 한 사람이 그의 신앙 때문에 카불의 거리에서 고문을 당하고 괴롭힘을 당하는 것을 보았습니다. 그는 기독교 신자였어요. 그의 얼굴에서 보았던 평화의 빛에 대한 기억이 오늘까지도 내게 남아있지요. 나는 그걸 결코 잊을 수가 없습니다. 내게 그 비밀을 말해 주십시오."

이 사람은 여기서 주님을 만났고 아프가니스탄으로 돌아갔다. 콰지가 죽은 지 25년 후에도 그는 여전히 살아서 말하고 있었다.

미리암 애드니(Miriam Adeney), 『국경 없는 왕국: 전 세계 기독교의 밝혀지지 않은 이야기』(Kingdom without Borders, 2009, 253-54), J. Christy Wilson, *Afganistan: The Forbidden Harvest* (Elgin, IL: David C. Cook, 1981, 121) 재인용

제20장
인도 빈민 선교와 고난

아이리스 폴

(Reaching Hands Society 대표)

1. 영적 대결

내 남편인 폴과 함께 깊은 숲속을 걷다가 우리는 향냄새를 맡았다. 우리가 마을 쪽으로 움직이자 남자 무당인 박수(*thisari*)가 거의 혼수상태가 된 매우 아픈 청년을 낫게 하기 위해 마술을 이용해서 크게 주문을 외우는 소리가 들렸다. 우리는 그가 아픈 청년의 이마와 위 근처에 쇠로 된 뜨거운 빨간 막대기로 점을 찍고 나서는 나무 잎을 그 위에서 흔들고, 주문을 계속 외우면서 그의 얼굴과 손발의 일부를 깨물기 시작하는 것을 보았다. 그런 후 그는 아주 작은 조각들을(뼈 조각들, 실 조각들, 마른 나뭇가지 조각들 등) 힘 있게 내 뱉았다.

그 의식은 갑자기 멈췄고 그 무당은 그의 손을 들어 우리에게 떠나라고 말했다. 우리가 가까이 있고 예수께서 우리 안에 계시면 어떤 무당도 아무것도 할 수 없기 때문이었다. 그래서 우리 두 사람은 멀리

나무가 있는 데로 걸어 나와서 그 마술이 깨지고, 그러나 동시에 그 청년은 낫게 되기를 기도하기 시작했다. 그 무당이 술을 마시기 위해 오두막을 떠나 어디로든 나올 때까지는 반시간이나 혹은 그 이상 걸릴 것이다. 그는 술을 많이 마시고 사람들에게 염소, 닭, 쌀, 돈, 그리고 술을 가져오라고 지시하고는 걸어 나갔다. 폴과 나는 그 아픈 청년의 오두막으로 다시 걸어갔다. 나는 그를 만져보고서 고열이 있으며 거의 틀림없이 뇌수막염일 거라는 것을 알고 있었다. 그래서 그의 친척들에게 내가 예수의 이름으로 기도하고 그를 치료해도 되냐고 물었다. 대부분의 경우 사람들은 안된다고 단호하게 말한다. 거부당할 때는 폴과 나는 우리 발로 밟았던 지역이 예수의 나라가 될 것이라는 하나님의 약속을 주장하면서 기도하면서 걸어 나왔다.

그러나 만약 그 친척들이 요청하면 기적은 매번 일어난다. 그 사람은 보통 정신이 돌아오고 열은 떨어지고 먹을 것을 달라고 요청한다.

예수의 이름에 얼마나 놀라운 능력이 있는지!

사람들은 기적이 일어난 것을 안다. 그리고 나서 그들은 그 다음 주에 기꺼이 예수 이야기를 듣고자 하고 문자 공부 반을 시작하게 되고 그러면 작은 교회가 탄생한다.

우리 하나님은 얼마나 놀라운 하나님이신가!

2. 인도 그리스도인들의 고난

어느 시원한 주일 아침이었다. 이른 아침의 햇살이 마을을 서서히 비추고 있었다. 새들은 노래하며 푸드득거리며 나무 사이로 날아다녔다. 평화롭고 고요한 아침이었다. 데이비드(David)와 친구 아이레마

(Irema)는 주일 아침 예배를 위해 시골 마을로 떠날 준비를 하고 있었다. 그 마을은 두 시간 정도 멀리 떨어져 있는 곳이고 그곳에 가려면 무성한 숲을 통과해야만 했다. 데이비드와 아이레마는 함께 기도하고 예수님께 그 하루를 맡겼다. 그런 후 그들은 그 짙은 삼림 지역으로 오토바이를 타고 길을 떠났다. 그들은 숲속에 나있는 6-9인치 너비의 좁은 길을 통과하면서 서로 얘기를 나누며 오토바이를 타고 가고 있었다. 45분쯤 지났을 때 갑자기 총을 든 경찰이 그들을 불러 세웠다. 그들은 데이비드와 아이레마를 난폭하게 다루었다. 그들을 테러리스트라고 하면서 오토바이에서 끌어내리고 무자비하게 때리기 시작했다.

데이비드와 아이레마는 불시의 습격에 당황해 말문이 막혔다. 통증을 견디지 못한 데이비드가 마침내 자기들은 테러리스트가 아니고 선교사라고 소리치기 시작했다. 경찰은 그들을 숲속으로 끌고 들어갔다. 아이레마는 너무 놀라서 질문에 대답도 못하고 계속 매를 견디고 있어야만 했다. 그는 눈을 가린 채 숲속으로 질질 끌려들어 갔다.

숲은 '많은 눈과 귀'가 있다는 말이 있다. 체포의 소식이 데이비드의 마을에도 전해졌다. 이 마을에는 전화가 없어서 마을 사람들은 잘 달리는 사람 하나를 내게로 보냈고 나는 그 소식을 늦은 오후에야 듣게 되었다. 나는 서둘러 경찰서장에게로 갔고 그를 접견할 수 있었다. 나는 그에게 데이비드와 아이레마는 우리 직원이며 테러리스트가 아니라고 설명했다. 경찰서장은 그들이 경찰 심문을 위해 붙잡혀 있지만 곧 풀려날 것이라고 말했다.

나는 지프차를 빌려서 데이비드의 마을로 떠났다. 이 마을은 다섯 시간의 험한 길을 가야 도착할 수 있는 곳이다. 저녁 늦게 지프차는 데이비드의 마을에 도착했다. 사람들이 뛰어서 내게로 왔다. 우리 모두는 하나님께 데이비드와 아이레마를 보호해 주시기를 부르짖어 기도했다. 약 한 시간쯤 지나서 데이비드가 마을로 오토바이를 타고 들어오는 것이 보였다. 데이비드는 매를 맞았고 예수님에 대한 믿음을 부인하도록 강요당했다. 그러나 그는 거절했다. 실컷 두들겨 맞았지만 하나님의 은혜로 풀려났다.

나는 그 마을에 계속해서 머물렀다. 이틀이 지났지만 아이레마에 대한 소식은 없었다. 삼림 지역에서 만약 어떤 사람이 죽거나 동물들에 의해 찢기게 되면 소문이 퍼질 텐데 아직 누가 죽었다는 소식은 없으니 우리는 아이레마가 아직 살아 있다는 것을 알았다. 사흘째 되는 날 오후에 아이레마가 질질 끌며 들어왔다. 그는 경찰이 눈을 가린 채 음식이나 물도 주지 않았고 그에게 자기네 부족 종교로 개종하거나 힌두교인이 되라고 종용했단다. 만약 그렇게 한다면 그를 즉시 풀어주고 그에게 경찰 직업을 주겠다고 약속했다. 아이레마는 밝은 얼굴로 말하기를, 그를 구원하시고 그에게 기쁨과 평화를 주신 예수를 배반하지 않았다고 했다. 그는 심지어 그들이 그를 죽인다 해도 예수를 부인하지 않았을 거라고 말했다.

아이레마가 살아서 돌아왔으며 예수께서 그가 예수를 위하여 매질과 굶주림을 견딜 수 있게 도와주신 것을 알게 되었을 때 그 가족들은 얼마나 기뻐했는지!

그렇다. 심지어 죽음도 아이레마를 죽일 수 없다. 왜냐하면 그는 예수 안에서 언제나 살아있으니까.

3. 어린이 희생 제물

해질녘 아주 깊은 숲속에서 몇 사람이 바쁘게 커다란 구덩이를 파고 있었다. 남자 무당은 주술 의식을 할 준비를 하고 있었다. 그는 주문을 외우기 시작했다. 구덩이 반대쪽에는 젊은 여인이 겁에 질려서 쳐다보고 있었다. 남자 무당은 그녀에게 최면을 걸었고 그녀는 시선을 고정한 채 최면 상태에 빠져들었다. 한 2분 정도 지나자 네 살 정도 된 남자아이가 이 깊은 숲속으로 끌려왔다. 그 입에는 재갈이 물리고 눈을 가린 채 묶여서 두 명의 부족에게 끌려 구덩이 앞으로 왔다.

그 무당은 처음에 그 남자아이의 혀를 자르고 주문을 외운 뒤 구덩이 속으로 그 혀를 내던졌다. 눈이 가린 채 묶여있던 그 아이는 몸부림쳤다. 남자 무당은 그 아이의 두 눈을 뽑아내고, 다시 주문을 외운 뒤 그 눈들을 구덩이 속에 내던졌다. 그 남아의 신체 각 부분들이 떨어져 나가고, 주문이 외워지고, 그것들이 구덩이에 던져지는 동안 그 아이는 계속해서 몸부림쳤고 엄청나게 많은 피가 쏟아졌다.

심지어 21세기의 오늘날에도 사람들은 남자 무당이 이 소름끼치고 무자비한 과정을 통해 불임 여성을 임신하게 하는 길을 알고 있다고 믿고 있다. 그 사람들은 그 남아의 잘린 신체 부위들이 하나씩 하나씩 최면 상태에 있는 불임 여성의 자궁에 들어가 다음 해 그녀가 아들을 임신하게 될 것이라고 믿고 있다.

이 끔찍한 장면을 숲속에 있는 어떤 사람이 목격했고, 그 소식은 서서히 경찰에게도 흘러들어갔다. 그 남자 무당과 여자는 체포되어 감옥에 들어갔다. 거기서 그들은 예수에 대해 배우게 되었고 그 여자는 하나님의 용서를 받게 된다. 그 남자 무당에게는 사탄의 영향력이 너무 강해서 그 마음이 주님을 향해 부드러워지지 않았다. 이 지역에 있는 모든 남녀 무당들이 예수의 사랑에 감동되어 하나님의 건지심을 얻게 되도록 기도해주기 바란다.

4. 죽음의 위협

마을에 밤이 찾아왔다. 부드러운 바람에 나뭇잎들이 움직이는 소리 외에는 낙엽 소리조차 들릴 만큼 마을은 조용하다. 수십 마일 떨어진 곳까지 전기도 안 들어오고 월삭이 되어 달빛도 전혀 없다!

당신이 정말 하나님의 아름다운 피조물인 달빛을 즐기기 원한다면 그런 마을에 있어야 한다는 말이 있었다. 보름달은 온 마을을 마치 백만 개의 불빛으로 비추는 것같이 밝혀주고, 모든 것이 반짝이고 아름답다는 말은 결코 과장이 아니다. 보름달이 뜬 밤은 젊은이들이 평생의 배우자들을 찾는 시간이다!

그러나 이 밤에는 칠흑 같은 어둠 때문에 마을 사람들이 7시까지는 모두들 잠자리에 들어간다. 저녁 9시쯤, 갑자기 종이 화살 하나가 사무엘의 오두막 대나무 문 사이의 틈으로 휙 하는 소리를 내며 날아 왔다. 종이 화살은 사무엘의 얼굴에 떨어졌고 그는 깨어나 램프의 불을 켜서 읽었다. "너희들이 내일 아침까지도 여기 이 오두막에 있으면 모두 죽게 될 것이다." 몇 초간 사무엘은 심장이 멎는 듯 했다. 그 종이 쪽지는 모택동주의자들이 보낸 것이라는 확실한 증거를 보여주었다.

활동적인 그리스도인들은 힌두교 광신도들의 테러 외에도 모택동주의자들의 테러를 직면해야 한다. 모택동주의자들은 만약 자기들의 요구가 이루어지지 않으면 대낮에도 사람들을 죽이고, 일정한 지역의 자치권을 요구하며 정부와 대항해 싸워왔다. 그들은 만약 그리스도인들이 자기네보다 마을에서 더 인기가 있으면 그들을 괴롭혔다.

사무엘은 예수님께 도와달라고 부르짖었고, 그의 아내 리따(Rita)를 깨웠다. 그의 열 달된 외아들 조이(Joy)는 그의 엄마 곁에 바짝 달라붙어 깊이 잠들어 있었다. 리따는 고단한 하루를 보냈고 쉽게 잠을 깰 수가 없었다. 그녀는 침대의 다른 편을 향해 돌아누우면서 말했다.

"뭐든 말할 게 있으면 아침까지 제발 좀 기다렸다가 말해줘요."

그녀는 얇은 홑이불을 끌어당기며 다시 잠들려고 했다. 사무엘은 두려움이 가득한 목소리로 소리쳤다.

"리따, 만약 아침까지 남아있으면 모택동주의자들이 우릴 죽일 거요!"

리따는 재빨리 일어나 앉았고 급히 절대적으로 꼭 필요한 것들만 가방에 넣어 자전거에 실었다. 그녀는 조이를 어깨에 태우고 사무엘은 오두막 문을 열고 흑암 속에서 바깥으로 자전거의 페달을 밟았다. 그들에게는 단지 길을 밝힐 수 회중전등 하나가 있을 뿐이었다. 그들은 다른 선교사들이 머물고 있는 곳에 가기 위해 깊은 삼림 지역에서 거의 2마일이나 자전거 페달을 밟았어야 했다.

그 숲은 밤이면 자유롭게 돌아다니는 검은색의 커다란 왕 코브라를 포함해서 당신이 생각할 수 있는 모든 종류의 독사들이 출몰하는 곳이었다. 곰들과 큰 여우들도 있었다. 그들이 깊은 정글의 길을 달려오는 동안 그 여정은 영원처럼 길게 느껴졌다. 하나님의 한량없는 은혜로 사무엘과 리따는 마침내 이웃 마을의 안전한 곳에 도착했고, 그 다음날 아침에 선교 본부로 여행했다. 그곳은 단지 40마일밖에 안 떨어진 곳이지만 그처럼 깊은 오지에는 버스가 다니지 않기 때문에 지프차로 다섯 시간이나 걸린다.

모두가 특별 기도를 위해 본부 센터에 모였다. 일즈일 후에 행정 최고 책임자가 그 집에 가서 그들의 남아있던 모든 물건들을 챙겨왔고 그 오두막은 버려졌다. 그건 정말 슬픈 일이었다. 왜냐하면 그 부족 사람들은 사무엘과 리따를 그리워하고 있었기 때문이다. 그들은 사무엘과 리따의 친구였고, 이 선교사 부부에게 읽고 쓰는 법을 가르쳐 주었고, 아들 조이는 그들에게 정말 기쁨을 주었다고 했다. 그러나 삶은 계속된다. 하나의 문을 닫으면 다른 문을 연다. 새로운 박해가 문을 두드릴 때까지는.

사람들은 이 박해가 우리를 외부와의 출입이 전혀 없는 더 깊은 오지로 밀어 넣으시는 하나님의 방법인가 궁금해 한다. 그래서 그의 모든 피조물들이 그의 사랑을 알게 되고 적어도 그들의 일생 동안 예수의 이름을 한 번이라도 들을 수 있도록 말이다.

토의 질문

1. 영적 대결의 이야기에 대해 당신은 어떻게 생각하는가?
   당신은 왜 이러한 경험들이 폴 박사의 사역에 있어 그렇게 큰 영향을 끼칠 것이라고 생각하는가?
   당신도 이와 비슷한 경험을 한 적이 있는가?
   당신의 신앙이 당신에게 어떤 영향을 주었는가?
2. 시골 마을에 사는 가난한 신자들의 고난은 인도에서 지금도 계

속되고 있다. 데이비드와 아이레마의 경험에 비추어 볼 때 만약 우리가 비슷한 상황과 위험에 처한다면 어떻게 하나님을 의지해야 하겠는가?

우리는 그처럼 신실한 종들을 돕기 위해 무엇을 할 수 있을까?
3. 죽음의 위협에 관한 이야기에 대해 당신은 어떻게 생각하는가? 그처럼 어려운 상황에서 교회가 어떻게 계속 발전할 수 있겠는가? 우리는 어떻게 희망을 잃지 않고 계속 신실하게 남아있도록 서로를 격려할 수 있겠는가?

글쓴이

아이리스 폴(Iris Paul) 박사는 의사이다. 그의 작고한 남편 폴과 함께 그녀는 인도 오리싸 주의 오지에 있는 본도 부족들 사이에서 복음과 의료 사역을 개척했다. 폴의 죽음 후에 아이리스 박사는 "리칭핸즈 소사어티"(Reaching Hands Society)를 설립했는데, 이는 복음과 함께 의료와 문해(literacy), 그리고 계발을 위한 프로그램들을 수많은 마을들과 미전도 사람들에게 가져다주는 단체이다. *Pioneering on the Pinda* 의 저자인 블라 우드(Beulah Wood)는 그 책에서 폴의 생애에 대한 이야기를 한다. 그녀의 아들 레모(Remo)와 며느리인 의사 수잔(Susan)은 같은 지역에서 아이리스 박사의 사역에 합류했다.

부록 1(APPENDIX 1)
박해와 순교에 대한 교회의 이해를 촉구하는 바트 우라흐 성명서

I. 문제[1]

"박해와 순교"에 대해 어떤 정의를 내린다 할지라도 그것은 오늘날 세계에 있는 수백만 명 기독교 신자들의 박해 경험을 포함하는 것이어야 한다. 그들이 받는 박해는 폭력적 죽음과 순교를 비롯하여 신체적 혹은 심리적 고문, 그리고 그들의 예배 활동을 교회 건물 안으로 한정하는 법령, 종교적 자유를 제한하는 강력한 법적 조치들, 그리고 경미한 수준의 차별에 이르기까지 그 형태가 매우 다양하다.

비록 신앙을 위해 죽는 순교자들의 수가 그리 많지는 않을지라도

---

[1] 이 글은 2009년 9월 16-18일 독일의 바트 우라흐에서 "종교자유국제연구소"에 소속된 세계복음주의연맹 "종교자유위원회"와 여러 다른 단체들의 초청으로 많은 나라에서 모인 복음주의 지도자들에 의해 발표된 "바트 우라흐 성명서"(*Bad Urach Statement*)의 광범위한 내용 중 요점을 정리한 것이다. 체코에서 온 토마스 K. 존슨 박사가 요약을 편집했다.

기독교 신자의 폭발적인 증가로 인해 교회 역사상 오늘날처럼 그리스도를 따르는 수많은 사람들이 박해를 경험한 적은 결코 없었다. 이런 상황은 그리스도의 지체들에게 다음 세 가지의 사명을 제시하고 있다.

첫째, 기억하는 것이다. 박해받는 신자들은 전체 그리스도의 지체들로부터 마땅히 받아야 할 만큼 기억되고, 기도를 받고, 지원받지 못하고 있다.

둘째, 이해하는 것이다. 박해를 유발하는 원인은 오래된 우주적 적대감과 더불어 현대의 상황이 복잡하게 얽혀 있다. 박해의 원인을 제공하는 이러한 복잡한 요소들을 충분하게 고려하지 않을 때 효과적이지 않거나 잘못된 개입이 일어날 수 있다. 기독교 신자들에 대한 박해는 그리스도와 타락한 영적 세계와 연합된 인간 반역 사이의 궁극적인 대립 때문에 발생하지만, 종교적 극단주의, 전체주의적 불안정, 종교적 국수주의, 그리고 세속적 불관용 등의 부수적인 세력들이 주로 교회를 향해 박해를 가하고 있다. 언론의 자유를 누리는 상황에서 살아가는 많은 기독교 신자들의 분별없는 공개적 선언 혹은 상징적 행동들이 그렇지 않은 상황에서 살고 있는 신자들에 대한 폭력적 반응을 촉발하는 원인이 되기도 한다.

셋째, 변혁이다. 박해받는 기독교인들은 상대적으로 자유를 누리고 살아가는 기독교 신자들이 하나님의 충만함을 경험하기 위해 들어야 할 진리들을 앞서 배우고 있다. 박해에 대한 영적 통찰력은 그리스도의 몸의 다른 지체들의 변화에 절대적으로 중요하다. 여기서 배울 수 있는 중요한 교훈 가운데 하나는 만일 그리스도를 증거 한다면 누구든지 어떤 형태로든 박해를 받을 것이라는 점이다. 개인적 고통, 고난, 구출, 그리고 인내의 이야기들 속에는 하나님의 활동에 대한 더 크고 위대한 이야기가 존재한다.

교회를 향한 우리의 요청: 우리는 기꺼이, 적극적으로, 그리고 연합해서 우리 시대의 그리스도의 십자가를 져야만 한다.

II. 설명

1. 우리는 박해에 적절하게 대응할 필요가 있다

우리는 일반적인 인간의 고난과 그리스도를 위해 받는 신자들의 고난을 구분해야 한다. 우리는 많은 고난이 종교적 박해와는 전혀 상관이 없지만 하나님께 대한 순종과 그리스도를 향한 충성이 더 큰 고난으로 인도한다는 것을 인식한다. 우리는 고난당하는 사람들에 대해 언제나 긍휼히 여기는 마음을 가져야 하지만 예수님을 위한 박해와 순교에는 더 많은 관심과 헌신이 필요하다.

성숙한 기독교 신자들은 모든 고난이 의미가 있을 수 있다는 사실을 알고 있을 것이다. 아무도 고난 받기를 원하지 않지만 고난을 받은 많은 신자들이 그 고난을 슬퍼하지 않는다. 하나님 또한 그 분이 창조하신 사람들이 고난 받기 때문에 고난을 받고 계시고, 그들의 구속을 위해 고난 받으신다. 그분은 우리를 사랑하시기 때문에 고난 받으신다. 그리스도 안에서의 하나님의 고난은 교회의 고난에 대한 우리의 생각을 바꾸어 놓을 수 있다.

기독교 신자들은 고난 받는 사람들에 대해 공감하는 것으로 고난에 참여해야 한다. 왜냐하면 예수님이 우리에게 사랑하라고 하셨기에 우리는 고난 중에 있는 다른 사람들의 고난을 덜어주기 위해 자발적으로 고난에 참여해야 한다. 만일 우리가 예수님의 고난에 참여한다면 우리는 또한 그분의 영광에 참여하게 될 것이다. 우리 중 어떤 사람들은 박해받는 동료 신자들을 대신해 희생과 고난을 선택해야만 한다.

2. 우리는 종교적 박해에 대해 올바로 이해해야 한다

종교적 박해란 어떤 종교와 세계관을 믿는 사람이나 집단에 대한 정의롭지 못한 행동이다. 이것은 조직적인 압제, 학살, 차별, 괴롭힘, 혹은 다른 방법일 수도 있다. 박해는 믿음의 실천을 결코 막지 못할 것이다. 종교적 박해에는 다른 요인들이 개입될 수 있지만 그 주요한 동기가 민족, 성, 정치적 신념이 아니라 종교이다. 기독교 신자에 대한 박해는 그들이 기독교 신자이기 때문에 일차적으로 피해자로 지목되는 종교적 박해이다. 피해자들은 기독교에 대한 다양한 헌신자들 가운데서 나오고 있고 원한과 피해의 대상이 되고 있다.

3. 우리는 역사 속에서 우리의 위치를 이해할 필요가 있다

기독교 신자들에 대한 박해는 구원 역사에서의 우리의 위치에 그 근거를 두고 있다. 타락과 함께 시작된 죄와 사망의 시대를 그리스도를 통해 극복하는 새로운 시대가 열렸다. 그리스도의 재림은 하나님의 통치와 승리를 가시적으로 보게 할 것이고, 만물을 새롭게 할 것이다. 그때까지 옛 시대는 여전히 존재하면서 새로운 시대와 전쟁을 벌일 것이기에 기독교 신자들은 이러한 긴장 가운데서 살고 있다. 이런 의미에서 고난은 교회의 표징이다. 이러한 교회의 고난은 구약에서는 하나님 백성의 고난에 의해 예견되었는데, 아벨로부터 선지자들을 거쳐 예수님에 대한 헤롯왕의 추적으로 이어져 십자가에서 예수님을 살해하는 것으로 절정에 이르렀다. 십자가에서의 예수님의 죽음은 우리의 죄를 대신하여 모든 값을 지불하기 위한 것이었다. 그분의 죽음으로 또한 예수님은 우리의 대표자로서 우리가 그분을 따라 죄와 악한 영에 대항해 싸우기 위한 고난의 길로 나오라고 우리를 초청하신다.

4. 우리는 갈등에 적절하게 대응할 필요가 있다

우리가 개입하고 있는 갈등의 성격은 갈등 속의 두 권세들의 성격과 방법들에 의해 특징지어진다. 예수님은 사단의 성격을 악으로 드러냈는데, 사단이 사용하는 무기는 파괴와 죽음을 초래하는 미움, 거짓말, 속임, 허위, 폭력, 그리고 살인이다. 예수님은 사단의 거짓을 하나님의 진리로, 사단의 악을 하나님의 선으로, 사단의 미움을 하나님의 사랑으로, 사단의 폭력과 살인을 하나님의 자기희생으로 직면하셨고, 그것은 새로운 창조, 치유, 그리고 회복을 이끌었다. 이것이 예수님이 악과 싸워 패퇴시키는 길이었고 그가 제자들을 보내 싸우라고 한 바로 그 싸움이었다.

신자들은 원수를 사랑해야만 하고, 미워하는 사람들에게 선을 행하고 하늘 아버지처럼 악한 자들과 은혜를 모르는 사람들에게 선함과 자비와 용서를 보여야만 한다. 그들은 하나님의 창조에 독을 품고 있는 사단의 죽음의 소산들을 그리스도와 연합된 가운데 중단시켜야만 하는데, 사랑과 선함으로 반응을 보이며 세상에서 하나님의 성품을 드러내야 한다. 예수님은 하나님의 어린양으로서 적들을 멸망시키고 악의 세력을 파괴하려고 보냄을 받았다. 그는 우리를 같은 방식으로 어린양들로 이리들 가운데 보내어 그들을 하나님의 자녀들로 변화시킴으로 악을 패퇴시키라고 보내신다. 그리스도의 최고의 무기가 자기 희생이기에 우리의 최고의 무기 또한 사람들을 예수님께로 이끌기 위해서는 예수님과 똑같아야만 한다.

5. 우리는 그리스도께 충성스럽게 남아있어야만 한다

예수님은 박해의 순간에도 그분께 충성스럽게 남아있어야 하는 엄중함에 대해 말씀하셨다. 예수님은 제자들에게 이 땅에서 공개적으로 그분을 인정하거나 혹은 거부하는가에 따라 하늘의 아버지 앞에서 상응하는 보답을 받게 될 것이라고 지적했다. 많은 사람의 사랑은 식어질 수 있지만, 끝까지 견디고 이기는 사람들은 구원을 받게 될 것이다. 그의 제자들이 박해를 겪을 때에도 떨어져 나가지 않도록 예수님은 미리 경고하셨다. 그리고 하나님께 그들을 악한 자에게서 지켜주실 것을 위해 기도하셨다.

6. 우리는 고난을 선교의 한 부분으로 받아들여야 한다

예수님은 고난을 제자도의 정상적인 일부분으로 묘사했다. 모든 고난이 동일하지 않고 모든 박해가 똑같지 않으며, 단지 기독교 신자들 가운데 상대적으로 소수의 사람들만이 순교를 당한다. 하나님의 구원 역사의 중간 기간(interim period)의 핵심 목적인 선교에 기독교 신자들은 자신들의 전 삶으로 참여해야만 하는데 거기에는 기꺼이 박해와 순교도 포함된다. 박해는 단지 수동적으로 견뎌야만 하는 어떤 것이 아니라 선교의 방식이 되어야만 하며, 약함과 섬김을 통해 이루어지는 하나님의 선교는 본질상 눈물과 고통을 동반한다. 복음의 값비싼 보물은 우리의 연약한 몸이라고 하는 덧없이 사라지는 그릇에 담겨있기에 모든 사람들이 우리 안에서 볼 수 있는 빛은 우리 자신의 것이 아니라 하나님의 것이다. 순교는 제자도와 선교적 증거의 가장 극한적인 형태이다. 기독교 신자들이 순교를 추구하지는 않지만 그것은 우리가 수용해야만 하는 제자도의 위험 요소이다.

그리스도를 증거 하는 것은 박해와 순교를 초래하는 주요인이 될 수 있다. 복음은 분명히 모든 종류의 속박으로부터 자유를 주고 풍성한 삶으로 이끌 수 있다. 이는 물질적 축복으로도 나타날 수 있지만 동시에 세상의 미움과 박해, 고난과 순교도 가져올 수 있다. 우리는 복음의 이 두 가지 측면에 있어 균형을 유지해야만 한다. 하나님의 선교는 박해와 순교의 댓가를 지불하더라도 성취되어 할 과업이다.

7. 우리는 종교적 자유와 인간 권리를 위해 당당히 일어설 필요가 있다

그리스도를 선포하는 사람으로서 우리는 사람들이 복음이 필요한 죄인들이라는 것과 또한 그들이 하나님의 형상으로 창조되어 하나님이 주신 존엄성을 가진 존재들이라는 것을 인정한다. 이러한 존엄성은 우리로 하여금 정부와 모든 공적인 권위를 가진 사람들에게 종교 자유와 모든 기본적인 인간으로서의 권리를 보호하라고 요청하도록 만든다. 심각한 종교적 박해가 있을 때 거기에는 정의를 수호하는 데 실패한 정부가 있기 마련이다. 사도바울처럼, 기독교 신자들은 자신과 동료 신자들을 보호할 법적 권리에 호소해야만 한다.

그러므로 우리는 그리스도의 몸이 예수님의 선교를 수행하기 위해서 적극적으로, 기꺼이, 그리고 함께 예수님의 십자가를 질 것을 요청한다. 이는 박해받는 사람들을 (기도와 지원으로) 기억하는 것, (박해를 완화하기 위한 정보에 기초하여 다양한 지원 활동을 펼치는 등의 노력과 함께) 이해하는 것, 그리고 (박해와 순교를 당하는 사람들의 통찰력을 통해 그리스도의 전체 몸이 새롭게 되도록 하는) 변혁을 포함한다.

주 예수의 은혜가 여러분 모두와 함께하시기를 기원한다![2]

---

2 "바트 우라흐 성명서"(*Bad Urach Statement*)에는 실제적 의미와 함께 성경적, 신학적 기초가 매우 자세히 설명되어 있는데, 그 것들은 www.iirt.eu에서 볼 수 있으며, 일부는 Christof Sauer와 Richard Howell이 편집한 『바트 우라흐 회의의 자료집』(*Suffering, Persecution and Martyrdom: Theological Reflections*)으로 출간되어 있다(Religious Freedom Series, vol. 2, Kempton Park, South Africa: AcadSA Publishing; Bonn: VKW, 2010). International Institute for religious Freedom, www.iirf.eu와 WEA "종교자유위원회", www.worldevangelicals.org를 보라.

부록 2(APPENDIX 2)
박해와 순교를 다룬 추천 참고문헌

사무엘 치앙
(International Orality Network 실행 총무)

로버트 치앙
(The Seed Company 이사)

브라이안 F. 오코넬
(REACT 회장)

    참고문헌은 다음과 같은 것을 염두에 두고 선별했다. 세계 모든 곳의 기독교 신자들과 비기독교인 저술들을 살펴보았다. 세계 역사를 조망하면서, 특히 민족 말살(genocide)과 순교에 대한 기록들을 조사했다. 비개신교, 여성 및 비기독교인 작가들을 포함시키기 위해 의도적으로 교단, 종교, 그리고 성별의 경계를 초월했다.

    마지막으로 우리는 전기와 자서전, 연구, 회고록, 역사 소설, 경건 서적, 사실 기록 등을 포함해 다양한 장르를 검토했다. 역사 소설을 실을 때는 그것을 함께 읽음으로 역사적 사실들에 대해 탁월한 통찰과 상황을 느껴보라고 제안한다. 예를 들어, 호세이니(Khaled Hosseini)의 잘 알려진 소설들인 *The Kite Runner*와 *A Thousand Splendid Suns*는 다른 관련된 책의 주해 안에서 제시하였다.

- Aid to Church in Need. 2001. *Persecuted and Forgotten? A Report on Christian Oppressed for their Faith*. Sutton, Australia: Aid to the Church in Need. http://www.aidtochurch.org.
세계 전역을 포함하는 탁월한 참고 자료이다.

- Aikman, David. 2003. *Jesus in Beijing: How Christianity is Transforming China and Changing the Global Balance of Power*. Washington, DC: Regenery.
타임지의 전 베이징 지국장이 중국의 적대적인 반(反)기독교 환경에서의 기독교인의 삶, 번성 및 간증을 기록한 것이다. 영구적 가치가 있는 책이다.

- Ajak, Benjamin, Benson Deng, Alephonsian Deng, and Judy Bernstein. 2005. *They Poured Fire on us from the Sky*. New York: Public Affairs.
수단 내전의 대량학살로부터 도망쳐 나온 수만 명 소년들("Lost Boys") 중 세 명의 실제 삶 이야기. 이 책을 데이브 에거스의 *What Is the What*(Double-day 2006)과 함께 읽으라.

- Akkara, Anto. 2009. *Kandhamal: A Blot on Indian Secularism*. New Delhi, India: Media House.
인도 오리싸 중의 반(反)기독교 폭력에 관한 짧지만 중요한 책이다.

- Anderson, Ken. 1991. *Bold as a Lamb*. Grand Rapids, MI: Zondervan.

중국 감옥에서 20년을 보낸 사무엘 램 목사의 이야기이다.

• Arnold, Duane W. H. 1991. *Prayers of the Martyrs*. Grand Rapids, MI: Zondervan.
역사 속에서 교회 순교자들의 기도에 관한 놀라운 선집(選集)이다.

• Bergman, Susan, ed. 1996. *Martyrs: Contemporary Writers on Modern Lives of Faith*. New York: Harper Collins.
20세기 중요한 신앙 지도자들의 글 중 뛰어난 것들을 모아놓은 것. 여기에는 1956년 에콰도르에서 순교한 자신의 아버지 네이트 세인트와 짐 엘리옷에 관해 기록한 스티브 세인트의 글부터 우간다의 이디 아민 통치 아래서의 자나니 루웜의 죽음에 관한 인기 작가 낸시 메이어스의 글이 포함되어있다.

• Bonhoeffer, Dietrich. 1959. *The Cost of Discipleship*. Norwich, UK: SCM.
글을 잘 쓰는 한 남자에 의해 기록된 영감을 불러일으키는 기독교 고전. 악이 실존하는 현실에서 시민적 의무를 감당하기 위해 어떻게 해야 할 것인가에 관해 모든 사람에게 적절한 깨우침을 준다.

• Body, Andrew. 2006. *Baroness Cox: A Voice for the Voiceless*. Oxford: Lion Books.
수단, 미얀마, 나고르노 카라나흐와 여러 곳의 상황을 자세히 다룬, 종교 자유를 위한 활동가들 중 한 사람인 캐롤린 콕스의 전기이다.

- Body-MacMillan, Ronald. 2006. *Faith That Endures: The Essential Guide to the Persecuted Church*. Lancaster, PA: Sovereign World.
개인의 상황 및 어떻게 박해가 시행되는지에 관한 자세한 분석을 다뤘다. 개인적 적용에 관한 부분이 이 책의 가치를 높였다. 박해에 대한 최고의 자료이며 종교 자유를 얻기 위한 전략적 대응에 대해서도 가장 뛰어난 자료로 보인다.

- Brother Andrew, and Al Janssen. 2005. *Light Force: A Stirring Account of the Church Caught in the Middle East Crossfire*. Ada, MI: Revell.
중동 지역교회의 진실한 이야기들이 영감을 준다. 저자들의 다른 책 *Secret Believers: What Happens When Muslims Believe in Christ* (Revell 2008)과 함께 읽으라.

- Brother Yun. 2002. *The Heavenly Man*. Ed. Paul Hattaway. Chester, UK: Monarch Books.
윤형제의 중국 가정교회가 공산주의와 감옥의 상황에서의 경험과 하나님께서 그를 어떻게 다루셨는지를 기록한 영감을 불러일으키는 자서전이다. 윤형제의 책 *Living Water: Powerful Teaching*(Zondervan 2008)과 함께 읽으라. 폴 해터웨이는 중국 교회 전문가이고 *Operation China*의 저자이다.

- Caner, Emir Fethi, and H. Edward Pruitt. 2005. *The Costly Call: Modern-day Stories of Muslims Who Found Jesus*. Grand Rapids, MI: Kregel.

무슬림 국가에서 다양한 종교적 박해에 직면했던 세 개 대륙의 17명의 간증이다.

• Chacour, Elias. 2003. *Blood Brothers*. Grand Rapids, MI: Chosen Books.
이것은 아코, 하이파, 나사렛 지역의 멜카이트 그리스정교회의 대주교에 의해 기록된 중요한 책인데, 그는 이스라엘과 팔레스타인 사람들 사이에 평화와 화해의 도래를 위해 살고 있다. 수잔 아부하와의 책, *Mornings in Jenin*(Bloomsbury 2010)을 함께 읽기를 강력히 추천하는데, 그 역사 소설은 이스라엘에서 태어난 팔레스타인 가정을 4대째 관찰하는 가운데 전쟁과 그 이후 난민 캠프에서 태어나 양육되는 사람들의 삶을 묘사하고 있다.

• Chumachenko, Tatiana A. 2002. *Church and State in Soviet Russia: Russian Orthodoxy form World War II to the Khrushchev Years*. Ed. and trans. Edward E. Roslof. Armonk, NY: Sharp.
저자는 이전에 접근이 차단되었던 공문서들을 통해서 1948년부터 1957년까지 교회와 국가 사이의 요동하던 관계에 대한 통찰력을 제공하고 있다. 사진들을 동반한 학자의 작품. 당시에 대한 지식 제공에 큰 공헌을 한다.

• Companjen, Anneke. 2007. *Singing through the Night: Courageous Stories of Faith from Women in the Persecuted Church*. Ada, MI: Revell.
박해를 경험한 9개 나라의 열한 명 여성들에 대한 이야기로 영감을 주는 책. 이것을 *Hidden Sorrow, Lasting Joy: The Forgotten Women of the Persecuted Church*(Tyndale 2001)과 함께 읽으라. 거기서 같은 저자가 세계 여러 지역에서 신앙 때문에 남편들이 투옥되거나 살해당한 여성들의 관점에서 기록하고 있다.

• Conway, John S. 1997. *The Nazi Persecution of the Churches: 1933-1945*. Vancouver, BC: Regent College Publishing.
나치 문서 보관소로부터 나온 자료를 바탕으로 교회의 활동을 제한하기 위해 나치 정권이 취한 조치들에 대한 자세한 묘사와 더불어 나치의 종교 정책을 상세하고 탁월하게 고증하고 있다.

• Cormack, Don. 1997. *Killing Fields, Living Fields*. London: Monarch Books.
1920년대로부터 1970년대까지의 캄보디아에서의 교회 성장과 관련된 영감을 불러일으키는 이야기이다. 그들이 크메르루주의 박해를 어떻게 견뎌냈는지를 알 수 있다. 김 에칠린의 소설 *The Disappeared* (Grove Press 2009)는 독자들로 하여금 이 나라가 1970년대 민족 대학살 기간의 파괴뿐 아니라 그로 인해 거의 모든 가족들이 산산조각 나버린 것에 대해 깊은 비통함을 불러일으킨다.

• Cunningham, Scott. 1997. *Through Many Tribulations: The theology of Persecution in Luke-Acts*. Sheffield, UK: Sheffield Academic.
신약성경의 누가의 저작을 통해 본 환란에 대한 문학적이고 신학적인 검토이다.

• Davis, Nathanael. 2003. *A Long Walk to Church: A Contemporary History of Russian Orthodoxy.* Oxford: Westview.
공산 정권 및 그 이후 러시아 정교회를 점검한 최신판이다.

• Demick, Barbara. 2010. *Nothing to Envy.* New York: Spiegel and Grau.
북한에서 탈출한 여섯 명의 개인적 이야기가 독자들에게 그 나라에 대한 진전된 시각을 준다.

• Durie, Mark. 2010. *The Third Choice: Islam, Dhimmitude, and Freedom.* Australia: Deror Books.
악, 거부, 고난에 대한 매우 중요한 역사적이고 사회학적인 작품. 강력 추천함! 시드니 그리피스의 학문적인 책인 *The Church in the Shadow of the Mosque: Christians and Muslims in the World of Islam* (Princeton University Press 2010)과 함께 읽으라.

• Eide, Oyvind M. 2000. *Revolution and Religion in Ethiopia 1974-1985.* Addis Ababa: Addis Ababa University Press.
공산 혁명기 동안의 교회에 대한 중요한 문서이다.

• Eitel, Keith E., ed. 2008. *Missions in Contexts of Violence.* Pasadena: William Carey Library.
북미복음주의선교학회(EMS)의 19차 컨퍼런스에서 발표된 소논문들. "Baptism in Cultures of Persecution"과 같은 흥미로운 글들이 있다.

- Eshete, Tiebe. 2009. *The Evangelical Movement in Ethiopia: Resistance and Resilience*. Waco, TX: Baylor University Press.
에티오피아 정교회로부터 에티오피아 오순절교회로 개종한 저자가 복음주의 운동의 성장 및 정교회와 정부와의 갈등에 대한 뛰어난 연구를 보여준다. 강력히 추천한다.

- Fazzini, Gerolamo. 2009. *The Red Book of Chinese Martyrs*. Trans. Michael Miller. Fort Collins, CO: Ignatius Press.
모택동 치하에서 가톨릭 신자들의 고난에 대해 집단농장에서 생존한 사제들과 수녀들의 실제 일기에 근거를 둔 책이다.

- Fernando, Ajith. 2007. *The Call to Joy and Pain: Embracing Suffering in Your Ministry*. Wheaton: Crossway.
스리랑카 출신의 저명한 강연자이며 저술가가 왜 "고난이 모든 면에서 기독교인 소명의 필수적인 부분"인가를 독자들에게 설명한다.

- Foxe, John. *Voices of the Martyrs: 33 AD to Today*. Alachua, FL: Bridge-Logos. 2007.
1599년 출간된 기독교 고전으로, 21세기 지구상의 순교를 포함시켰다.

- Grdzelidze, Tamara, and Gguido Dott, eds. 2009. A Cloud of Witness: Opportunities for Ecumenical Commemoration. *Proceedings of the International Ecumenical Symposium*: Monastery of Bose, October 28-November 2, 2008. Geneva: WCC Publications.
순교자들에 대한 기념에 초점을 맞추고, 기독교 교파 내 박해의 문제를 부각시키는 데 중요한 기여를 한다. 기독교 안에서 다른 신조와 교단 배경을 가진 사람들로부터 배우고자 하는 열린 마음을 가진 사람들을 위한 책이다.

• Harvey, Thomas Alan. 2002. *Acquainted with Grief: Wang Mindao's Stand for the Persecuted Church in China*. Grand Rapids, MI: Brazos.
중국의 현대 가정교회 운동의 지도자 중 한 사람의 역할, 삶과 고난에 대한 인내를 검토한 중요한 책.

• Hattaway, Paul. 2007. *China's Book of Martyrs: Fire and Blood*. Carlisle, UK: Piquant.
중국 교회의 시작에서 현재까지 중국에서 순교한 사람들의 자전적 이야기.

• Hefley, James and Marti Hefley. 1979. *By their Blood: Christian Martyrs of the Twentieth Century*. Grand Rapids, MI: Baker Books.
세계 50개국 이상의 순교자들을 잘 연구한 책이다.

• Hunter, Harold D., and Cecil M. Robeck, eds. 2006. *The Suffering Body: Responding to the Persecution of Christians*. Milton Keynes/Waynesboro, GA: Paternoster.
'고난받는 교회'라는 주제를 놓고 "International Charismatic Consultation"에서 발표한 소논문들. 네 개 대륙의 다양한 교단으로부터 온 신학적 기고문과 발제가 있다.

• Ilibagiza, Immaculee, with Steve Irwin. 2008. *Led by Fire: Rising from the Ashes of the Rewandan Genocide.* Carlsbad, CA: Hay House.

1994년 르완다 종족 학살 이후 저자의 여정을 자세히 밝히고 있다. 같은 저자의 책 *Left to Tell: Discovering God Amidst the Rewandan Holocaust*와 함께 읽으라. 매우 영감이 넘치는 책이다.

• *International Journal for Religious Freedom* (Since 2008.)

고난, 박해, 순교와 종교적 자유에 대해 대부분 기독교인 학자들의 시각의 글을 싣고 있는데 매년 두 차례 발간된다. 매번 다양한 서적에 대한 서평을 포함하고 있다. www.iirf.eu에서 자유롭게 볼 수 있다.

• Jenkins, Philip. 2009. *The Lost History of Christianity: The Thousand-year Golden Age of the Church in the Middle East, Africa, and Asia and How It Died.* New York: Harper-Collins.

책 제목이 보여주듯이 서구에서 통상 놓치는 교회 역사를 추적한 역작이다. 반드시 읽을 것을 권한다.

• Johnson, Todd M., and R. Kenneth Ross, eds. 2009. *Atlas of Global Christianity.* Edinburgh, UK: Edinburgh University Press.

이것은 매우 중요한 책으로 기독교인에게 행해지는 종교적 폭력에 대한 내용을 포함하고 있다. 어떤 도서관에도 중요한 자료로 비치되어야 할 책이다.

• Johnstone, Patrick. 2011. *The Future of the Global Church: His-*

tory, Trends and Possibilities*. Colorado Springs, CO: Biblica.
이것은 도서관에 꼭 비치되어야 할 자료로서 박해, 순교, 그리고 선교가 일어나고 있는 곳에 대한 큰 그림을 그리게 할 것이다. 바로 위의 책보다 영감을 불러일으키는 측면을 지닌 더 대중적인 책이다.

- Kiernan, Ben. 2007. *Blood and Soil: A world History of Genocide and Extermination from Sparta to Darfur*. New Haven, CT: Yale University Press.

중국의 모택동주의, 중앙아프리카의 르완다, 알 카이다의 활동들을 포함한 지난 6세기 동안의 잔악상에 대한 고찰을 하고 있다.

- Kidder, Tracy. 2010. *Strength in What Remains*. New York: Random House.

부룬디에서의 종족 학살의 장면을 기억하는 가운데 미국의 한 도시에서 생존하려고 애쓰는 이야기를 아름답게 기록하고 있다. 일독을 강력히 추천한다.

- Kim, Esther Ahn. 1979. *If I Perish*. Chicago, IL: Moody Publishers.

제2차 세계대전 중에 저자가 한국에서 경험한 악랄한 박해에 대한 자서전이다.

- Kreeft, Peter. 1986. *Making Sense out of Suffering*. Ann Arbor, MI: Servant Books.

이 영감을 불러일으키는 책에서 저자는 "왜 내가 고난을 받고 있지?"

라고 질문하는 사람들을 안내하고 있다.

• Lee, Lydia. 2001. *A Living Sacrifice: The Life Story of Allen Yuan*. Kent, UK: Open Doors International.
알렌 유안은 중국 가정교회 운동의 설립자 중 한 사람이었다. 이 책은 그의 기독교 회심, 박해, 그리고 오랜 기간 수감 생활에 대해 말한다.

• Lee, Young Kee. 2012. *God's Mission in Suffering and Martyrdom*. Bonn: Culture and Science Publ.
선교학 지식이 있는 사람들을 향한 한국적 시각에서 나온 선교학적 소논문이다.

• Levi, William. 2005. *The Bible or the Axe: One Man's Dramatic escape from Persecution in the Sudan*. Chicago, IL: Lift Every Voice.
메시아닉 히브리인의 배경을 가진 저자가 기독교인들에 대한 이슬람의 박해에 대한 기억과 그에 대한 반응을 기록한 것인데 읽을 가치가 있다.

• Liao, Yiwe. 2011. *God is Real: The Secret Story of How Christianity Survived and Flourished in Communist China*. New York: HarperCollins.
저자는 기독교인이 아니다. 그의 시각은 신선하며 다큐멘터리 인터뷰는 내용이 풍부하다. 그의 탁월한 연구는 어떻게 인간들이 무덤을 훼손하고 토지를 몰수하며 인간 영혼을 뭉개면서 기독교를 없애려고 시도했지만 기독교인들이 흔들리지 않았음을 보여 주고 있다. 반드시 읽어야만 할 책이다.

- Maass, Peter. 1996. *Love thy Neighbor: A Story of War*. New York: First Vintage Books.

저자는 다음과 같은 질문을 하고 있다. "왜 250,000명 보스니아 사람들이 목숨을 잃었는가?", "왜 기독교인과 무슬림들은 그렇게 오랜 세월이 지나도 차이점을 해소하지 못하는가?"

- Mandryk, Jason, ed. 2010. *Operation World*. Colorado Springs, CO: Biblica.

복음주의 선교사의 시각에서 본 세계 모든 나라들을 위한 기도 안내로서 박해에 대한 사항도 주목하고 있다.

- Marshall, Paul A. 1997. *Their Blood Cries out*. Dallas, TX: Word.

심도있는 연구로서 기독교인들로 하여금 박해에 대해 깨어있고 그 도전을 받아들이라고 요청한다.

- _____, ed. 2008. *Religious Freedom in the World*. Lanham, MD: Rowman and Littlefield.

여러 나라들에 대한 도움이 되는 조사. 주요 지역들에 대한 배경 연구와 더불어 만일 각 나라의 주어진 종교적 자유 상황을 파악하기 원한다면 어떤 질문들을 던져야 할지를 보여준다.

- Marshall, Paul, and Nina Shea. 2011. *Silenced: How Apostasy*

and Blasphemy Codes are Chocking Freedom Worldview. New York: Oxford University Press.
무슬림 세계와 서구 및 다양한 조직에서 배교, 신성모독, 비난에 대한 지구적 조사를 벌인 역작이다. 저자들은 전문가들로서 허드슨 연구소에서 일하고 있다.

• Metaxas, Eric. 2010. *Bonhoeffer: Pastor, Martyr, Prophet, Spy; A Righteous Gentle vs. the Third Reich*. Nashville, TN: Thomas Nelson.
수상도 했던, 매우 잘 연구된 이 책(608페이지)은 반드시 읽어야 한다! 독자에 대한 지침과 마지막 부분에 있는 질문들은 깊은 성찰과 토론을 이끌 뿐 아니라 개인과 집단의 행동을 촉구한다. 본회퍼가 약혼녀 마리아와 교환했던 편지들을 담고 있는 1992년 판 *Love Letters from Cell 92*와 함께 읽으라.

• McGill, Arthur C. 1982. *Suffering: A Test of Theological Method*. Louisville, KY: Westminster John Knox Press.
능력의 개념에 대한 검토를 통해 저자는 "어떻게 전능하신 하나님이 고난과 폭력이 넘치는 세상을 허용하는가?"라는 질문에 답변한다.

• Middleton, Paul. 2011. *Martyrdom: A Guide for the Perplexed*. London: Continuum.
최근 순교에 대해 발행된 많은 작은 책들 중에서 보다 내용이 충실한 예이다. 저자는 초대 기독교에 대해 잘 알고 있지만 기독교 왕국 시대, 유대주의, 이슬람에 관한 장들도 포함하고 있다.

• Milton, Giles. 2008. *Paradise Lost: Smyrna 1922*. New York: Basic Books.
오토만 터키가 서머나를 침략함으로 영국령 동부 지중해 지역 사람들과 그리스 사람들 및 아르메니아 사람들이 당한 비극에 대한 날카로운 통찰력이 돋보이는 잘 쓴 책이다. 강력 추천한다.

• Neill, Stephen. 1986. *A History of Christian Missions*, 2nd ed. London: Penguin Books.
교회의 시작부터 이십세기 중반까지 기독교의 확산과 그것이 당면했던 도전, 기회, 박해에 대한 개관적인 자료로서 가장 포괄적이면서 단권으로 된 책이다.

• Newell, Marvin. 2006. *A Martyr's Grace: Stories of Those Who Gave All for Christ and his Cause*. Chicago, IL: Moody Publishers.
중동, 중국, 아프리카, 동남아시아, 그리고 라틴아메리카에서 사역하다가 순교한 무디 성경학교를 졸업생 21명의 감동적인 이야기이다.

• Noll, Mark, and Carolyn Nystrom. 2011. *Clouds of Witnesses: Christian Voices from Africa and Asia*. Downers Grove, IL: InterVarsity Press.
갈등과 고난을 견딘 열일곱 사람에 대한 연구이다. 1880년대부터 1980년대까지 그들은 굳세게 버텼고 오늘날의 교회 성장을 이루는 데 공헌했다.

• Nouwen, Henri. 2008. *Compassion: A Reflection on the Christian*

Life. London: Darton, Longman, and Todd.
기독교인의 삶은 마음 깊은 곳으로부터 긍휼을 갖고 고난을 포용하며 박해를 견디는 삶이다. 이것은 모든 사람이 읽어야 할 영구적인 고전이다.

• Ohlrich, Charles. 1982. *The Suffering God*. Downers Grove, IL: InterVarsity Press.
하나님의 고난과 어떻게 우리가 그 분과 관계를 맺을 것인가에 초점을 맞춘 경건 서적이다.

• O'Malley, Vincent J. 2001. *Saints of Africa*. Huntington, IN: Our Sunday Visitor Publishing.
교황들과 교부들, 그리고 수많은 순교자들을 포함한 아프리카 교회의 역사적 이야기이다.

• Penner, Glenn. 2004. *In the Shadow of the Cross: A Biblical Theology of Persecution and Discipleship*. Bartlesville, OK: Living Sacrifice Books.
박해에 대한 철저한 성경적 연구로서 다른 전문가들의 관점을 포함시킴으로 인해 모든 그리스도를 따르는 사람들이 읽어야 할 영구적인 책이 되었다. 강력히 추천한다.

• Reimer, Reg. 2011. *Vietnam's Christians: A Century of Growth in Adversity*. Pasadena, CA: William Carey Library.
베트남 기독교인들을 위해 평생을 보낸 선교사가 베트남 교회의 역사, 박해 및 성장에 관한 보기 드문 통찰력을 보여주는 책이다.

• Royal, Robert, 2006. *The Catholic Martyrs of the Twentieth Century: A Comprehensive World History*. New York: Crossroad.
20세기 가톨릭 순교자들을 잘 연구한 책으로 세상에 잘 알려진 이야기와 감춰진 이야기 모두를 포함하고 있다. 중요한 참고문헌이다.

• Saberi, Roxana. 2010. *Between Two Worlds: My Life and Captivity in Iran*. New York: Harper-Collins.
저자는 이란인 아버지와 일본인 어머니 사이에서 미국에서 태어난 딸이다. 저널리스트로 2003년 이란에 도착해서 2009년 1월 날조된 스파이 혐의로 비밀경찰에 의해 체포되었고, 2009년 5월 1일에 풀려났다. 사베리 여사는 종교와 정치의 경계가 흐려진 곳, 비밀경찰이 사회를 대부분 지배하는 곳, 이슬람의 율법주의를 초월하는 '영적인 갈망'이 있은 곳으로 보이는 곳인 그 나라에 대해 묘사하고 있다. 오늘날 이란에 대해 올바른 그림을 그리기 위한 좋은 책이다.

• Sauer, Christof, and Richard Howell, eds. 2010. *Suffering, Persecution and Martyrdom*. Kempton Park, South Africa: AcadSA Publishing; also Bonn: Culture and Science Publishers, free online at http://tinyurl.com/sauer-howell.
고난의 신학에 대한 관점을 제공하는 12명의 매우 의미 있는 글을 모은 책이다. 이 책은 WEA "종교자유위원회"가 "신학위원회" 및 "선교위원회", 그리고 로잔 신학자 그룹의 지원을 받은 "종교자유국제연구소"(International Institute for Religious Freedom)에 의해 조직된 학술회의의 결과물이다. 보기 드문 자료다!

• Schlossberg, Herbert. 1991. *A Fragrance of Oppression: The Church and Its Persecutors*. Wheaton, IL: Crossway.
이 영구적인 책은 초대 교회의 박해의 근원, 동기, 책략들을 검토한 후 현대로 옮겨와 신자들의 행동을 촉구한다.

• Schoenberner, Gerhard. 2004. *The Yellow Star: The Persecution of the Jews in Europe, 1933-1945*. Bronx, NY: Fordham University Press.
1960년에 처음 출간된 책의 개정판으로 이 책에는 처음으로 홀로코스트에 관한 사진 설명들을 담고 있다.

• Seierstad, Asne. 2003. *The Bookseller of Kabul*. London, UK: Little Brown Book Group.
카불 사람들에게 책을 가져다줌으로 용감하게 박해를 받은 한 남자의 이야기에 대해 잘 쓴 책이다. 완성도 높은 책으로, 최근 사진들을 포함하고 있는데 Deborah Rodriguez의 책 *The Kabul Beauty School: An American Women Goes Behind the Veil* (Random House 2007)과 Khaled Hosseinis의 잘 알려진 두 권의 책 *The Kite Runner*(Riverhead 2004)와 *A Thousand Splendid Suns* (Riverhead 2009)를 함께 읽으라.

• _____. 2006. *With Their Backs to the World: Portraits from Serbia*. New York: Basic Books.
수많은 다른 희망, 꿈과 관점으로 이루어진 한 국가에 대한 진실하고도 만화경 같은 초상화이다.

• Shea, Nina. 1997. *In the Lion's Den*. Nashbille, TN: Broadman and Holman.
개신교와 가톨릭 신자들에 대한 박해와 순교에 대한 이야기로 Paul Marshall의 *Their Blood Cries Out*(Word 1997)과 함께 읽으라.

• Sookhdeo, Patrick, ed. 2004. *The Persecuted Church*. Lausanne Occasional Paper No. 32. www.lausanne.org.
태국 파타야에서 2004년 개최되었던 포럼에서 도출된 종합보고서이다. 그 보고서의 강점은 박해받는 사람들로부터 이야기를 들으려고 시도한 점과 박해받는 사람들과 어떻게 함께 일할 수 있는지에 대한 폭넓은 전략을 조언하고 있다는 것이다.

• Stark, Rodney. 1997. *The Rise of Christianity: How the Obscure, Marginal Jesus Movement Became the Dominant Religious Force in the Western World in a Few Centuries*. New York: Harper Collins.
제8장, "The martyr's Sacrifice as Rational Choice"는 저자의 역사적 연구와 많은 예증으로서 우리의 연구를 풍성하게 한다.

• Storm, Kay Marshall, and Michele Rickett. 2003. *Daughters of Hope: Stories of Witness and Hope in the Face of Persecution*. Downers Grove, IL: InterVarsity Press.
박해를 받는 지구상의 여성들에 대한 영감을 불러일으키는 이야기들과 함께 기도 제목과 실제적인 행동 지침을 제안한다.

- Tieszen, Charles. 2008. *Re-examining Religious Persecution: Consturcting a Theological Framework for Understanding Persecution.* Kempton Park, South Africa: AcadSA Publishing: also free online at http://tinyurl.com/tieszen.

어떤 평신도와 목회자든지 실행 가능하고 성경적인 틀을 제공하는 사려 깊은 책이다(단지 91페이지로 짧으며, 11페이지 참고문헌을 제시하고 있다).

- Ton, Josef. 1997. *Martyrdom and Rewards in Heaven.* Lanham, MD: University of America Press.

2007년 제 2판이 발행됨. *Oradea, Romania: Crestina*(루마니아 선교사 협회 통해 미국에서도 구입 가능). 그리스도를 위한 고난에 대한 역사적 교리들과 심도 있는 성경 연구를 결합시켰다. 탁월한 자료이다.

- Totten, Samuel, ed. 2008. *Century of Genocide: Critical Essays and Eyewitness Accounts*, 3rd ed. London: Routledge.

민족 학살, 홀로코스트, 대학살에 대한 일인칭 이야기. 다푸르 사건을 포함한 토착민에 대한 최신 박해 관련 자료를 담고 있다.

- Tutu, Desmond. 2000. *No Future Without Forgiveness.* New York: Doubleday.

남아프리카공화국 성공회 주교로서 진리와 화해 위원회 의장으로 섬겼던 저자의 개인적 회고록이다. 공포에 대한 기록, 인종차별 정책의 유산을 극복하고 미래를 위해 배워야 할 교훈들 제시한다.

- Von der Heydt, Barbara. 1993. *Candles Behind the Wall: Heroes*

of the Peaceful Revolution that Shattered Communism. Grand Rapids, MI: Eerdmans.
순교와 영적 믿음의 승리, 그리고 베를린 장벽을 무너뜨린 지도자들에 대한 기록이다.

• White, Andrew. 2011. *Faith under Fire: What the Middle East Conflict Has Taught Me about God*. Oxford: Monarch Books.
바그다드 교구의 목사로서 중동 갈등이 자신의 신앙에 어떻게 활기를 불어넣었는지를 성찰한다. 살해 위협으로부터 교회 폭파까지 이라크의 기독교인들의 삶을 자세히 묘사한다.

• Wiesel, Eli. 1960. *Night*. New York: Bantam Books.
나이트는 홀로코스트 생존자의 생생한 회고이다. 강력한 화법. 집단 수용소 전체가 한 소년의 교수형을 강제로 목격해야만 했던 장면을 누구도 잊지 못할 것이다.

• Windsor, Stuart. 2011. *God's Adventurer: The Story of Stuart Windsor and the Persecuted Church*. Oxford: Monarch Books.
박해받는 신자들을 위해 사역하는 스튜어트 윈저와 세계 기독교 연대에 관해 이야기하고 있다.

• Witt, David, and Mujahid El Masih. 2009. *Fearless Love. Rediscovering Jesus's Spirit of Martyrdom with Meditations of Christ and His Love*. Clarkdale, AR: Martus.
파키스탄 신자와 미국 목사가 순교에 대해 팀으로 가르친다. 주일학교 소그룹 자료로 유익하다.

• Woehr, Chris, and Terry W. Whalin. 1993. *One Bright Shining Path: Faith in the Midst of Terrorism*. Wheaton, IL: Crossway.
성경을 페루 케추아 언어로 번역했다는 이유로 순교한 로물로 사우네의 이야기이다.

• Wurmbrand, Richard. 1998. *Tortured for Christ*. Bartlesville, OK: Living Sacrifice Books.
순교자의 목소리 방송국 설립자가 자신의 증언과 하나님에 대한 신앙을 기록한 자서전이다. 만일 당신이 그의 강연을 이전에 들었다면, 이 책이 그의 열정을 동일하게 담아냄을 알게 될 것이다.

• Yakovlev, Alexander N. 2002. *A Century of Violence in Soviet Russia*. New Haven, CT: Yale University Press.
저자는 러시아에서 공산주의의 변화와 몰락을 가져오는데 참여해서 변혁을 일으켰다. 매우 독특한 시각을 담고 있다.

• Ye'or, Bat. 1996. *The Decline of Eastern Christianity under Islam: From Jihad to Dhimmitude; Seventh-twentieth Century*. Madison, NJ: Fairlegih Dickinson University Press.
이슬람 역사, 문서, 저명한 학자들을 통해 수세기의 걸친 이슬람의 전쟁(jihad)과 정복한 땅에서 비무슬림들을 통제하기 위해 부과했던 제약들(dhimmitude)을 추적한 탁월한 학문적인 책이다. 매우 중요한 자료이다.

글쓴이

사무엘 치앙(Samuel Chiang)은 그의 아내와 함께 "International Orality Network"의 실행 총무로 섬기고 있다.

로버트 치앙(Roberta Chiang)은 글로벌 교회를 섬기고 있다. 남편 치앙 목사 또한 "The Seed Company"의 이사로 섬기고 있다. 치앙 부인은 영적 지도와 고대 교회에 관심이 있고 독서를 좋아한다. 그들은 세 명의 자녀가 있고 1991년 이래 홍콩에 살고 있다.

브라이안 F. 오코넬(Brian F. O'Connell)은 "REACT"(www.REACT-Services.com)의 회장이자 실행 책임자이다. 그는 "종교자유파트너"(www.RLPartnership.org)의 촉진자로 활동하면서 WEA "종교자유위원회"의 시작과 설립을 도왔다. 그는 20년 이상 100여 개 넘는 국가에서 사역하면서 글로벌 파트너십과 국제 선교의 발전에 참여해왔다.

GMF 시리즈

1 범세계적 교회와 선교적 리더십

제임스 E. 프루드만 지음 | 변진석 · 김동화 옮김 | 신국판, 320P

본서는 교차문화적 리더십의 경험과 성경과 리더십 이론을 토대로 교차문화적 또는 다중문화적 상황에서 다양한 리더십의 의미와 형태의 충돌이라는 문제에 대한 해결책을 제시한다.

2 전인적 선교 훈련, 어떻게 할 것인가?

로버트 브링좁슨 · 조나단 루이스 지음 | 변진석 · 엄주연 옮김 | 신국판, 424p

본서는 선교사를 파송하기 전 적절한 훈련이 선교에 있어 아주 중요하다는 확신 하에 총체적이고 전인적인 선교 훈련을 이론과 실제를 통해 상세히 제시한다.

3 범세계 교회를 위한 상황화 이론과 실제

로즈 도우셋 지음 | 변진석 · 엄주연 옮김 | 신국판, 520p

본서는 "상황화"에 대해 지금까지 다루어진 어떤 논의와 저서보다도 실제적으로 다양하게 세계의 각 문화권에서 나타난 "상황화"를 잘 보여준다.

WEA 선교의 세계화 시리즈

1 21세기 글로벌 선교학

윌리엄 D. 테일러 편집 | 김동화 외 3인 옮김 | 신국판 양장, 934p

본서는 삼위일체 선교의 성경연구들, 선교의 상이한 모델들을 다루며 전 세계적 선교에 대한 창의성과 헌신을 자극하는 이구아수 선언에 대한 개인적 응답을 발견케 한다.

2 선교사 멤버케어

오도넬 편집 | 최형근 외 4인 옮김 | 신국판 양장, 1058p

본서는 멤버케어 분야의 전문가들을 통해 멤버케어를 국제화하고, 인도주의적 구호와 인적 자원 등을 살펴봄으로써 선교사들을 위한 자원을 증대하며 멤버케어에 대한 정보를 제공한다.

3 라틴아메리카의 위기와 희망

에밀리오 A. 누네스 · 윌리엄 D. 테일러 지음 | 변진석 옮김 | 신국판 양장, 670p

본서는 라틴 아메리카의 역사적, 사회 정치적 및 종교적 배경을 살피고, 로마 가톨릭주의, 해방신학, 은사주의, 상황화 및 복음주의자들의 사회 책임과 같은 쟁점들과 도전들을 다룬다.

4 선교사의 생활과 사역

탐 스테픈 · 로이스 맥키니 더글라스 지음 | 김만태 옮김 | 신국판, 480p

본서는 선교사로서의 출발부터 현지생활과 사역, 은퇴와 은퇴 이후까지 선교사의 일생에 걸쳐 중요한 주제들을 다룬다.

5 선교 전략 총론

J. 마크 테리 · J. D. 페인 지음 | 엄주연 옮김 | 신국판, 472p

본서는 전 세계의 모든 선교지에서 실행되었던 전략을 분석하고 통합하고 평가한 책으로 다양한 이론과 더불어 수많은 사례를 통해 총체적인 선교 전략을 제시한다.

6 박해와 순교 I

윌리엄 테일러 외 편저 | 김동화 외 옮김 | 신국판 양장, 328p

본서는 지금도 이 지구상에서 거의 매일 발생하고 있는 그리스도인들의 고난과 순교에 대한 현실을 가장 생생하게 다룬다.

세계복음주의연맹 선교의 세계화 시리즈 ❻

박해와 순교 I
: 현대 선교 현장의 박해와 순교 이야기

SORROW & BLOOD
: Christian Mission in Contexts of Suffering, Persecution and Martyrdom

2016년 5월 16일 초판 발행

편집인 | 윌리엄 테일러, 안토니아 반 데르 미어, 레그 레이머
옮긴이 | 김동화, 백인숙, 변진석, 송헌복, 엄주연

발행처 | 사)한국해외선교회
발행인 | 김동화
홈페이지 | www.gmf.or.kr
전화 | 02) 2653-4270

편집·총판처 | 사)기독교문서선교회
등록 | 제16-25호(1980. 1. 18)
주소 | 서울시 서초구 방배로 68
전화 | 02) 586-8761~3(본사) 031) 942-8761(영업부)
팩스 | 02) 523-0131(본사) 031) 942-8763(영업부)
홈페이지 | www.clcbook.com
이메일 | clckor@gmail.com
온라인 | 기업은행 073-000308-04-020, 국민은행 043-01-0379-646
　　　　　예금주: 사)기독교문서선교회

ISBN 978-89-341-1531-1 (93230)

* 낙장·파본은 교환해 드립니다.